2030
미래의 대이동

■ 이 책은 2014년에 출간된 《2030 기회의 대이동》 전면 개정판으로, 저자의 대표 저서들 가운데 내용 일부를 발췌하거나 재구성하여 사용했습니다.

2030 미래의 대이동

1판 1쇄 발행 2016. 9. 9.
1판 3쇄 발행 2016. 11. 11.

지은이 최윤식, 최현식

발행인 김강유
편집 고우리 | 디자인 안희정
발행처 김영사
등록 1979년 5월 17일 (제406-2003-036호)
주소 경기도 파주시 문발로 197(문발동) 우편번호 10881
전화 마케팅부 031)955-3100, 편집부 031)955-3250
팩스 031)955-3111

값은 뒤표지에 있습니다. ISBN 978-89-349-7560-1 13320

독자 의견 전화 031)955-3200
홈페이지 www.gimmyoung.com 카페 cafe.naver.com/gimmyoung
페이스북 facebook.com/gybooks 이메일 bestbook@gimmyoung.com

좋은 독자가 좋은 책을 만듭니다.
김영사는 독자 여러분의 의견에 항상 귀 기울이고 있습니다.

이 도서의 국립중앙도서관 출판시도서목록(CIP)은 서지정보유통지원시스템 홈페이지
(http://seoji.nl.go.kr)와 국가자료공동목록시스템(http://www.nl.go.kr/kolisnet)에서
이용하실 수 있습니다.(CIP제어번호 : CIP2016019507)

EXODUS of
2030 미래의 대이동
OPPORTUNITY

최윤식 · 최현식

김영사

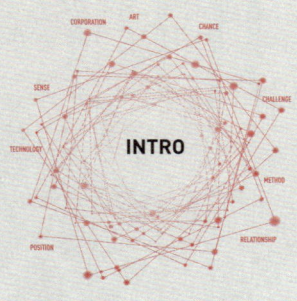

INTRO

　기회가 움직이고 있다. 미래 생태계가 바뀌고 있다. 이유는 무엇일까? 거대한 판이 바뀌고 있기 때문이다. 필자는 2008년 미래예측을 처음 발표하기 시작하던 때부터 거대한 판이 충돌하면서 서서히 일어나는 지각변화를 대비해야 한다고 조언했다.
　이제 그 움직임과 변화의 속도가 빨라지고 있다. 거대한 판의 대이동은 엄청난 변화를 생산해낼 것이다. 지금까지 알고 있던 기회의 장소에서는 더 이상 맛있는 치즈가 공급되지 않을 것이다. 얼마 남지 않은 치즈 덩어리를 다 먹어치운 후에는 우리에게 익숙했던 기회의 종말이 올 것이다. 처음에는 거대한 판의 충돌에 저항하는 힘이 곳곳에서 작동하겠지만 역부족일 것이다. 누적된 힘이 분출되기 시작하면 지진, 화산폭발, 쓰나미 등이 일어나서 거의 모든 것을 휩쓸어갈 것이다. 그러나 큰 위기는 큰 기회를 낳는 법이다. 지각변화는 옛 지각의 틀을 흔들어 새로운 지각을 형성하고 새로운 생태계를 구축한다. 새로운 곳에서 과거보다 더 엄청난 규모의 기회가 만들어지고 있다. 예전보다 더 맛있고 큰 치즈가 빠르게 쌓여가고 있다. 기회는 없어지는 것이 아니라 대이동할 뿐이다.

최근 '알파고'라는 신기술이 인간에게 미래에 대한 두려움을 불러일으켰다. 알파고 자체는 대단한 기술이다. 능히 그 영역에서는 인간의 일자리를 빼앗을 수 있다. 그래서 옛 치즈가 사라진다. 하지만 알파고를 만든 주체도 인간이고, 사용할 주체도 인간이다. 알파고로 옛 직업과 일자리는 사라질 수 있다. 아니, 분명히 사라질 것이다. 하지만 인간은 알파고 같은 강력한 인공지능과 로봇을 활용할 것이다. 인공지능은 인간 두뇌의 연장이 될 것이고, 로봇은 인간 몸의 확장이 될 것이다. 21세기 인간은 인공지능과 로봇 등을 자신의 생물학적·정신적·인지적 연장으로 사용하여 20세기 인간은 불가능했던 일을 하게 될 것이다. 20세기 인간은 절대로 갈 수 없었던 곳에 갈 것이다. 지금까지 인류가 만들지 못했던 새로운 공간을 만들어낼 것이고, 새로운 차원과 시간을 만들어낼 것이다. 신기술은 20세기 인간에게는 생존을 위협하는 무서운 것이지만, 21세기 인간에게는 인류 전체를 한 차원 업그레이드해줄 위대한 기술이 될 것이다.

20세기의 기회는 사라져가고 있지만, 21세기 기회는 다가오고 있다. 21세기의 새로운 치즈는 더 크고 화려하고 맛있게 만들어지고 있다. 단, 위치의 이동이 있을 뿐이다. 흐름의 변화가 있을 뿐이다. 생태계가 새로이 재편될 뿐이다. 물론 그 과정에는 20세기 판과

21세기 판이 부딪치면서 강력한 지진이 발생할 것이다. 지각이 흔들리고 갈라지면서 미래절벽이 발생할 것이다. 지진이 일어나고 화산이 터지면서 쓰나미가 휘몰아칠 것이다. 미리 준비하고 대비하지 않으면 모든 것을 잃을 수 있다. 하지만 미래는 갑자기 오지 않는다. 미래전조futures signals를 주고 온다. 미래전조를 통찰하면, 알아차리면, 배우고 익히면, 일시적 쓰나미에서 살아남을 수 있다. 살아남으면 곧 대기회가 온다.

필자는 2008년부터 이런 대변화를 차근차근 설명하고 예측했다. 《2030 대담한 미래》1, 2권과 《2030 대담한 도전》《2030 기회의 대이동》 등의 예측서를 발표하면서 이런 변화의 큰 윤곽을 독자들에게 설명했다. 이 4권의 책에 담긴 미래변화 시나리오는 총 2,128쪽이나 될 정도로 분량도 방대하다. 그런데 필자가 '2030 시리즈'로 구상중인 미래예측서는 총 4,000쪽이 넘을 것이다. 2030년까지 나타날 거대한 변화의 다양한 시나리오를 한 권의 책으로 담기는 불가능한 터라, 5~6년의 집필기간을 두고 여러 권의 책으로 나누어 출간하는 중이다. 간혹 필자의 예측서를 한두 권 정도 읽은 독자들은 '왜 이런 부분은 예측에서 빠졌을까?' 하고 의문을 가졌을지도 모른다. 답은 간단하다. 아직 예측이 끝나지 않았다. 이제 절반 정도를 발표했으니, 반환점을 돈 셈이다. 이 시점에서, 독자들의 의문을 해소하고 그동안 출간한 내용을 정리할 필요가 있겠다는 생각이 들었다.

그동안 10만 명이 넘는 독자들이 필자의 예측에 귀를 기울였다.

특히 기업과 사회의 오피니언 리더들이 많은 관심을 보였다. 하지만 사회, 기술, 산업, 경제, 환경, 정치 및 제도, 영성 등 다루는 분야가 방대하고 전문적인 자료를 사용했던 관계로 약간은 어려운 내용이 없지 않았다. 이에 수많은 독자들이 미래변화를 좀 더 쉽게 이해할 수 있는 입문서를 원했던 것도 이 책을 펴낸 동기가 되었다.

이 책은 독자들의 이런 열광에 부응하려는 시도다. 이 책은 필자의 기존 예측서를 읽은 독자라면 '요점을 간추린 책'으로 읽으면 된다. 필자의 예측서를 한 권도 접한 적이 없는 독자라면 '입문서'로 읽으면 된다. 이 입문서를 읽은 후에 필자가 지금까지 발표한 책들을 읽으면 좀 더 자세하고 구체적인 미래상을 그릴 수 있을 것이다.

지금 우리는 불의 고리에 있는 것이 맞다. 그래서 위험하다. 하지만 그 변화를 일으키는 이치, 구조, 변화의 흐름을 알면 대부분의 두려움이 사라질 것이다. 인간이 느끼는 두려움의 80~90%는 무지해서 생기는 것이다. 위기의 실체가 무엇인지, 위기 이후에 어떤 상황이 벌어질 가능성이 있는지를 예측해보면 두려움의 대부분은 사라진다. 미래를 100% 예언하듯 맞힐 수는 없다. 타임머신을 타고 미래를 갔다 올 수도 없다. 하지만 인간은 논리적 생각의 힘, 확률적 판단의 힘, 만약의 사태를 대비하는 지혜로 미래에 대응할 수 있다. 거대한 판이 맞물려 충돌하는 불의 고리 안에 있지만 정신만 바짝 차리면 얼마든지 살아남을 수 있다. 부디 좀 더 많은 독자들이 이 책을 '미래입문서'로 사용해주길 바란다.

차례

INTRO 004

PART ONE
판의 이동
거대한 판이 바뀌고 있다

불의 고리	015
충돌, 판이 움직인다	018
서구와 아시아의 충돌	021
미국과 중국의 충돌	037
자본주의와 민주주의의 충돌	052
실물경제와 금융경제의 충돌	062
20세기 산업과 21세기 산업의 충돌	075
20세기 제조업과 21세기 제조업의 충돌	080
화석에너지와 미래에너지의 충돌	090
물질 소재와 분자 소재의 충돌	100
안정 세대와 불안정 세대의 충돌	108
경계의 이동	119

PART TWO

판의 이동과 기회의 산 사이
쓰나미와 미래절벽을 넘어라

기회 이동 중 우기는 계속된다	**127**
쓰나미가 시작되었다	**130**
2016~2017년, 신흥국 퍼펙트스톰이 일어난다	**132**
2018~2019년, 한국을 강타할 금융위기 쓰나미를 대비하라	**139**
미국이 금리를 인상하면 5개의 폭탄이 날아온다	**145**
2018~2019년, 한국 금융위기 발발 가능성 90%	**153**
2022~2025년, 첫 번째 통일 가능성이 온다	**168**
미래절벽을 넘어야 한다	**177**

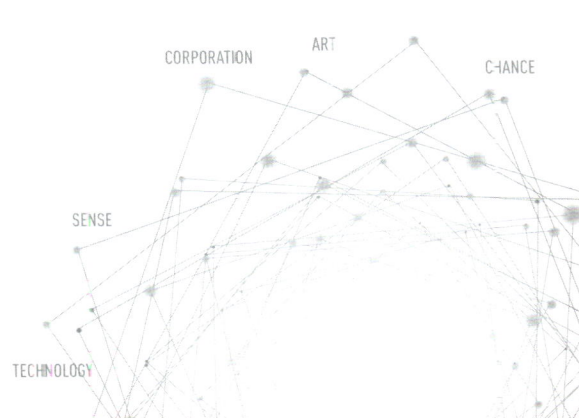

PART **THREE**

기회의 산
기회를 통찰하라

기회의 대이동	**183**
미래절벽에서 피는 기회	**189**
기회의 산	**191**
정보의 의미와 가치가 변하고 있다	**204**
새로운 커뮤니케이션, 커뮤니케이션산업을 리셋하다	**212**
가상국가, 현실국가를 리셋하다	**220**
3D 프린터, 산업을 리셋하다	**228**
미래자동차, 자동차산업을 리셋하다	**233**
바이오기술, 의료산업을 리셋하다	**239**
잘 늙지도 죽지도 않는 몸과 정신을 가진 인간	**244**
가상인간과 함께 거리를 걷다	**250**
사람 닮은 로봇, 사람을 리셋하다	**256**

PART FOUR
어떻게 기회의 산에 오를 것인가?
미래를 주도하는 법

변화와 대이동의 큰 그림을 이해하라	**269**
위기에서 움직이는 기회의 과녁 맞히기	**274**
한 발 먼저 피하고 투자기회를 잡으라	**278**
트랜스휴먼, 인간이 바뀐다	**286**
인재의 정의가 바뀌고 있다	**293**
인재의 조건이 변하고 있다	**300**
회복탄력성을 높여라	**334**
세 가지 자본을 갖추라	**339**
어느 나라로 가야 할까?	**343**
브렉시트와 유로존의 미래	**355**
개인의 승부수	**367**
가상세계에서 길을 찾으라	**370**
제갈공명처럼 미래 바람을 이용하라	**386**

PART ONE

판의 이동

거대한 판이 바뀌고 있다

**기회는 사라지거나 축소되지 않는다.
단지 이동할 뿐이다.**

도대체 쌓인 문제들을 어떻게 해결해나갈 수 있을까.
답은 있겠지만, 아찔하고 혼란스럽다.
한꺼번에 모든 문제를 해결하기에는 한계가 분명해 보인다.
하지만 위기와 함께 기회가 다가오고 있다.
새로운 위기가 만들어내는 새로운 기회가 다가오고 있다.
기회의 대이동이라 부를 수 있는 역사상 유례없는
혁명적인 부와 성공의 기회가 몰려오고 있다.

불의 고리

THE EXODUS OF OPPORTUNITY

불의 고리Ring of fire. 근래 화제가 되는 단어다. 불의 고리는 환태평양 조산대로서, 세계 주요 화산대와 지진대가 밀집되어 있는 곳이다. 1906년 4월 미국 서부 캘리포니아를 강타해 화재로 3,000명의 사망자를 낸 대지진도 불의 고리를 따라 위치한 샌앤드리어스 단층면을 따라 발생했다. 1995년 진도 7.2의 일본 고베 대지진, 2004년 진도 8.9의 인도네시아 수마트라 대지진과 쓰나미, 2006년 5월 진도 8.1 통가 지진, 2009년 9월 진도 8.0 미국령 사모아섬 강진, 2010년 2월 진도 8.8 칠레 서부 대지진, 2011년 6월 칠레 푸예우에서 원자폭탄 70개와 맞먹는 힘과 에너지를 분출했던 화산폭발도 모두 불의 고리 안이었다. 불의 고리 서쪽에 위치한 인도네시아는 129개 화산이 밀집되어 있고, 진도 6 이상의 강진이 자주 발생한다. 2011년 3월 11일, 후쿠시마 원전폭발 사태를 일으킨 진도 9의 초대형 지진이 발생한 일본도 불의 고리에 걸려 있다. 2015년 9월 칠레에서 다시 일어난 진도 8.3 강진도 불의 고리 악몽의 반복이다. 2016년 초에는 일주일 동안만 불의 고리에서 진도 4.5 이상의 지진이 151회 발생했다. 일부 학자들은 불의 고리 봉인이 50년 만에 풀리면서 앞으로 수년 내에 초대형 지진이 불의 고리 안에서 일어날 것이라고 보고 주목하기도 한다.[1]

불의 고리는 지구에 있는 10개의 지각판들 중에서 가장 큰 태평양판이 유라시아판, 인도판과 맞물려 움직이는 지역에서 일어나는 지각활동이다. 불의 고리에는 전 세계 600개가 넘는 활화산과 휴화산 중 75%가 몰려 있고, 여기에서 전 세계 지진의 80~90%가 일어난다.[2] 불의 고리는 북쪽으로는 러시아 캄차카, 미국 알래스카, 동쪽으로는 미국 서부 대륙과 남미 해안 지역, 남쪽으로 뉴질랜드와 태평양 연안을 거쳐 서쪽으로 일본, 대만, 동남아시아를 아우르는 총 4만 킬로미터의 거대한 고리 모양 지진화산대다. 이 모양 때문에 불의 고리라는 별칭이 붙어 있다.

최근 불의 고리에서 유난히 대형 지진과 화산폭발이 많이 일어나는 이유는 '판구조론 plate tectonics'으로 설명이 가능하다. 판구조론은 지구의 지각은 10개의 거대한 판으로 구성되어 있고, 이 판들은 마치 바다 위를 떠다니는 얼음 덩어리들처럼 지구의 맨틀 mentle 위

---

[1] "1주일간 진도 4.5 이상 지진 151회… '불의 고리' 봉인 풀렸나", 〈헤럴드경제〉, 2016년 4월 18일자.
[2] 네이버 지식백과, 시사상식사전, '불의 고리'.

를 둥둥 떠다닌다는 지구물리학 이론이다. 지구의 표층을 형성하는 10개의 거대한 판들은 두께가 수십 킬로미터 이상 되는 암석권 lithophere이다. 이 중에서 유라시아판, 아프리카판, 인도판, 태평양판, 아메리카판, 남극판 6개는 큰 판이고, 나머지 4개인 필리핀판, 카리브판, 코코스판, 나스카판은 작은 판이다. 10개의 판들은 맨틀의 대류를 따라 연간 수 센티미터씩 계속 이동하는데, 이때 서로 맞닿는 가장자리가 마찰하면서 저항이 일어난다. 두 개의 벽돌을 서로 문지를 때 미끄러지지 않으려는 저항이 일어나는 것과 같다. 그러나 지구적 힘이 마찰저항을 초과하는 단계에 이르면 갑작스럽게 미끄러짐이 일어난다. 그것이 바로 지진, 화산폭발, 마그마 형성, 습곡산맥 형성 등의 강력한 지각변동이다.[3]

---

3 네이버 지식백과, 시사상식사전, '판구조론'.

충돌, 판이 움직인다

THE EXODUS OF OPPORTUNITY

　판구조론에서 설명하듯이, 거대한 판을 움직이게 하는 힘이 '맨틀의 대류'이다. 거대한 판이 움직이면서 '누적된 힘'이 충돌하면서 불의 고리를 따라 지진, 화산이 발생하고, 이로 인해 쓰나미 재앙이 뒤따른다.

　맨틀은 지표에서 30~40킬로미터 아래, 바다에서는 해저 5킬로미터 정도에서 지구핵의 상부면까지를 이른다. 맨틀은 지구 전체 면적의 82%, 전체 질량의 68%를 차지한다. 지표에서 900킬로미터 아래 있는 맨틀의 하부는 주로 감람석이 고압형 광물로 변화된 상태로 있고, 밀도는 $5.7g/cm^3$, 온도는 3,000~5,000도로 추정된다. 맨틀 상부는 감람석이나 사방휘석, 석류석으로 구성되고, 밀도가 $3.4g/cm^3$, 온도는 500~1,000도로 추정된다. 학자들은 맨틀이 유동성을 갖는 이유는 온도나 밀도의 차이뿐만 아니라 그곳에 대규모의 대류가 존재하기 때문이라고 생각한다.[4] 대류는 온도차에 의해 유체의 흐름이 발생하면서 열이 전달되는 상태다. 열을 받아 뜨거워진 부분은 열팽창이 일어나 가벼워지면서 상승하고, 열을 잃으면 반대로 밀도가 커지면서 하강하게 된다. 상식으로 대류는 기체나 액체 상태에서 일어난다. 하지만 1928년 영국의 학자 아서 홈스Arthur Holmes는 대류이동설을 증명하기 위해 고체 상태인 맨틀에서도 매우 느린 대류현상이 발생한다는 가설을 발표했다. 홈스는 맨틀 대류가 상승하는 곳에서는 대륙 지각에 수평 방향으로 장력이 작용하면서 대륙을 늘리고 갈라지게 하여, 그 갈라진 틈에 현무암질 마그마가 상승하여 새로운 지각을 만들 것이라고 생각했다. 반대로 맨틀 대류가 하강하는 데서는 상대적으로 낮은 온도로 인해 지각을 구성하는 암석은 수축하면서 밀도가 큰 에클로자이트eclogite로 변하면서 하강하여 대류를 일으킨다고 생각했다. 홈스가 이런 가설을 발표한 이후 각종 탐사가 진행되면서, 맨틀이 고체 상태에서도 일년에 수 센티미터씩 아주 느리게 움직이는 대류현상이 나타난다는 것이 검증되었다.

맨틀 대류를 따라 10개의 지각판은 둥둥 떠다니게 되고, 지각판과 지각판이 서로 부딪치는 지점에서는 상호간에 강한 저항이 발생하는데, 서로 미는 힘이 저항력을 넘어서면 갑작스럽게 미끄러짐

[4] 네이버 지식백과, 자연지리학사전, '맨틀'.

이 일어나면서 아주 강력한 힘이 지표면으로 전달된다. 그 결과가 지진과 화산폭발이다. 만약 지진이 육지에서 일어나면 지각판이 흔들리면서 땅이 갈라지고 건물이 무너지고 화재가 발생한다. 지진이 바다에서 일어나면 2차 후폭풍으로 쓰나미가 해안가를 강타한다.

  필자가 불의 고리에서 일어나는 현상을 자세하게 설명한 이유는 무엇일까? 21세기 들어 일어나는 경제, 사회, 정치, 산업, 글로벌 패권 등의 격변이 '불의 고리'를 따라 일어나기 때문이다. 거대한 판을 움직이게 하는 힘은 '거대 변화의 대류'이고 거대한 판이 움직이면서 '누적된 힘'이 충돌하면서 불의 고리를 따라 경제적 지진, 정치 및 글로벌 패권 화산이 발생하고, 이로 인한 산업 및 사회, 환경 쓰나미 재앙이 뒤따른다. 즉 지금의 변화는 우연한 사건이 아니다. 잠시 후면 끝나는 일시적 현상도 아니다. 조금만 버티면 예전 상태로 아무 일도 없었다는 듯이 되돌아가는 일도 아니다. 거대한 판들이 이동하고 충돌하면서 나타나는 지각변화 현상이다. 예전으로 되돌릴 수 없는 변화다. 지표면이 크게 흔들리고 땅이 갈라지면서 기존 건물이 붕괴되는 일이다. 불의 고리의 봉인이 풀리는 시기다. 봉인이 풀려 모든 것을 흔들고 나면 새로운 생태계가 만들어질 것이다. 지금의 변화는 절대로 가볍게 볼 일이 아니다. 그렇다면, 서로 충돌하는 판들은 무엇일까?

서구와 아시아의 충돌

THE EXODUS OF OPPORTUNITY

첫 번째 판의 충돌은 서구판과 아시아판의 충돌이다. 500년 전 아시아는 기술에서부터 부_富에 이르기까지 세계의 중심이었다. 다음 쪽의 그림을 보라. 중국과 세계 주요국의 국내총생산(GDP) 비중 추이를 보면 1700년경까지는 중국이 세계 최고였다. 1880년에 가서야 미국의 GDP가 중국을 추월했다.

과학기술 하면 흔히 서양을 떠올린다. 하지만 동양의 과학기술도 만만치 않다. 동양에서 과학과 기술 발전을 이끈 나라는 중국, 한국, 인도다. 고대에 독자적 발전을 시작한 인도 과학은 기원전 5세기경에 그리스 과학기술을 섭취·동화하여 고도화되었다. 기원전 260년 아소카 왕은 인도 최초 병원을 세웠다. 인도가 고대과학에서 현대까지 가장 큰 영향을 미친 분야는 수학과 천문학이다. 인도는 기원

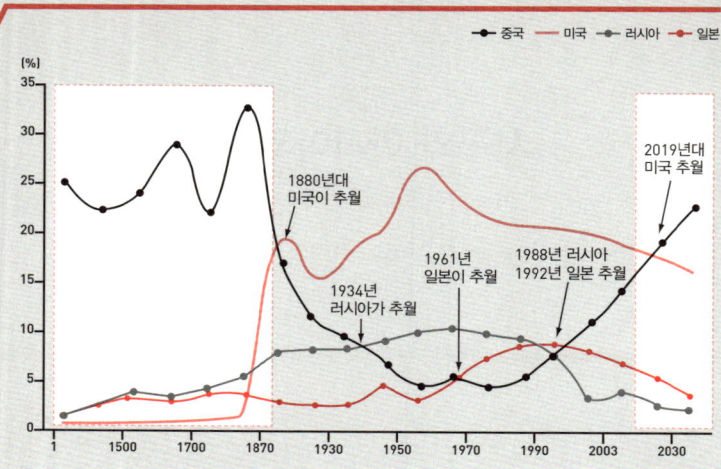

전 2세기경 영(0)의 개념을 발견했고, 10진법, 아라비아숫자, 분수 기호법을 발명했다. 인도에서 발명된 수학 지식은 아라비아를 거쳐 유럽에 전파될 정도로 우수했다.[6]

한국의 과학기술도 아주 우수했다. 고려시대에 발명된 금속활자는 유럽보다 200년이나 앞선다. 1392년 조선이 개국된 이후, 세종 때인 15세기에 과학기술 발전은 절정에 이르렀다. 유럽의 과학혁명

---

5 전병서, 《금융대국 중국의 탄생》(밸류앤북스, 2010), 77쪽.
6 네이버 지식백과, 과학기술 발전의 발자취, '고대 및 중세 동양의 과학과 기술'.

이 16~17세기에 일어난 것과 비교하면, 조선의 과학혁명은 100년이나 빠른 것이었다. 세종대왕 시절 농학農學을 필두로, 농업에 관련된 천문·기상·역법·측량·수학이 발달했다. 천체·시간·기상·토지의 정확한 측정을 위해 천체관측 기구인 혼천의·간의 등이 제작되고, 시간측정 기구인 앙부일구·자격루 등이 만들어졌다. 세계 최초로 측우기를 제작하기도 했다. 세종과 세조 때에는 천문·역법에 대한 깊은 관심과 토지조사·조세산출 등의 필요에 따라 수학도 발달했는데, 당시 수학 교재로는《상명산법詳明算法》《산학계몽算學啓蒙》등이 있다. 의학·약학에서는 세종 때에《향약집성방鄕藥集成方》이 편찬되었는데, 이는 한국의 풍토에 알맞은 약재와 치료방법을 개발·정리한 것이며, 같은 때에 펴낸《의방유취醫方類聚》는 의학 백과사전이다. 1592년 선조 25년에 발명된 거북선은 세계 최초의 철갑선이었다.[7]

중국은 한漢 왕조 시대에 종이 제조술이 발명되어 800년경 바그다드로 전해졌다. 종이와 화약과 함께 중국의 3대 발명품으로 손꼽히는 나침반은 13세기에 아라비아를 거쳐 유럽에 전해져서 대항해시대를 여는 데 기여했다. 중국 문헌에서 나침반이 최초로 등장하는 시기는 기원전 4세기경이고, 11세기 송나라 시절에 본격적으로 사용되었다. 중국은 후한後漢 시대인 105년 세계 최초로 종이를 발명했고, 당나라 말기 화약 발명도 유럽보다 300년이 빨랐다.

---

[7] 네이버 지식백과, 과학기술 발전의 발자취, '고대 및 중세 동양의 과학과 기술'.

7~10세기까지 중국을 지배한 당나라는 도자기 제조술과 목판 인쇄를 고도로 발전시켰다.[8] 16~17세기 서양의 과학혁명이 일어나기 전까지 중국 과학기술은 유럽보다 앞서거나 대등한 수준이었다.

해양기술과 신대륙 탐험도 중국이 유럽을 앞선다. 콜럼버스가 17척의 배를 이끌고 신대륙 탐험을 떠난 때는 1492년이었다. 하지만 중국은 80년 이상 앞서 신대륙을 탐험했고 규모도 유럽보다 10배가 컸다. 명나라 시대 1405~1433년에 환관 출신 정화鄭和 장군은 무려 200척이 넘는 대규모 함대를 이끌고 아프리카에 이르기까지 30여 국을 정복했다. 정화가 만들었던 배 중에는 콜럼버스가 탐험할 때 사용했던 산타마리아호보다 100배나 큰 배도 있었다. 중국은 유럽이 대항해시대를 열기 전인 15세기에 이미 세계를 지배했다. 중국은 한때 세계 인구의 37%를 차지하고 전 세계 GDP의 33%를 감당할 정도로 강대국이었다. 오늘날의 표현으로 하자면 G1이었다. 미국이 가장 강력했던 1960년대에 전 세계 GDP의 약 27%를 차지했던 것과 비교해보라.

군사력으로도 아시아가 유럽을 압도했었다. 칭기즈칸이 세운 거대한 몽골제국은 중원을 비롯해서 아시아 대부분을 정복했고, 서양사에 공포의 상흔을 남길 정도로 유럽 세계에 영향을 끼쳤다. 이처럼 서구판을 압도했던 아시아판이 기울기 시작한 것은 기마민족인 청나라 해군력이 와해되면서 서양 해양 세력에게 바다를 봉쇄당하

---

8 네이버 지식백과, 과학기술 발전의 발자취, '고대 및 중세 동양의 과학과 기술'.

면서다.[9] 1880년 이후 중국과 아시아는 글로벌 패권을 완전히 잃어버렸다. 중국이 글로벌 패권을 잃으면서 힘의 균형은 아시아판에서 서구판(유럽과 미국)으로 넘어갔다.

유럽은 14~16세기에 학문과 예술의 부활을 지향하는 르네상스 운동이 일어나면서 중세의 어두운 터널을 빠져나오기 시작했고, 15세기 후반부터 17세기까지 대항해시대에 식민지 개척으로 세력 팽창을 했다. 18세기 중엽 영국에서 기술혁신이 일어나면서 산업혁명을 이루고 19~20세기를 거쳐 영국과 미국이 서구판의 중심 국가로 우뚝 섰다. 특히 20세기에 들어서면서 서구판의 대표 주자인 미국의 힘은 무소불위했다. 이 시기에 아시아는 서구 세력의 충돌에 맥을 못 추고 흔들렸다.

하지만 2008년 세계 금융위기를 기점으로 세계의 축이 아시아로 다시 움직이고 있다. 21세기는 아시아를 중심으로 지각변동이 펼쳐질 것이다. 21세기 세계 경제와 비즈니스 환경의 변화 방향과 속도를 이해하려면 서구판을 향해 돌진하는 아시아판의 힘을 이해해야 한다. 앞으로 10~20년 동안 세계정세의 변화를 이끄는 핵심축은 아시아가 될 것이다. 2016년 이후 5~10년 이내에 아시아발 금융위기라는 늪을 통과해야 한다는 조건이 있기는 하지만, 결국 아시아인이 최대의 수혜를 얻게 될 것이다. 현재와 미래의 부 창출 시스템의 혜택을 가장 많이 보는 지역이 아시아다.

---

[9] 전병서, 《금융대국 중국의 탄생》, 33쪽.

21세기 한국과 중국, 일본 등을 비롯한 아시아의 눈부신 발전과 세계의 중심 이동은 단순한 유행이나 일시적 현상이 아니다. 한두 번의 금융위기가 발생하더라도 막을 수 없는 대세다. 중국이 미국을 추월하느냐 그러지 못하느냐는 상관없다. 미국과 유럽의 선전은 아시아의 시대를 조금 늦출 뿐이다. 고령화되고 있는 미국과 유럽이 세계의 중심축을 유지하는 시기는 최대 20년 안팎일 것으로 예측된다. 반면 아시아는 계속해서 인구가 증가할 것이다. 2020~2030년경이면 한국, 일본, 중국의 인구는 증가세를 멈출 수 있지만 다른 아시아 지역의 인구증가가 아시아를 세계 중심으로 끌어올릴 수 있다. 한국, 일본, 중국은 성숙한 기술과 경제력으로 이들의 성장을 지원할 것이다.

기술력의 발전이 경이로운 속도로 진행되고 있는 지각변동을 가속화하고 있다. 약 6,000년 전, 가장 빠른 교통수단은 시속 12킬로미터의 낙타였다. 기원전 1,600년이 되어서야 시속 16킬로미터의 이륜마차가 개발되었고, 1825년에 개발된 증기기관차는 시속 20킬로미터 정도였다. 1880년에 이르러서야 시속 100킬로미터가 넘는 증기기관차가 운행되었다. 이 기록을 달성하는 데 수천 년이 걸렸다. 그런데 이런 속도의 한계를 6배 이상으로 높이는 데는 불과 58년밖에 걸리지 않았다. 1938년 인간은 비행기를 타고 시속 600킬로미터를 돌파했다. 그리고 이 속도를 다시 10배로 늘리는 데 20년밖에 걸리지 않았다. 1960년대에 시속 6,000킬로미터 이상으로 로켓 비행기들이 날아다니기 시작했고, 인류 최초의 유인 우주선이 지구를 시속 2만 8,800킬로미터로 돌게 되었다. 그리고 지금 인터넷 시대에는 빛의 속도를 능가하는 생각의 속도가 지구를 넘나들고 있다.

지식 축적에서 획기적인 약진은 15세기 구텐베르크에 의해 활자가 발명된 후부터다. 15세기 이전에 유럽에서는 1년에 불과 1,000여 종 내외의 서적이 출판되었다. 1950년경 지식 축적의 속도가 가속되면서 유럽에서는 연간 12만 권의 책이 출판되었다. 4세기 만에 120배가 증가한 것이다. 지금은 평범한 개인들도 자기 책을 단 몇만 원의 비용과 몇 시간의 시간투자로 출판할 수 있는 시대가 되었다.[10] 콘텐츠의 소비 경로가 모바일과 인터넷으로 변화함에 따라 전자책 출판의 기회까지 열리면서 출판 장벽이 점점 낮아지고 있다.[11] 더 나아가 셀프 퍼블리싱self publishing(1인 출판)을 통해 직접 출판사를 운영할 수도 있다.[12]

속도와 지식 축적의 가속화는 세계를 빠르게 하나로 묶고, 아시아로 향하는 축의 이동을 부추기고 있으며, 미국을 중심으로 하는 기존 서구권의 권위와 힘의 장벽을 약하게 만들고 있다. 이미 주요 영역들에서도 아시아의 기술력이 세계를 이끌고 있다.

미래학자들은 2050년이 되면 세계 인구의 절반 이상, 세계 경제의 약 40%, 세계 정보기술산업의 절반 이상, 세계 수준의 첨단 군사

---

10 전병서, 《금융대국 중국의 탄생》, 33쪽.
11 "IT 덕에 나도 작가, 출판 패러다임도 급변", 〈아이뉴스24〉, 2014년 1월 6일자.
12 "디지털 개인 출판 시대 누구나 대박 책 낼 수 있다", 〈KBS 뉴스〉, 2013년 12월 23일자.

력이 아시아에 있을 것으로 본다. 세계의 중심이 500년 만에 다시 아시아로 오고 있다. 기회의 대이동이 미국과 유럽의 서구판에서 아시아판으로 진행 중이다. 예전 기술과 산업은 한계에 도달했지만, 새로운 기술과 산업은 국내와 아시아에서 곧 시작될 것이다. 미래산업의 씨앗이 뿌려지고 표준이 정해지는 곳은 미국과 서구판이 될 테지만, 열매가 열리는 곳은 아시아판이 될 것이다. 미래산업의 가장 큰 시장이 아시아이기 때문이다. 부의 규모가 국내에서는 성장의 한계에 도달하고 있지만, 아시아 전체는 커지고 있다. 아시아인이라는 것, 아시아판에 서 있다는 것이 태생적 장점이 되는 시대가 곧 온다. 아시아판이 서구판을 밀치고 다시 일어나면 아시아 최고가 세계 최고로 인정받게 된다. 바로 얼마 전인 500년 전에도 실제로 그랬다. 아시아가 세계의 중심이었고, 아시아 최고가 대부분 세계 최고였다. 2020~2030년 이후, 다시 그런 시대를 맞게 될 것이다.

아시아판이 세계의 중심이 되는 것과 관련한 몇 가지 결정적 요인을 정리해보자. 그 첫 번째는 현재와 미래의 '부'를 창출하는 시스템의 혜택을 가장 많이 보는 지역이 아시아라는 것이다. 이것을 이해하려면 앨빈 토플러 Alvin Toffler가 말한 세 가지 부의 물결을 이해해야 한다.

앨빈 토플러가 말하는 첫 번째 부의 창출 시스템은 1만 년 전 선사시대에 지금의 터키 지역인 카라카닥 산 근처 어딘가에 최초의 씨앗을 심었을 때 나타났다. 이른바 '농업혁명'이다. 농업의 발명으로 사람들은 미래에 다가오는 궂은 날씨를 대비해 잉여 생산물을 저장할 수 있게 되었다. 이렇게 시작된 부의 제1물결은 노동의 역할 분담을 초래했다. 그리고 교역과 물물거래, 판매와 구매의 형태로 교환의 필요성을 불러일으켰다. 말 그대로, 경제를 활용한 부의 추적과 힘을 무기로 세계를 지배하고 영향력을 끼치는 환경이 생성된 것이다. 이때부터 인류 역사에는 '세계의 중심'이라는 개념이 형성되었다.

앨빈 토플러가 말하는 두 번째 혁명적인 부의 창출 시스템은 '산업주의'다. '산업혁명'이라는 말을 들으면 떠오르는 바로 그 흐름이다. 1600년대 말 영국을 중심으로 유럽에서 시작된 산업주의는 공장, 도시화, 세속주의를 가져왔다. 이는 대량생산, 대량교육, 대중매체, 대중문화로 이어졌다. 이후 표준화, 전문화, 동시화, 집중화, 중앙집권화, 규모의 극대화라는 일반 원칙에 기반을 둔 다양한 형태로 분화되면서 '해가 지지 않는 나라, 영국'이라는 신화를 만들었다.

앨빈 토플러가 말하는 세 번째 부의 물결은 가장 최근에 도래했다. 제3의 물결은 산업생산, 토지, 노동, 자본의 전통적인 요소를 훨씬 정교한 지식으로 대체하며 산업주의의 모든 원칙에 도전했다. 제3의 부의 물결은 사회, 시장, 생산에서 탈 대량화를 유도하고, 조직을 수평화하고 네트워크 구조나 다른 대안 구조로 전환하고 있다. 제3의 물결은 '서비스하는serving 것, 생각하는thinking 것, 아는knowing 것, 경험하는experiencing 것'을 기반으로, 제2의 물결 형태(주로 '만드는making 것'을 기반으로 한 조립 공정, 노동 분업과 노동 전문화 등의 형태)와 영향력을 퇴보시키고 있다.

제3의 부의 창출 시스템은 미국에서 시작되었다. 그러면서 미국을 세계의 중심으로 만들었다. 그리고 수십 년이라는 짧은 기간에 태평양 건너 아시아까지 변화시켰다. 그 결과 미국과 더불어 아시아의 중심국인 한국, 중국, 일본 등이 빠르게 세계의 관심과 주목을 받게 되었다. 2004년 중국은 일본을 제치고 미국과 독일에 이어 세계 3대 교역국이 되었다. 앨빈 토플러는 중국이 20년이 채 안 되는 짧은 기간에 전 세계 경제를 내려다보는 거대한 세력이 되었다고 평가했다. 한국 역시 지난 1980년대 이후 불과 20년 만에 국내총생산(GDP)과 1인당 국민소득(GNI)이 후진국 수준에서 탈출해 중상위 국가 경제력을 갖추게 되었다. 그 후에도 제조업 분야와 정보통신 분야의 지속적이고 눈부신 발전으로 세계 10위권의 신화적 성장을 이뤘다. 이러한 한국과 중국, 일본 등 아시아 중심국의 눈부신 발전과 아시아로의 경제 패권 이동은 단순한 유행이나 일시적 현상이 아니다.

아시아판이 세계의 중심이 되는 것과 관련한 두 번째 중요한 요인은 '인구분포'다. 인구분포는 부의 창출 시스템과 관련되는 경제 규모를 좌우할 뿐 아니라 사회변화의 핵심 원동력이다. 2020년쯤이면 아시아 인구는 대략 50억에 이른다. 2025년이 되면 서구 국가의 인구는 전 세계 인구의 16% 정도에 불과하게 된다. 1980년대에 전 세계 인구의 24%를 차지했던 것과는 차이가 크다.

전문가들은 앞으로 20년간 전 세계 인구의 대부분이 아시아, 아프리카, 라틴아메리카에서 증가할 것이라는 공통된 인식을 보이고

세계 인구 상위 10개국 (억 명)

2006년

1	중국	13.2
2	인도	11.1
3	미국	3.0
4	인도네시아	2.2
5	브라질	1.8
6	파키스탄	1.6
7	방글라데시	1.44
8	러시아	1.42
9	나이지리아	1.3
10	일본	1.2

2050년

1	인도	15.3
2	중국	13.9
3	미국	4.1
4	파키스탄	3.5
5	인도네시아	2.9
6	나이지리아	2.58
7	방글라데시	2.54
8	브라질	2.3
9	에티오피아	1.7
10	콩고민주공화국	1.5

자료: UN 조사 주: 2006년은 추계, 2050년은 예상

세계 인구의 지역별 구성 비율

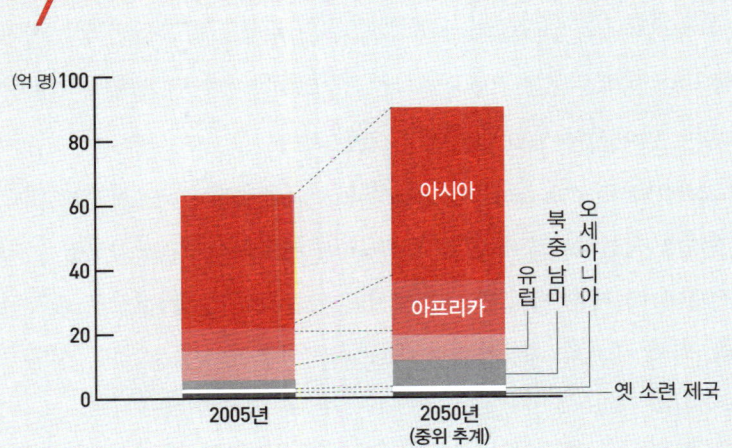

자료: 2004년 UN 추계

있다. 유엔인구기금(UNFPA)이 발표한 '2013년 세계 인구현황 보고서'를 보면, 세계에서 가장 높은 인구변화율을 보인 나라는 아라비아 반도 남부에 있는 오만이다. 전 세계 인구변화율이 1.1%인 데 비해 오만은 인구가 7.9% 더 늘어났다.[13] 지금의 선진국들에서는 대략 3% 정도의 인구만이 증가할 뿐이다. 세계 인구는 아시아, 아프리카, 라틴아메리카 덕분에(?) 2025년이면 약 80억 명을 넘어설 것으로 보인다. 필자의 예측으로는, 2100년이면 세계 인구가 140억에 이를 가능성이 크다. 인구증가는 시장의 증가와 문화적 소비력의 증가를 불러와서 세계의 관심과 집중을 모으기에 유리한 조건을 제공한다. 그래서 인구분포가 사회변화의 핵심 원동력으로 작용하는 것이다.

앞 쪽의 '세계 인구 상위 10개국'을 나타낸 표에서 보듯, 중국 다음으로 많은 인구를 떠안고 있는 인도를 비롯해 총 인구 1억 6,000만 명인 파키스탄, 1억 4,400만 명인 방글라데시 등 남아시아 국가 전체에서 인구증가가 현재와 같은 추세로 계속되면 남아시아 국가의 전체 인구는 2050년 24억 명으로 늘어나 '세계 인구 4명 중 1명이 남아시아 사람'인 시대가 열릴 것이다.[14]

2009년 다보스 포럼에서 아시아는 금융위기 이후 세계에 대한 논의의 핵심축으로 등장했다. 2020년 이후 세계의 소비시장은 이전보다 더 빠른 속도로 서양에서 동양으로 이동할 것으로 예측된다. 과거 세계화 과정과는 반대로, 아시아를 중심으로 하는 신흥시

---

[13] "올 세계 인구 71억 명 돌파",〈헤럴드경제〉, 2013년 10월 31일자.
[14] 니혼게이자이신문사,《인구가 세계를 바꾼다》, 강신규 옮김(가나북스, 2008년).

장 기업이 미국과 유럽을 중심으로 하는 선진시장에서 자산과 주식을 사들이는 현상, 즉 반대 방향의 세계화 리버스글로벌라이제이션 reverse globalization이 진행될 것이다. 신흥시장과 선진시장 간 역학관계가 역전될 것이다.

서구 기업들은 1997~1998년 아시아 경제가 극심한 외환위기를 겪을 때 알짜 아시아 기업들을 헐값으로 사들인 뒤 아시아 경제가 회복된 이후 비싼 값에 되팔았다. 그러면서 신흥시장에 대한 서양의 지배력을 강화했다. 하지만 최근에는 정반대 상황이 펼쳐지고 있다. 세계적 금융위기를 기점으로 신흥시장 기업들이 선진시장에서 자산과 주식을 사들이고 있다. 중국은 국유기업으로 국내 최대 농식품회사인 중량中粮그룹(COFCO)을 앞세워 세계적인 곡물거래 회사를 잇달아 인수했다. 이뿐 아니라 중국 육가공업체 솽후이雙匯그룹은 미국 최대 돼지고기 가공업체인 스미스필드 푸드Smithfield Food를 47억 달러(약 5조 원)에 인수했다. 광밍光明그룹(브라이트 푸드 Bright Food)은 2012년 영국 최대 식품회사이자 시리얼 제조업체인 위타빅스 푸드Weetabix Food를 사들였다.[15] 중국 휴대전화 시장에서 2위를 차지하고 있는 기업 레노버Lenovo는 구글Google로부터 스마트폰 사업 부문인 모토로라 모빌리티Motorola Mobility를 사들였다. 미국의 알짜배기 부동산도 중국 손으로 넘어가고 있다. 중국 부동산 투자회사 상하이 그린랜드 그룹綠地集團은 로스앤젤레스 다운타

---

15 "식량 안보 확보… 세계 식품기업 사냥 나선 중국", 〈국민일보〉, 2014년 4월 5일자.

운 인근 땅 15만 3,300제곱미터(4만 6,000여 평)를 사들였다. 이곳은 로스앤젤레스 다운타운에서 노른자위로 꼽히는 스테이플스 센터, LA 라이브와 가까운 곳이다.[16]

이것은 아시아가 서양에 대한 지배력을 강화할 수 있는 여건 중 하나를 확보했음을 의미한다. 세계 경제·정치 권력의 균형이 미국과 유럽을 중심으로 하는 서양에서 아시아를 중심으로 하는 신흥시장으로 이동하는 속도가 빨라질 수 있는 계기가 마련된 것이다.

같은 맥락에서 과거 세계화 과정이 서구화westernization였던 것과 달리 앞으로 세계화 과정은 아시아가 주도할 것이다. 이미 '아시아화asianization'라는 용어가 공식적으로 세계적 모임에서 거론되었다. 아시아가 판의 주도권을 갖기 시작했다는 의미다. 2009년 다보스 포럼에서 세계적 유력 지도자들은 그동안 세계화가 서구 경제 주도로 이뤄진 서구화의 모습이었다면 앞으로는 아시아 국가가 주도하는 아시아화가 될 것이라고 공식적으로 내다봤다.

아시아판이 세계의 중심이 되는 것과 관련한 세 번째 요인은 부의 창출 공간의 변화다. 제3의 부의 창출 시스템 효과와 인구분포의 힘이 상호작용하면서 빠른 속도로 아시아를 미래사회의 부의 공간으로 탈바꿈시키고 있다. 역사적으로 보면 지금부터 5세기 전에는 중국의 기술이 세계에서 가장 발달한 터였다. 아시아가 전 세계 경제적 산출 중 측정 가능한 부분의 65%를 차지했고, 1405년 2만

---

16 "세계적 브랜드·기술력 한번에… 중, 미 기업 사냥 나섰다", 〈세계일보〉, 2014년 2월 19일자.

7,000명의 선원과 병사를 태운 317척의 중국 함대가 30년간 7회에 걸쳐 동남아시아에서 아프리카에 이르는 원정을 할 정도로 강력한 영향력을 세계에 떨쳤다.

그러다가 2세기 반이 지난 후, 초기 산업혁명이 일어나면서 경제·정치·군사적 힘의 중심이 유럽으로 이전되었다. 그 후 19세기 말이 되면서 부의 창출 중심은 서쪽의 미국으로 향했고, 두 번의 세계대전을 겪으면서 유럽의 경제적 우위는 마침표를 찍고 말았다. 그리고 최근 일어난 세계적 금융위기를 시점으로 세계의 축이 아시아로 움직이고 있다.

아시아를 향한 부의 이동은 처음에는 일본으로, 그 후에는 한국 같은 신흥 공업국으로, 현재는 중국과 인도로 이동 중이다. 2003년은 아시아에 매우 중요한 해였다. 일본과 인도를 제외하고도, 싱가포르·한국·대만·중국의 총 GDP가 유럽의 5대 경제대국인 독일, 프랑스, 영국, 이탈리아, 스페인의 총계와 맞먹게 되었다. 일본과 인도를 포함하면 6개 아시아 국가의 총 GDP는 유럽연합(EU) 25개국보다 3조 달러가 많으며, 이는 미국보다도 많은 액수였다.

결론적으로 예부터 기술력, 인구, 문화적 영향력, 경제력, 군사력 등의 요소는 세계의 중심이 되기 위해 반드시 확보해야 하는 필수 요소다. 5세기 전 중국이 그랬고, 산업시대의 영국, 2차 대전 이후 미국이 그랬다. 지금은 아시아를 중심으로 이런 요소가 다시 집결하고 있다.

이상이 아시아가 왜 미래 패권의 중심이 되는가, 어떻게 아시아

판이 서구판보다 우위에 있게 될 것인가 하는 질문에 대한 정리다. 판이 이렇게 이동하고 있는데 어떻게 해야 할까? 답은 어렵지 않다. 아시아를 주목하고 아시아를 최대한 이용해야 한다. 지금 우리가 온몸으로 만나고 있는 상황이 '어떤 의미의 위험'인지 '어떤 의미의 기회'인지 계속 질문해야 한다. 판의 변화가 어떻게 일어나고 있는지를 통찰해야 한다.

미국과 중국의 충돌

THE EXODUS OF OPPORTUNITY

미국과 중국의 충돌은 서구판과 아시아판의 충돌을 축약한다. 아시아판의 힘에 더한 서구판의 저항을 축약한다. 필자는 미국과 중국의 충돌을 《2030 대담한 미래 1》에서 'G2전쟁' 혹은 '미중전쟁'이라고 표현했다.

충돌의 포문을 먼저 연 나라는 중국이다. 국제 금융시장에서 달러화 비중이 점점 낮아지는 상황에서 2008년에 미국발 금융위기가 발발하자 전 세계는 미국의 영향력에 대한 의구심을 갖게 되었다. 미국 역시 자신들의 제국이 이렇게 무너지는 것이 아니냐는 불안감을 갖기 시작했다. 미국이 2차 세계대전 이후 전 세계에서 막강한 영향력을 유지한 바탕에는 엄청난 경제력이 있었다. 미국은 경제 발전으로 창출한 막대한 부를 활용해서 전 세계를 대상으로 군사전략에서부터 미국식 문화와 민주주의, 상품과 서비스를 공급했다. 그런데 21세기 들어 이라크전쟁과 테러와의 전쟁에서 받은 외부 충격으로 미국의 경제가 휘청거리기 시작했다. 안에서는 막 시작된 베이비붐 세대의 은퇴와 고령사회라는 비수가 몸속 깊이 찔러 들어왔다. 그 와중에 정부와 월가가 무리하게 부풀린 부동산 가격이 한순간에 붕괴되는 경제 폭탄이 터졌다. 이때 전 세계 금융위기의 구원자로 등장한 중국은 기회를 놓치지 않았다. 중국과 미국의 본격적인 충돌이 시작된 것이다.

2009년 1월 당시 원자바오溫家寶 중국 총리는 다보스포럼 기조연설에서 "위기의 원인은 일부 경제권의 부적절한 거시경제 정책과 장기간 계속된 낮은 저축률과 과소비로 규정되는 지속 불가능한 경제성장 모델이다"라며 미국을 간접적으로 겨냥해 화살을 날렸다. 옛 영광을 다시 찾으려는 야심으로 가득 찬 당시 러시아의 푸틴Vladimir Putin 총리는 역시 다보스포럼에서 "월가의 투자은행들의 자부심은 모두 사라졌다. 그들은 지난 25년 동안 벌어들인 수익 이상의 손실을 냈다. (…) 그러나 미국 정부와 투자은행은 경제위기가 닥친 상황에서도 자기 파이를 차지하려고만 했다"며 직격탄을 날렸다. 그리고 각국이 외화 보유액을 단일 통화에 지나치게 의존하는 것은 세계 경제에 위험요소라며 미국에 대한 공격의 고삐를 죄었다.

내심 위안화를 기축통화의 자리에 올려놓고 싶은 중국은 2008년 글로벌위기 이후 엄청난 규모의 금을 계속해서 사들이고 있다. 금을 많이 보유할수록 나중에 제1기축통화 자리를 놓고 미국과 힘겨

루기를 할 때 유리하다고 보는 것이다. 다른 한편으로 아프리카와 개발도상국들을 상대로 경제협력과 지원을 넓혀가며, 새로운 국제 금융질서를 구축하는 과정에서 개발도상국들의 발언권과 표결권을 확대하자고 주장했다. 중국은 위안화로 국제 무역거래를 하는 나라들을 점점 늘려가고 있다. 중국의 미국 뛰어넘기는 이미 가속 페달을 깊이 밟고 있는 셈이다.

본래 자신이 세계의 중심이자 G1이라는 사상을 가진 중국은 오랫동안 세계의 패권을 다시 잡을 때만을 기다려왔다. 그들은 역사상 단 한순간도 2위에 만족한 적이 없었다. 이런 생각은 앞으로도 변함이 없을 것이다. 중국의 이런 움직임은 역대 지도자들의 전략에서도 잘 나타난다. 2008년 전까지 중국의 전략은 단지 잘사는 나라를 만들자는 것이 아니었다. 세계를 제패하는 그날까지 낮게 엎드려 실리를 챙기면서 힘을 기르자는 것이 핵심이었다. 1949~1976년 27년간 중국을 지배했던 마오쩌둥毛澤東은 "굴을 깊게 파고 식량을 비축하며 패권자라 칭하지 말라"고 가르쳤다. 그 뒤를 이어 1976~1989년의 13년간 중국을 지배했던 덩샤오핑鄧小平도 "빛을 감춰 밖으로 새지 않도록 한 뒤 은밀히 힘을 기르라"고 강조했다. 이른바 '도광양회韜光養晦' 전략이었다.

그런데 1989~2002년 지도자 위치에 있었던 장쩌민江澤民은 점점 커지는 경제력에 자신 있게 "필요한 역할은 한다"는 '유소작위有所作爲'를 외쳤다. 그 뒤를 이어 2002년에 집권한 후진타오胡錦濤는 초기에는 "평화롭게 우뚝 일어선다"는 '화평굴기和平屈起'를 내세웠다. 이때까지도 겉으로는 미국에 대항하는 태도를 보이지 않았다. 그러나 2008년 미국이 심각한 위기에 빠지자, 후진타오가 이끄는 중국의 전략이 완전히 바뀌었다. 정확하게 말해 마오쩌둥 시절부터 마음속 깊은 곳에 품고 있던 야심을 비로소 드러내기 시작했다. 2010년 후진타오는 "거침없이 상대를 압박한다"는 뜻의 '돌돌핍인 咄咄逼人'을 강력하게 외치기 시작했다. 미국에 대한 전면전의 선포였다. 이미 세계 2위의 경제대국으로 올라선 중국이 거침없이 압박할 대상이 미국 외에 누가 있겠는가?

하지만 미국은 상처는 입었을지언정 여전히 백수의 왕인 사자였다. 여전히 중국의 도전에 맞설 만한 힘이 있다. 미국은 2008년 이전에도 중국의 속마음을 알고 있었다. 그러나 중국의 성장속도에 크게 신경을 쓰지 않았다. 중국의 성장속도가 무섭기는 하지만 조만간 미국을 압도할 수준은 아니며, 중국은 미국을 위한 '좋은 시장 good market'일 뿐이라며 자만했다. 미국의 이런 자만심은 2차 세계대전 이후 몇 번의 불황이 있었음에도 계속 성장해온 경제력과 이를 기반으로 한 강력한 기술력과 군사력에서 비롯되었다. 그러나 9·11 사태로 심장부가 테러를 당하고, 2008년 서브프라임모기지 사태로 대공황에 준하는 내부적인 경제붕괴가 일어나면서 미국은 흔들리기 시작했다. 이런 미국의 위기를 틈타 전통적으로 미국의 우방이었던 나라들도 미국에 대해서 의심을 품게 되고, 붕괴시켰다고 생각했던 러시아가 다시 일어서면서 재기를 벼르고, 좋은 시장이자 미국 국채를 잘 사주는 좋은 고객이었던 중국이 거꾸로 칼을

들고 덤벼들기 시작했다.

2010년 7월 30일 중국 인민은행 부행장 겸 국가외환관리국장인 이강易綱은 "중국이 올해 상반기에 일본을 제치고 세계 2위의 경제 대국이 되었다"고 공식적으로 선언했다. 이 소식이 나오자, 전문가들은 앞 다투어 중국이 이런 추세로 성장을 지속하면 물가 수준을 감안한 구매력 기준으로 2019년경이면 적어도 경제 면에서는 미국을 제치고 세계 1위의 지위를 갖게 되리라 전망하기 시작했다. 스웨덴 국제평화연구소(SIPRI)는 2049년이면 군비지출 규모도 미국을 능가할 수 있을 것이라는 예측을 발표했다.

미국과 중국, 두 강대국Great Two의 충돌은 어떤 결과를 낳을까? 과연 중국은 미국을 수 년 내에 추월하고 최강대국Great One의 자리에 올라설 수 있을까? 필자는 《2030 대담한 미래 1》에서 최대 40년 안에 중국이 미국을 누르고 G1의 왕좌에 오를 가능성은 아주 적다고 예측했다. 그 이유는 두 가지다. 앞으로 2020년경까지 진행되는 아시아 대위기 국면에서 중국은 경제적 타격을 입게 될 것이다. 다른 하나는 중국이 이빨을 드러낸 이상 미국도 본격적으로 중국을 견제하는 미중전쟁을 시작했기 때문이다. 2020년까지 중국이 아무런 견제도 받지 않고 지금처럼 계속 성장한다면, 그 후에는 제아무리 미국이라 할지라도 더 이상 중국을 견제할 수 없게 된다. 미국이라고 이를 모를 리 없다. 중국을 향한 대대적인 반격이 시작될 것이다. 2025년까지는 미국과 중국 모두에게 아주 중요한 시기가 될 것이다. 미국의 공격이 얼마나 효과를 볼지, 중국이 미국의 공격을 얼마나 잘 방어하고 피해를 최소화할지에 따라서 미국과 중국의 미래 양상, 추격의 속도, 세계 속에서 미국과 중국의 경제적·정치적 지위가 결정될 것이다. 더불어 두 국가의 정면충돌이 가져다주는 충격과 변화는 한국을 비롯한 전 세계의 미래에 아주 중요한 변수가 될 것이다.

미국과 중국의 충돌 국면에서 미국의 약점은 누적된 쌍둥이 적자, 높은 국가부채율, 심각한 부의 불균형 분배, 2008년 시작된 경제위기 여파, 빠르게 회복되기는 힘든 경제 상태 등이다. 중국은 약점이 더 많다. 표면적으로 경제와 군사 면에서 미국에 역부족이다. 드러나지 않은 가장 큰 약점은 밟아도 다시 자라는 잡초처럼 끈질긴 생명력을 가진 민주화 열망이다. 중국은 지금 한국보다 빠른 속도로 압축성장 중이다. 압축성장은 짧은 시간에 중국 경제가 미국을 위협할 수 있는 힘을 갖게 했다. 날이 갈수록 강해지는 중국의 군사력도 경제력이 뒷받침하고 있다. 하지만 압축성장의 부작용도 만만치 않다. 겉으로 드러난 것은 계속 늘어나는 가계부채, 부동산 및 주식시장의 버블, 역사상 최고치에 이른 기업부채, 세계를 흔들어버린 공급과잉, 최고 권력자의 친인척에서 지방의 말단 관료까지 깊고 광범위하게 뿌리내린 부정부패 등이다.

그런데 이 모든 것보다 무서운 부작용은 더 많은 자유를 얻고 싶어하는 중국 인민들의 욕망 속에 숨어 있다. 가난하게 살다가 일정 수준의 부를 얻으면 더 많은 부를 축적하고 싶은 욕망이 비집고 나온다. 탐욕은 영원히 해소할 수 없는 갈증과 같다. 먹으면 먹을수록 더 갈증이 나는 바닷물과 같다. 짠 음식을 빨리 먹으면 먹을수록 타는 목마름은 상대적으로 커진다. 이것이 역사상 가장 빠른 압축성장을 한 중국 경제의 최대 아킬레스건이다. 부의 불평등이 극대화되는 미래의 어느 날, 중국 인민들은 정부가 아닌 자신들 스스로 자원의 재분배, 자본의 재분배, 부의 재분배를 하고자 권력의지를 강력히 열망할 것이다. 문제는 현재 중국의 정치체제로는 이 욕망을 충족시켜주기 어렵다는 점이다. 역사에 등장한 다양한 정치제도 중에서 그나마 이런 욕망을 가장 잘 해소시켜준 정치제도는 민주주의다.

인류는 급격한 경제성장에서 발생하는 도시와 농촌 사이의 심한 격차, 자본가와 나머지 사람들의 격차, 삶의 질을 둘러싼 환경오염에 대한 책임 문제, 최소한의 생존을 위협하는 부동산 가격 폭등과 물가상승으로 말미암은 인플레이션 스트레스 등에 대한 국민적 불만을 어떻게 해소해왔을까? 크게 두 가지다. 하나는 폭동이나 무력에 의한 정부 전복이다. 혁명이다. 다른 하나는 선거를 통한 합법적인 정권 교체다. 하지만 중국은 후자의 장치가 없다. 점점 부족해지는 일자리, 관료들의 부정부패, 부의 불균형 분배, 삶의 질을 떨어뜨리는 환경, 부동산 가격 폭등, 물가상승 등이 심각해져가지만 아직은 더 팽창시킬 버블과 환상이 있어서 폭발하고 있지 않을 뿐이다. 하지만 언젠가는 중국 인민의 환상도 깨질 것이다. 이런 체제와 상황에서는 노력해도 소용이 없다는 것을 대중이 깨닫기 시작하면 어떻게 될까? 그들의 출구는 단 하나다. 판을 바꾸는 것이다. 판을 바꾸는 방법은 두 가지다. 전복이냐 선거냐? 그래서 미래 중국의 방향은 예측이 어렵지 않다.

물론 중국 정부는 자신들의 정치 시스템이 서구식 민주주의 제도는 아니지만 충분히 민주적이고 국민의 의견에 귀를 기울이는 방식이라고 주장한다.[17] 그래서 중국 내부는 물론이고 주위에서도 경제 문제나 잦은 시위로 말미암은 정치 불안에 대해 우려할 필요도 없고 소련식의 정권붕괴도 없을 것으로 자신한다.[18] 과연 그럴까?

필자는 2030 시리즈 세 번째 책인 《2030 대담한 도전》에서 이 위기가 시작될 첫 번째 시기를 2022~2025년경으로 예측했다. 중국 인민은 이미 1989년 민주화운동 경험을 가지고 있다. 한국의 1980년 광주민주화운동과 비견되는 경험이다. 2019년은 천안문민주화운동 30주년이 되는 해다. 1989년부터 2002년까지 중국의 연평균 실질GDP 성장률은 8.1%로 높았지만, 같은 기간 1인당 개인소득 증가율은 5.4%로 격차가 크다. 1980년대 덩샤오핑, 후야오방胡耀邦, 자오쯔양趙紫陽이 집권하던 시절에는 실질GDP 성장률과 1인당 개인소득 증가율 격차가 심하지 않았다. 그러나 지금은 다르다. 경제성장률은 8% 아래로 떨어졌고, 국제노동기구(ILO) 기준으로 재평가한 실업률은 14%대에 이른다(ILO 기준 한국 실업률은 약 10%이다). 세계 역사상 가장 빨라 성장하는 만큼 중국의 부의 불균형 분배 문제도 역사상 가장 빠른 속도로 악화되는 중이다. 중국은 빈부격차가 점점 심해지는 상황을 숨기고 싶어서 2002년 이후로 소득

---

[17] 손 레인, 《값싼 중국의 종말》, 이은경 옮김(와이즈베리, 2012), 155, 253~255쪽.
[18] 노무라종합연구소, 《2010 아시아 대예측》, 이상덕 옮김(매일경제신문사, 2007), 151~153쪽.

분배의 불균형 정도를 나타내는 '지니계수'조차 발표하지 않았다 (지니계수는 인구분포와 소득분포 간의 관계를 나타내는 지표다. 0에서부터 1까지로 구성되는데, 1에 가까울수록 소득불균형 분배가 심하고, 0.4가 넘으면 소득분배가 균형을 상실했다고 평가하고, 0.6을 넘으면 빈부격차가 극심한 것으로 평가한다). 그러던 중국이 시진핑習近平 정부가 들어서고 나서 2013년 1월에 지난 10년간의 지니계수 변화 추이를 선뜻 발표했다. 왜일까?

중국 정부의 발표에 의하면 지니계수는 2003년 0.479에서 2008년 0.491까지 점점 악화되었다. 그러나 2009년에 0.490으로 낮아지기 시작하고 2012년에는 0.474까지 호전되었다. 지표로만 봐서는 빈부격차 문제에 대한 해결의 실마리를 찾은 듯 보인다. 현실적으로 해안지역과 내륙지역 간의 부의 불균형 분배가 심해지고, 관료들의 부패가 극에 달해서 민심이 흉흉해지자, 호전된 지니계수를 발표해서 국면전환을 꾀하려는 의도였다.

하지만 일부 전문가들은 중국 정부의 발표 자료를 신뢰하지 않는다. 2012년 말 중국 시난차이징 대학 중국가정금융조사센터가 발표한 지니계수는 태평천국의 난이 일어난 때와 비슷한 수준인 0.61에 이르렀기 때문이다. 실제로 지니계수가 0.6을 넘는다는 것은 빈부격차가 매우 심각한 수준에 이르렀다는 것을 의미한다. 중국의 경제학자들도 중국의 경제 특성 중 하나인 소수에게 엄청나게 집중된 부의 상당 부분이 '보이지 않는 수입'이라는 점을 거론했다. 정부가 발표한 지니계수는 이런 특성을 고려하지 않은 분석이라는 지적이다.

정부는 부의 불균형을 해결하기 위해 내륙지방 개발로 정책 방향을 전환하고 있다. 그런데 과연 내륙지방의 경제 발전이 얼마나 될까? 역사적으로 볼 때, 중국의 경제 발전은 수도와 해안지역을 따라서 집중되었다. 중국의 유명한 4대 상방인 진상晉商, 절상浙商, 월상粤商, 휘상徽商의 활동지역도 수도권과 해안이었다. 그만큼 옛날부터 중국 내륙지방은 지형적 특성 때문에 경제 발전에 한계가 있었다.

이런 상황에서 중국 정부에 또 다른 고민거리가 생겼다. 생산가능인구의 감소 시작이다. 이미 부의 불균형 분배를 해결하지 않으면 민란이 일어날 수준에 근접했는데, 생산가능인구 감소가 시작되면서 추가적인 부의 불균형 분배가 나타날 수 있기 때문이다. 생산가능인구의 감소는 '인구배당demographic dividend 효과'를 사라지게 한다. 인구배당 효과는 '인구보너스demographic bonus 효과'라고도 불리는데, 한 국가가 선진화되면서 질병에 의한 조기사망이 줄어들고 기대수명이 상승하는 과정에서 발생한다. 즉 출산율이 높은 농촌중심 사회에서 저출산 도시중심 사회로 전환되면서 생산가능인구 비율이 높아지고, 부양받아야 하는 어린 인구가 줄면서 부양률은 낮아져서 경제적 부담이 줄고, 지속적인 발전과 근로자 수의 증가로 국가 전체의 저축률은 상승하는 등 경제성장에 도움이 되는 요소들이 선순환을 한다.

자본주의 사회에서는 일반적으로 인구배당 효과가 사라지는 시점부터 경제성장률이 단계적으로 둔화한다. 중국도 이제부터 인구보너스는 사라진다. 대신 15~64세의 노동가능인구 감소로 경제성장이 발목 잡히는 '인구오너스demographic onus' 함정에 빠질 가능성에 직면했다. 한 나라의 성장잠재력은 노동력, 자본의 투입, 노동생산성 향상에 따라 결정된다. 그러나 인구배당 효과가 사라지면 이 세 가지 요소도 심각한 영향을 받게 되어 인구오너스 함정에 빠지게 된다. 노동력이 감소하면 저축률이 줄어들면서 자본투입 증가 추세도 둔화한다. 시간이 지남에 따라 고령화 현상으로 이어진다. 고령화 사회에 진입하면 자본시장의 성장세가 하락을 면하기 어렵다. 생산인력의 양적 감소와 더불어 노동인력의 고령화가 시작되면서 노동의 질도 떨어진다. 이렇게 하락한 만큼의 생산성을 자동화나 기술력의 향상으로 상쇄시킬 수는 있지만, 추가적인 생산성 향상은 기대할 수 없게 된다.

중국은 인구보너스에 힘입어 제11차 5개년 계획 기간이었던 2005~2010년에 전 세계적인 경제위기에도 경제성장률 10.5%를 기록했다. 2011~2015년 제12차 5개년 계획 기간에는 7.19%를 예상하고 있다. 그러나 인구오너스 함정이 두드러지는 2016~2020년의 제13차 5개년 계획 기간에는 6.09%로 하락할 것으로 본다.

중국은 이미 고령화 사회에 들어섰다. 중국사회과학원은 2027년이면 65세 이상 인구가 14%를 차지하는 고령사회aged society로 진입할 것으로 예측한다. 유엔 '세계인구전망'에서는 이 시기가 1년 정도 빨리 올 것으로 본다. 그로부터 불과 10년 뒤인 2036년이면, 65세 이상이 20%를 차지하는 후기고령사회post-aged society 혹은 초고령사회가 된다. 이 시기에 65세 이상의 노인 인구는 3억 명이 넘을 것이다. 은퇴 후 세대까지를 다 합친 55세 이상 인구는 5억 명이 넘게 된다. 이 속도와 규모는 현재 세계 최고령국가인 일본을 압도하는 수준이다.

여기에 더해, 필자가 분석하기에 중국에서는 이미 '루이스 전환점Lewisian turning point'이 시작된 듯하다. 루이스 전환점이란 경제가 급성장함에 따라 농촌의 잉여노동력을 도시에서 빠르게 흡수하여 저임금 노동자의 고갈이 일어나는 현상을 말하는 용어다. 그 결과 몇 년 동안 도시 근로자들의 임금이 급상승하면서 일정한 시점에 이르면 '고비용-저효율' 구조가 정착되고, 그에 따라 경제성장이 둔화하는 국면에 이른다는 이론이다. 이 이론은 1979년 노벨경제학상을 받은 아서 루이스Arthur Lewis가 주장한 이후 경제성장 국면의 전환을 예측하는 중요한 척도로 사용되고 있다.

루이스 전환점을 통과하면 임금이 급상승하게 되어 소비재시장의 발전이 촉진된다는 좋은 점도 있다. 하지만 저임금을 기반으로 한 조립형 제품 수출에 의존하는 경제성장은 둔화한다. 만약 소비시장이 이 간극을 빠르게 상쇄하지 못하고, 첨단 기술과 선진 경영기법을 도입하여 생산성과 효율성을 개선하는 단계로 빠르게 나아가지 못하면, 국가 전체의 성장률이 크게 둔화될 위험이 있다. 이런 상황에 빠져서 더 이상 성장을 하지 못한 대표적인 나라들이 1970년대 이후의 아르헨티나, 브라질, 멕시코 등 중남미 국가들이었다. 특히 아르헨티나는 1960년대만 해도 세계 6대 부국富國에 들었다. 이 나라들은 루이스 전환점 이후 경제성장률 하락과 수출 경쟁력 저하, 높은 인플레이션과 부의 불균형 분배라는 성장의 부작용, 정부부채 증가 등의 문제 때문에 다시 후진국으로 밀려나고 말았다.

이런 추세가 수면 아래서 서서히 그러나 강력하게 진행되는 동안 중국 기업들의 엄청난 부채 문제가 경제 충격을 불러오고, 시진핑의 반부패 정책이 성공을 거두지 못하고, 2022년경 중국 역사상 최악의 권력투쟁이 일어나면 중국 정치체제에 어떤 변화가 일어날지 장담할 수 없다.

중국의 지배층이자 주요 민족은 한족漢族이다. 그러나 중국은 55개에 이르는 소수민족들이 공존하는 다민족, 다언어 국가다. 중국의 소수민족은 1억 명을 조금 넘어 전체 인구의 8.5%에 불과하지만, 영토의 64%를 넘게 차지하고 14개 국가와 국경을 접하며 살고 있다. 이는 기회만 되면 언제든지 분리독립 운동이 일어날 수 있는 위험성을 내포한 조건이 된다. 중국 한족의 민주화 열망이 분출해 큰 혼란이 벌어지면, 이는 곧 소수민족들에게 분리독립 기회가 될 것이다. 실제로 2008년 3월에 장족壯族이 중심인 티베트에서 유혈사태가 발생했다. 티베트는 1949년 중국 정부가 수립되는 과정에서 자치구로 편입된 지역이다. 그러나 1959년 분리독립을 요구하는 반중反中 운동이 일어나면서 달라이 라마Dalai Lama가 인도로 망명하여 망명정부를 수립했다. 그들은 지금까지 국제사회에서 중국을 압박하고 있다. 이 외에도 기회가 되면 독립할 가능성이 있는 대표적인 소수민족들로 내몽골 자치구의 몽골족, 신장위구르 자치구의 위구르족, 연변 자치구의 조선족 등이 있다. 2007년에는 신장

위그루 자치구에서 중국 정부가 분리독립주의자들의 군사훈련기지를 급습해 '동東투르키스탄 이슬람 해방조직(ETIM)'을 궤멸시키기도 했다. 이처럼 상당수의 독립운동 단체들이 이슬람 해방조직이나 알카에다 같은 이슬람 테러조직과 연계되어 있다.

한편 중국도 자본주의가 성장하면서 다른 나라들처럼 파업으로 몸살을 앓기 시작했다. 글로벌 경제위기가 장기화되자, 중국도 구조조정의 칼날을 피할 수 없게 되었다. 2008년 미국발 금융위기가 터지고 2010년 유럽의 위기가 발발하면서 중국에서는 2,000만 명 이상이 일자리를 잃었다. 그 후로도 매년 수백만 명이 해고를 당하고 있다. 2016년 리커창李克强 총리는 철강과 석탄업에서 180만 명을 구조조정하겠다는 계획을 발표한 상태다. 중국노공통신(CLB)의 분석에 의하면 2011년 185건에 불과했던 중국 근로자 시위가 2015년에는 2,726건으로 폭증했다. 매일 7~8건의 파업과 시위가 벌어지고 있는 셈이다. 2016년에는 더 증가하는 중이다.

그런데 중요한 문제는 시위 발발 건수의 증가가 아니다. 해고당하거나 구조조정의 위협을 받고 있는 근로자들의 시위 양태가 달라지고 있다. 일부 시위는 공권력에 도전할 정도가 되고 있다. 전문가들은 2억 명이 넘는 전체 농민공農民工 중 절반을 차지하는 신세대 농민공이 파업과 시위의 주역으로 떠오르면서 부모 세대와는 다른 태도를 보인다고 해석한다. 또한 과거에는 산발적 시위였지만, 이제는 조직적이고 정교하게 움직인다. 이런 변화의 결정적 계기는 2008년 농민공을 채용할 때 노동계약서를 의무화하고, 노조의 임금 및 단체 협약 등의 권리를 강화한 '신노동계약법'이 통과된 것이다. 저임금으로 착취당하고 사회적 지위도 낮았던 농민공이 도시의 불법 체류자에서 합법적 근로자 신분으로 변화하면서 세력이 결집되었다. 이들에게 파업, 시위나 집단행동은 자신들의 권리를 상승시키는 합법적 도구가 되었다. 신노동계약법 제정 이후로 노동분쟁도 2배나 증가했다. 더 많은 권리를 쟁취하기 위해 중국의 노동협동조합은 이제 노동운동을 지원하는 세력과 연계하고, 20세기 초 미국 근로자들의 파업을 다룬 영화나 자료를 학습한다. 만약 이런 세력들이 중국 공산당에 저항하며 민주화 투쟁을 하려는 집단과 연결되면 걷잡을 수 없는 파국이 발생할 수 있다.[19] 중국 노동운동의 현재 모습은 한국의 1970~1980년대 상황과 비슷하다.

중국과 정면충돌을 시작한 미국이 이런 약점을 그냥 지나칠 리 없다. 필자는 《2030 대담한 미래 1》에서 미국과 중국의 6대 전쟁 발발을 예측했다. 6대 전쟁은 패권전쟁, 무역전쟁, 환율전쟁, 원가전쟁, 산업전쟁, 인재전쟁이다. 필자의 예측 이후 수년이 지난 지금, 6대 전쟁은 현실이 되었다. 피할 수 없는 외나무다리에서 만난 미국과 중국의 대충돌은 가능성이 아닌 실제가 되었다. 이제 관건은 서구판과 아시아판의 충돌을 축약하는 미국과 중국의 충돌이 미래를 어떻게 바꿀 것인가이다.

---

19 "파업으로 몸살 앓는 중국, 공산당 권력마저 위협한다", 〈중앙일보〉, 2016년 6월 8일자.

자본주의와
민주주의의 충돌

THE EXODUS OF OPPORTUNITY

20세기 냉전시대가 민주주의와 자본주의의 승리로 막이 내린 후, 21세기에는 자본주의와 민주주의 간의 충돌이 시작되었다. 민주주의를 의미하는 영어 단어 데모크라시democracy는 고대 그리스에서 '시민'을 뜻하는 데모스demos와 그리스 신화에서 '힘과 권력'의 신 이름인 크라토스Cratos의 합성어 데모크라토스democratos에서 나온 말이다. 즉 민주주의는 '시민에게서 나오는 권력' '시민에 의한 권력'을 기반으로 존재하는 정치체제다. 그래서 시민들의 이익을 추구하고 그들을 대변하는 것을 목적으로 한다. 직접민주주의direct democracy는 고대 그리스처럼 개개의 법률을 승인하거나 거부하는 절차를 국민들이 직접 투표로 결정하는 정치체제다. 반면 대의민주주의representative democracy라 불리는 간접민주주의는 우리나라처럼 국민들이 개별 정책에 직접 투표권을 행사하지 않고 정부나 의회를 구성하는 대표자들 선출하여 다양한 정책들을 처리하도록 권력을 위임하는 정치체제다. 대표자들에게 권력을 위임했다고 해서 그들이 국민의 주인은 아니다. 국민과 국민의 관계에서 그 누구도 신분적으로 우월하지 않다. 모든 국민이 각각 동등하고 평등한 권리와 책임을 갖는다. 이를 상징하는 것이 1인 1표 제도다. 그래서 민주주의의 최대 적은 불평등이다. 21세기에 들어서면서 불평등이 심화되고 있다. 민주주의가 최대 위기에 직면했다.

아이러니하게도, 민주주의를 최대 위기로 몰아넣은 주체는 자본주의다. 20세기까지만 해도 민주주의와 자본주의는 잘 어울리는 부부같이 보였다. 민주주의를 쟁취한 국가의 경제체제는 자본주의가 당연했다. 민주주의와 자본주의는 두 손을 맞잡고 20세기 냉전시대 최후 승자가 되었다. 그런데 공동의 적이 무너진 이후 자본주의와 민주주의가 정면으로 충돌하게 된 이유는 무엇일까? 서로 적이 된 이유는 무엇일까?

자본주의capitalism는 자본을 중심으로 하는 경제체제다. 민주주의의 역사는 수천 년에 이를 만큼 아주 오래되었지만, 자본주의의 역사는 수백 년에 불과할 정도로 짧다. 자본주의는 16세기 봉건제도 속에서 싹이 텄고, 18세기 중반을 지나면서 영국과 프랑스 등에서 꽃이 피기 시작했으며, 19~20세기 미국에서 만개했다. 자본주의는 사회주의적 계획경제에 대비해서 자유주의 경제라는 뜻으로 사용되기도 한다.

자본은 재화와 용역을 생산하거나 그 효용을 높이는 데 사용되는 유무형의 가치 있는 밑천(자산)이다. 대표적으로 재료, 중간생산물, 기계나 공장설비 등 생산수단이 되는 내구재를 가리키는 실물자본과 화폐자본이 있다. 그 외에도 도로, 철도, 통신, 전력이나 공공서비스 등 사회간접자본이나 인적자본이 있다. 인적자본은 조직이나 개인 차원에서 사람이 가진 지식, 기술, 경험 등의 능력과 역량의 합이다. 자본주의는 다양한 자본을 사용하여 자본을 축적하는 자유를 보장하는 경제체제다. 자본 축적 과정에서 자유로운 경쟁도 보장한다.

문제는 최초의 자본 배분이 평등하지 않고, 설령 평등하더라도 시간이 지날수록 경쟁의 승패에 따라 자본의 차이가 발생한다는 데 있다. 결국 자유경쟁 시장에 기반한 자본주의는 시간이 흐를수록, 경쟁이 치열해질수록 자본을 많이 소유한 자와 적게 소유한 자로 나뉘게 된다. 자본의 불평등이다. 잉여자본을 많이 소유한 자는 자본가가 되고, 적게 소유한 자는 (최악의 경우에는) 자본가의 생산수단으로 전락하게 된다. 자본가들 사이에도 불평등이 존재한다. 자본주의에서 자본의 차이는 계급이 된다. 자본주의는 자본이 주체이기 때문에 1인 1표 제도가 아니다. 자본의 분량과 권력이 비례한다. 자본의 분량에 맞게 의사결정 권력이 달라진다. 자본 1단위는 권력 1단위로 평등하다. 하지만 개개인에게 자본의 분배 차이가 다르기 때문에 1인당 권력의 총합은 불평등하다. 남녀노소를 불문하고 동등한 권력을 기반으로 하는 민주주의 입장에서 보면 권력의 불평등이 벌어진다. 자본의 불평등은 필연적으로 권력의 불평등을 만든다. 권력의 불평등은 부의 불평등을 낳는다. 권력과 부의 불평등은 권리와 자유의 불평등을 불러온다. 이는 잉여자본 생산력의 불평등을 다시 만들어 모든 불평등을 심화시키는 악순환을 만든다. 자본주의는 불평등을 구조화시키고, 인간을 자본의 크기에 따라 평가할 수 있는 치명적 위험을 가지고 있다. 그래서 건강하지 못한 자본주의는 민주주의 최대의 적이 된다. 민주주의와 자본주의가 아름다운 부부로 남으려면 자본의 재분배를 잘할 수 있을 정도로 민주주의가 잘 작동되어야 한다. 동시에 개인의 권리와 책임의 평등이 시장에서도 구현될 수 있도록 자본주의가 잘 작동되어야 한다. 이 두 거대한 힘이 조화를 이루면서 함께 발전하려면 자본을 사용하는 주체이며 민주주의의 기반인 국민 개개인의 권력의지, 국민의 대표자로 선출된 이들의 역할이 중요하다.

국민 개개인의 권력의지, 대표자들의 역할이 민주주의와 자본주의라는 두 개의 거대한 힘에 재갈을 물려 통제하고 조정하는 고삐다. 이 고삐가 느슨해지자 두 개의 거대한 힘이 충돌했고, 2008년 글로벌 금융위기는 그 충돌 과정에서 판이 흔들림에 따라 발생한 강력한 지진이었다. 땅이 흔들리자 많은 시민들이 집을 잃었다. 직장도 잃었다. 오랫동안 차곡차곡 쌓은 부를 잃었다. 경제적 불평등이 심해졌다. 당연히 누려야 할 권리도 불평등해졌다. 모든 것이 아수라장이 되었다. 혼돈과 위기가 심각해지자 자본주의와 민주주의가 함께 붕괴할 가능성이 커졌다. 결국, 두 힘의 충돌은 판을 바꿔서라도 생존을 해야 한다는 절박함을 갖게 했다. 거대한 변화가 요구

될 수밖에 없다.

아일랜드 서북 해안 먼 바다 쪽에 길이 22.5킬로미터, 너비 17.7킬로미터 남짓한 아킬 섬이 있다. 이 섬에 '버려진 마을Deserted Village'이라는 특이한 이름을 가진 곳이 있다. 고고학자들은 이 마을에 남겨진 돌오두막집 100여 채와 거석 무덤 등을 연구해 기원전 3000년경 신석기시대부터 19세기 초까지 수천 년간 사람들이 거주한 곳이었다고 추정한다. 이런 유적 때문에 현재 이 마을은 사람이 살지는 않지만 유명한 고고학 연구지이자 유럽인들이 자주 방문하는 관광지이다.[20] 그런데 수천 년간 사람들이 정착해서 산 이곳이 어쩌다 한순간에 버려진 마을이 되었을까? 결론을 먼저 말하자면, 자본주의가 국민(민주주의)을 삼켜버렸기 때문이다.[21]

1845년에서 1852년까지, 이 마을에는 끔찍한 일이 벌어진다. 아메리카 대륙과의 왕래에서 옮겨온 감자마름병이 마을을 덮치면서, 아킬 섬뿐만 아니라 아일랜드 섬 곳곳을 강타한 '아일랜드 감자대기근an Gorta Mór'이 발생한 것이다. 당시에 감자는 아일랜드 사람들의 주식이었다. 1847년 어느 날 갑자기 아일랜드 전역에 감자마름병이 창궐했다. 감자마름병은 토양이나 씨가 곰팡이에 감염되어 나타나는데, 이 포자는 섭씨 10도 이상, 습도 75%에서 2일이면 작물 전체로 퍼지는 강력한 전염성을 갖는다. 비가 오면 땅속 덩이줄기로 전염되고, 바람을 타고 다른 작물에게도 옮겨간다. 감염된 감

---

20 Wikipedia, 'Achill Island'.
21 "민주주의 1부: 시민의 권력의지", 〈EBS 다큐프라임〉, 2016년 5월 23일자.

자는 색이 검게 변하고 말라서 먹을 수 없게 된다. 겉으로는 멀쩡해 보이는 감자라도 감염된 상태라면 유통 과정에서 서서히 썩는다. 아일랜드 농민들 일부는 이런 감자를 먹고 심한 복통과 설사에 시달리다 죽어갔다. 상당수는 주식인 감자가 사라지자 굶어죽었다. 수년 동안 계속된 대기근으로 약 125만 명이 굶주림과 전염병으로 사망하고 150만 명 이상이 아일랜드를 탈출하여 해외로 이주했다.[22] 사망과 이주로 인한 유출을 합하면 총 인구가 800만 명에서 400만 명으로 50%나 감소하는 대재앙이었다.

감자마름병은 아일랜드에서만 발병하지 않았다. 유럽 전역에서 발병했다. 그러나 다른 나라들은 아일랜드처럼 수백만이 사망하거나 나라를 버리고 해외로 탈출하지 않았다. 유럽 전역에 감자마름병이 창궐했지만 아일랜드만 대기근 참사를 겪게 된 이유는 무엇일까? 당시 아일랜드를 통치하던 찰스 트래블리언Charles Travelyan 영국 재무장관은 대기근의 원인이 감자마름병이라고 핑계를 댔다. 그는 영국 의회에서 이렇게 말했다. "서아일랜드의 농민 여성 중 감자를 삶는 것 외의 요리를 할 줄 아는 사람은 거의 없다."[23]

그러나 훗날 학자들은 아일랜드 대참사의 실제 원인은 따로 있다고 평가했다. 바로 지주들의 착취였다. 아일랜드 대지주들은 대부분 영국인이었다. 그들은 아일랜드 농민들을 소작인으로 부리면서 부를 축적했다. 대기근 기간에도 아일랜드에서는 감자뿐만 아니라

---

22 위키백과, '아일랜드 대기근'.
23 "민주주의 1부: 시민의 권력의지", 〈EBS 다큐프라임〉, 2016년 5월 23일자.

밀과 옥수수 등 다양한 곡식들이 많이 수확되었다. 하지만 곳곳에서 사람들이 굶어죽고 거리에 시체가 나뒹굴고 살아 있는 사람들도 기근에 허덕이고 있었음에도 밀, 옥수수, 귀리 등의 다른 곡식들은 영국 본토로 수출되었다. 대기근 문제를 해결해야 할 영국 정부도 대기근의 원인을 종교로 돌리거나, 아일랜드 사람들을 멍청하고 게으른 이들로 매도했다. 1848년 영국 곡물법이 폐지되어 자유무역이 더욱 강화되자 아일랜드에서 생산된 밀을 영국 본토로 수입하는 데 군대가 동원되기까지 했다. 세금을 내지 못한 아일랜드 소작인들은 농장에서 쫓겨났고 길거리에서 굶어죽거나 해외로 이주했다.

아이러니하게도, 죽음을 피해 해외로 떠난 아일랜드인들이 타고 간 배에는 대지주들이 아일랜드에서 해외로 수출하는 곡식과 소고기, 돼지고기 등 육류가 가득했다. 아일랜드의 대지주들은 시장 논리를 따라 더 높은 가격을 받을 수 있는 영국 본토로 식량과 육류 등을 내다판 것이다. 자본주의의 가장 치명적 부작용인 치졸하고 악랄한 탐욕이 대기근의 핵심 원인이었다. 한 양심 있는 영국 기자는 당시의 참혹하고 불평등한 상황을 이렇게 묘사했다.

> 이 세상에 식민지와 다른 나라의 통치를 받고 있는 나라는 수도 없이 많다. 또한 가난한 나라도 많다. 그 나라에는 거지들이 득실거린다. 그러나 한 명도 빠짐없이 전 국민이 거지인 나라는 아일랜드밖에 없을 것이다. (…) 어린이들의 배는 (영양실조로) 곧 터질 듯이 부풀어 있었고, 전염병으로 인해 그들의 몸은 성한 곳이 없

이 터져 있었고, (영양부족으로 몸이 허약해져서) 피가 흘러내렸다. 길거리에는 시체가 산을 이루고 있었고 마을은 황폐화되었다. 그들은 영국인 대지주의 집 앞에 모여들어 식량을 요구했으나 곧 영국군이 그들을 쫓아냈다. (···) 이곳은 지옥과 같았다.[24]

이런 상황을 개선할 수는 없었을까? 국민의 대표자로서 문제를 해결해야 할 의회와 정부는 무엇을 하고 있었는가? 민주주의 체제에서 선출된 영국 의회 의원들과 정부 각료들은 아일랜드 사태를 관망했다. 대수롭지 않게 여기고 착취를 합법화했다. 아무리 아일랜드가 영국의 지배를 받고 있었더라도 영국 의회와 정부는 가난한 사람들이 식량을 공급받을 수 있도록 조치를 취할 의무와 책임이 있었다. 상업자본주의 논리에 극도로 치우친 아일랜드 대지주들과 자본가들을 견제하는 고삐를 잡아챘어야 했다. 투표권을 가진 영국 시민들도 의회와 정부를 향해 민주주의의 힘을 적극적으로 표현했어야 했다. 즉 최소한 위기상황에서는 국민 개개인의 권력의지를 발휘하여 대표자들로 하여금 식량이 나눠지는 시장과 권한에 적극 개입하여 균형 있고 정의로운 배분을 시도했어야 했다. 이것이 민주주의와 자본주의라는 두 개의 거대한 힘에 재갈을 물려 적절하게 통제하고 조정하는 고삐의 역할이다.

정치학에서 '정치(혹은 정치운동)는 자원의 권위적 배분'과 연관된

---

24 위키백과, '아일랜드 대기근'.

다고 말한다.[25] 즉 자원배분의 권위가 어디서 나오느냐에 따라서 정치체제가 결정된다는 말이다. 자본주의는 자원배분의 권위가 자본가에게 있고, 민주주의는 시민들 스스로가 자원배분의 권위를 갖겠다는 이상을 품는다. 그래서 자본주의와 민주주의는 힘의 근원에 따른 자원배분의 권위에서 서로 충돌한다. 두 힘은 서로 자원배분 권위에서 우위에 서려고 경쟁한다. 경쟁은 조정자가 없으면 반드시 파멸적 충돌을 낳는다. 이 두 힘이 파국을 면하고 부부처럼 행복하게 공존하도록 둘 간의 충돌을 조절하고 통제할 수 있는 것은 국민 개개인의 권력의지와 대표자들의 올바른 역할뿐이다. 이것의 실패가 125만 명의 사람들이 굶주림과 전염병으로 사망하고 수백만이 나라를 버리고 탈출하게 한 아일랜드 대참사의 진짜 원인이다.

자본주의와 민주주의라는 두 거대한 힘이 고삐 풀린 망아지처럼 날뛰며 충돌하는 문제는 아일랜드 대참사 이후로도 세계 곳곳에서 계속 일어나고 있다. 점점 커지고 있다. 특정 소수에 편중된 자원의 불균형 분배, 부의 불균형 분배, 자본의 불균형 분배는 또 다른 참사를 예고하고 있다. 1929년 시작된 세계 대공황으로 상위 10%에게 전체 소득의 50% 가까이가 집중되었다. 2008년 미국발 금융위기가 세계를 덮칠 때, 미국 상위 1% 부자들은 전체 소득의 22.2%(2012년 기준)를 차지했다. 상위 1% 부자들이 전체 소득의 23.9%를 차지했던 1929년 대공황 직전 수준에 육박했다. 중국의 경제·사회적 불

---

[25] 네이버 지식백과, 21세기 정치학대사전, '정치운동'. 정치운동은 가장 일반적으로 정의하면 사회적 가치의 배분을 둘러싼 계속적이고 조직적인 운동이다.

안정의 원인 중 하나도 자원배분의 실패일 수 있다. 중국 인민대 총장 지바오청紀寶成은 현저 세계 2위의 경제대국인 중국은 상위 10%가 중국 전체 자산의 80%를 차지하고, 부유층과 빈곤층의 소득격차는 40배에 달한다는 연구 결과를 발표했다. 2010년 12월 중국사회과학원은 소득 불평등 정도를 나타내는 지니계수가 0.5에 도달했다고 발표했다. 즉 빠르게 압축성장한 중국 경제는 소득분배의 불평등이라는 후유증이 사회안정을 해치고 폭동을 유발할 수 있을 정도로 심각한 수준에 도달했다.[26]

이처럼 2008년 미국 금융위기, 2010년 유럽 금융위기, 2015년부터 시작된 신흥국 위기, 한국·중국·일본 아시아 중심 3국의 경제위기와 혼란 그리고 월가 점령시위, 미국 대선에서 나타난 트럼프와 샌더스 돌풍, 2016년 한국 총선에서 나타난 민심 이반 등 판의 변화 요구는 자본주의와 민주주의의 충돌이 한 원인이다.

---

[26] 네이버 지식백과, kotra 국가정보-중국, '중국의 정치·사회 동향'.

실물경제와 금융경제의 충돌

THE EXODUS OF OPPORTUNITY

경제판은 크게 두 가지로 나뉜다. 상층부는 실제 물건이나 물품 거래처럼 실제로 존재하는 것을 다루는 실물경제이고, 하층부는 금융(화폐)경제다. 실물경제를 머리라고 표현하고, 금융경제를 꼬리라고 표현하기도 한다. 실물경제는 돈 흐름이나 운용을 의미하는 금융경제와 대비해서 자연경제natural economy라고도 부른다. 2008년 미국발 금융위기는 실물경제에서 거래되는 부동산을 기반으로 다양한 파생금융상품을 만들어 전 세계에 유통하는 과정에서 발생했다. 위기가 발발한 영역은 금융경제지만, 세계 주요 국가들의 실물경제도 급격하게 타격을 받으면서 수많은 기업이 무너지고 수천만이 일자리를 잃었다. 실물경제와 금융경제가 팽팽하게 맞대어 있다가 갑자기 금융경제가 미끄러지면서 강력한 대지진이 발생했고, 그

충격으로 만들어진 쓰나미가 전 세계의 실물경제를 강타했다. 문제는 실물경제판과 금융경제판의 충돌이 일시적이거나 일회적이지 않다는 것이다. 두 판의 충돌은 반복적이고 지속적이다.

전쟁의 역사를 잠시 되돌아보자. 신성로마제국의 멸망은 유럽 역사에서 큰 전환점이었다. 로마가톨릭의 유럽 장악력이 무너지면서 수많은 국가들이 독립했다. 새로 독립한 나라들은 구교(가톨릭)의 정치적·경제적 지배력에서 벗어나기 위해 신교(개신교)를 받아들였다. 그러면서 구교를 바탕으로 종교적·정치적·경제적으로 옛 영광을 되찾으려는 국가들과 신교 중심의 국가들 간 치열한 힘겨루기가 시작되었다. 그 결과 유럽은 더욱 치명적인 전쟁의 소용돌이에 빠져들었다. 독립을 지키거나 국가 영토를 확장하고 세력을 넓히려는 의도에서 전쟁은 점점 치열해졌다.

전쟁이 빈번해지고 치열해질수록 경제전쟁 역시 치열해졌다. 예로부터 전쟁에서 이기려면 막대한 재정이 필요했다. 자금이 있어야 좋은 무기로 무장할 수 있고 더 많은 군대를 유지할 수 있고 장기적으로 전투를 수행할 수 있다. 중세 기독교 제국이 무너진 후 전쟁이 일상화되면서 작게 쪼개진 나라들은 전쟁을 준비하는 데 큰돈이 필요했다. 게다가 만약 전쟁에서 지기라도 하면 엄청난 배상금을 물어야 했다. 이런 위험이 있는 전쟁에서 패하는 것은 곧 왕조의 멸망으로 이어졌다. 그래서 각국은 전쟁에서 승리하기 위해 모든 기술을 동원해서 무기를 개발하고 군대를 양성했다. 결과적으로 무기가 혁신적으로 발전했고 동시에 살상력도 향상됐다.

20세기 초중반의 큰 전쟁으로 서구사회는 치명적인 타격을 입었다. 대형 전쟁이 반복되면서 원자폭탄을 비롯해서 수소폭탄, 생화학무기 등 역사상 가장 위험하고 치명적인 무기들이 개발되었다. 2차 세계대전에서 한 번에 수십만 명을 몰살시킨 '리틀보이'라 불린 무시무시한 핵폭탄의 위력은 일본뿐만 아니라 폭탄을 투하한 미국조차 두려움을 갖게 했다. 실제로 오늘날 선진국들이 가지고 있는 핵폭탄의 규모는 지구를 몇 번이고 날려버릴 수 있는 양이다. 그래서 1, 2차 세계대전, 베트남전쟁과 한반도전쟁이 끝나고 20세기 후반부터 세계전쟁 양상은 극적인 전환을 맞이한다. 앞으로 세계적인 전쟁이 벌어지면 인류 전체가 공멸할 것이라는 우려가 확산됨에 따라, 더 이상 영토전쟁을 할 수 없게 되었다. 그러나 더 많은 땅과 영향력을 소유하고 싶은 인간의 욕망은 그칠 줄 모른다. 그래서 이런 욕망을 충족시켜줄 새로운 방법을 찾아냈다. 그것이 바로 경제전쟁이다.

경제는 두 얼굴을 가지고 있다. 선한 얼굴의 경제는 인류가 서로 싸우지 않고 자원과 상품들을 교환하는 평화로운 행위다. 인간의 삶을 풍요롭게 만드는 합리적이고 중립적인 행위다. 그러나 국제사회에서 경제는 핵전쟁을 두려워하는 인류가 선택한 새로운 영토 및 패권전쟁의 가장 핵심적인 도구가 되었다. 개인 간의 경제활동도 마찬가지다. 한 측면에서는 좀 더 풍요로운 삶을 위한 필수적인 활동이지만, 다른 한편으로는 새로운 계급 구분의 기준인 부의 규모를 좌우하는 활동이다. 이런 속성 때문에 사람들은 단순하게 좀 더 잘 먹고 편하게 살기 위해서만이 아니라, 신분 상승을 꿈꾸면서 경제활동에 힘을 기울인다. 돈은 더 많은 사람에게 영향력을 미칠 수 있고, 더 많은 사람을 선동해 더 큰 권력을 얻을 수 있는 원천이 된다. 그래서 현대사회에서는 부유한 자본가가 왕보다 더 큰 권력과 영향력을 갖는다. 미국 대통령도 대공황 같은 금융위기가 발발하면 J. P. 모건J. P. Morgan 같은 월가의 거대 자본가에게 손을 벌렸다. 2008년 미국의 금융위기를 극복하는 데 큰 역할을 한 인물도 워런 버핏Warren Buffett 같은 막대한 자본가였다.

더 많은 땅과 영향력을 소유하고 싶은 인간의 욕망 이외에도 경제전쟁의 필요성을 높이는 또 다른 이유가 있다. 구소련이 망하면서 냉전시대가 막을 내렸지만, 여전히 글로벌 패권경쟁은 끝나지 않았다. 소련이 무너지고 미국이 무소불위의 G1의 자리를 유지한 것도 20~30년에 불과했다. 소련은 러시아로 재건되었다. 그리고 푸틴이 이끄는 러시아는 예전의 영광을 되찾기 위해 고군분투하고 있다. 500년 전 세계를 지배했던 중국은 자본주의를 받아들이는 극적인 전환을 하면서 소련이 붕괴한 후 만들어진 힘의 공백을 빠르게 메울 정도로 경제 발전을 이루어 군사, 정치, 경제, 산업 등 거의 모든 영역에서 미국의 강력한 라이벌이 되었다. 북한도 핵실험을 거듭하면서 군사적 긴장감을 높이고 있다. 일본은 군국주의로 치닫고 있으며, 중동에서는 이슬람극단주의 무장세력이 새로운 형태의 전쟁을 시작했다.

군사적 대형 충돌의 긴장감이 낮아진 20~30년의 짧은 시간을 뒤로하고, 다시 세계 곳곳에서 군사충돌의 위기감이 높아지고 있다. 그런데 군사기술의 발달은 세계대전이 재발하면 더 이상 인류 문명의 지속가능성을 장담할 수 없을 정도로 치명적 살상력을 갖게 되었다. 이런 상황에서 미국, 영국, 유럽 등 서구사회는 새롭게 옷을 갈아입고 재등장한 군사적 경쟁 세력인 러시아와 중국을 어떻게 견제할 수 있을까? 중동의 IS 같은 이슬람무장단체와는 물리적 전쟁을 하면 된다. 북한의 경우도, 최악의 상황에서는 군사행동을 실행에 옮길 수 있다. 하지만 군사적 패권을 강화하는 러시아와 중국과의 대립은 다르다. 이 국가들과 전면전을 치른다는 것은 곧 3차 세계대전을 의미하며, 인류 문명의 공멸을 자초하는 일이다. 그렇기 때문에 필자는 《2030 대담한 미래》에서 21세기는 경제전쟁의 시대가 될 것이라고 예측했다.

물론 경제전쟁은 정부가 직접 하지 않는다. 용병을 활용한다. 지난 200년 동안 벌어진 수많은 경제전쟁의 배후에는 유럽과 미국 자본가들의 치열한 암투와 전략이 있었다. 거대 자본가들은 국가 간의 전쟁이 벌어지면 물밑에서 경제 저격수 역할을 한다. 미래에는 이런 양상이 더 뚜렷해질 것이다. 이라크같이 힘이 약한 나라는 물리적 전쟁을 통해 응징하지만, 러시아나 중국 같은 나라를 상대할 때는 물리적 전쟁을 할 수 없다. 새로운 방식이 필요하다. 군대가 아닌 경제 용병이다. 21세기 경제전쟁의 용병은 자본가와 기업가다. 21세기는 칼과 창이 아닌 자본과 산업으로 전쟁하는 시대가 될 것이다. 경제전쟁은 소리 없는 전쟁이며 투명 망토를 입고 오는 강력한 군대다. 치명적 살상폭탄에 맞아 쓰러지기 전까지는 전쟁의 실상을 쉽게 알아차리기 어렵다. 심지어 경제적 충격을 당해 쓰러진 후에도 이것이 전쟁에 준하는 상황이었을 리 없다는 착각에 빠지게 한다. 경제학 이론으로는 설명하기 어려운 상황이 곳곳에서 일어나는 이유가 여기에 있다. 경제전쟁을 알아보는 눈 없이는 결코 제국 간의 충돌과 패권의 향방을 예측할 수 없다.

경제전쟁은 크게 두 가지로 나뉜다. 상부층의 실물경제에서는 제품과 서비스 경쟁이다. 만약 강대국들이 가진 기득권을 사용한다면 보호무역주의나 보복무역 정도다. 그래서 진짜 전쟁은 하부층의 금융경제 영역에서 일어난다. 2008년 미국발 금융위기를 일으킨 주범으로 지목되는 CDO(부채담보부증권Collateralized Debt Obligation)와 CDS(신용부도스와프Credit Default Swap)는 금융살상무기라고도 불렸다. 필자는 소리 없는 금융핵무기라고 부른다. 이 폭탄이 터지면서 전 세계에서 일시에 수조 달러가 날아갔고, 5,000만 명이 실직했고, 미국의 부채는 2배 증가했다. 후폭풍도 만만치 않았다. 다시 수조 달러가 회생자금으로 투입되었고, 신흥국의 부채도 크게 증가했다. 특히 중국 기업의 부채는 지난 5년 동안 4~5배 증가했다. 글로벌 경기침체라는 후폭풍을 견디지 못하고 한국의 건설·조선회사들이 무너졌다.

금융경제는 더 이상 실물경제 성장을 뒷받침하거나 후원하는 든든한 버팀목이 아니다. 강력한 경쟁자가 되었다. 두 힘은 서로 맞대어 있고, 충돌하고, 우위 싸움을 하고 있다. 강대국들은 자국의 이익을 극대화하고 세계패권을 차지하기 위해 위협이나 공격의 도구로 소리 없는 금융핵무기를 사용하기도 한다. 경제전쟁이 일어날 때마다 실물경제판과 금융경제판은 서로 강하게 충돌한다. 충돌이 발생하는 지점에서는 강력한 경제충격이 발생한다.

금융경제가 실물경제판을 흔드는 대표적인 사례는 가장 강력한 금융무기 중 하나인 제1기축통화를 활용하는 미국의 경제정책이다. 필자는 《2030 대담한 도전》에서 달러의 순환이 만들어내는 세계 경제의 7단계 변화 패턴을 소개했다. 이 패턴을 보면 금융경제판과 실물경제판이 어떻게 충돌하고, 충돌하는 과정에서 실물경제에서 어떤 단계로 지진과 쓰나미가 발생하는지를 알 수 있다.

2차 세계대전 이후 전 세계 실물경제는 미국의 경제정책에 따라 희비가 엇갈렸다. 특히 경제상황은 제1기축통화인 달러 가치, 달러 유동량에 따라 호황과 불황을 반복해야 했다. 필자는 1940년대 이후부터 현재까지 제1기축통화인 '달러의 국제 자본순환 구조에 따른 전 세계 경제변화 패턴'을 분석했다. 그리고 이 패턴을 통해 앞으로 신흥국 중심의 동아시아 대위기가 발발할 것이며, 그 후 한국의 금융위기, 중국의 경제위기가 일어날 것이라고 예측했다.

분석해낸 패턴은 7단계로 이루어져 있고, 한 사이클이 도는 데 대략 20~25년 정도 걸린다. 물론 패턴이 반복되지만 각 단계마다 약간의 차이가 있다. 그 이유는 지난 패턴에서 얻은 교훈이 반영되어 정책이 진화하기 때문이다. 또한 각 단계가 지속되는 시간은 패턴이 반복될 때마다 약간씩 다르기도 하고 일부 중첩되는 경우도 있다. 정책이 진화하면서 새로운 정책이 패턴에 미치는 영향이 달라지기 때문에 중첩현상이나 지연현상이 일어난다.

1단계: 달러의 탈 미국 단계   미국 연준의 기준금리 추가 인하, 양적완화 정책 실시로 달러가 미국 밖으로 이동하기 시작하면서 미국 내 인플레이션 상쇄 작용. 미국 자산버블(인플레이션)의 해외 수출 본격화. 미국 핫머니, 헤지펀드 활동 본격화.

2단계: 세계 경제호황기 단계   미국 외 국가들의 기준금리 인하, 양적완화 정책 실시 추종으로 세계 경제호황기 시작. 전 세계 자산버블 형성 시작. 제1기축통화국가인 미국의 무역수지 및 재정수지 적자 확대.

3단계: 전 세계 인플레이션 단계   달러 유동성 증가로 미국 내에서는 인플레이션 위험 직면, 미국 밖에서는 약달러 현상, 달러가치 하락과 세계 경제호황으로 인한 수요 증가 때문에 달러로 결제되는 유가 및 원자재 가격 상승. 전 세계 인플레이션율 증가.

4단계: 달러화 위기 단계   달러가치 하락으로 달러화 위기 시작.

5단계: 미국 기준금리 인상 단계   달러가치 수호와 인플레이션 통제를 위해 미국 연준의 기준금리 인상 시작.

6단계: 세계 경제 대위기 단계   강달러와 각국의 기준금리 인상 추종 현상으로 미국 내 경제충격 발생, 미국 이외의 국가에서 경제 대충격(금융위기, 외환위기) 발생. 달러가치 상승과 세계 경제불황으로 인한 수요 감소 때문에 달러로 결제되는 유가 및 원자재 가격 하락, 기준금리 인상으로 체감경기 급락, 미국 보호무역주의 정책 실시.

7단계: 미국 및 세계 경제 회복 단계   경제 회복을 위한 유동성 공급 대책으로 미국 연준의 기준금리 인하(약달러로 추세 전환 시도) 시작, 미국 정부의 강력한 경기부양책 실시(기술버블 유도), 저유가로 물가 안정, 미국의 기준금리 인하에도 미국 외 국가들의 위기로 상대적 강달러 현상이 지속됨에 따라 미국으로 자본 회귀가 일어나면서 고금리 상황에서도 미국 내 자산 가격 상승 시작, 경제충격 이후 회복 기대심리 상승으로 자산시장 회복 시작, 소비심리 개선, 미국 경제 회복 시작. (다시 1단계로 전환)

필자가 분석한 7단계 패턴에 대한 역사적 배경이나 자세한 설명은 《2030 대담한 도전》을 참고하라. 필자는 이 패턴을 가지고 이번 글로벌 경제위기 발발 전후의 상황을 해석했다. 예를 들어 2004년은 전 세계 경제상황이 4단계까지 이르렀다. 그래서 미국 연준은 전격적으로 2년 동안 빠르게 기준금리를 인상하면서 5단계로 들어갔다. 그리고 2007년 말에 이르러 6단계가 시작되었다. 미국 내에서 경제충격이 시작되었다. 2008년 9월 15일 미국 투자은행 리먼 브라더스Lehman Brothers가 파산하면서 세계 경제도 충격에 빠졌다. 2010년, 유럽 경제가 붕괴되면서 대충격에 빠졌다. 남유럽이 초토화되었다. 금융위기와 외환위기를 맞았다.

최악의 상황이 발발하자 미국은 7단계를 실시했다. 2009년까지 연준은 기준금리를 제로까지 내렸다. 하지만 문제가 생겼다. 예전 패턴 때보다 미국과 유럽이 받은 충격이 너무 컸다. 예전 패턴 때보다 충격을 받는 국가가 많아졌다. 너무 큰 충격으로 기준금리 인하를 제로까지 내리고, 강력한 경기부양책을 실시하고, 엄청난 규모의 달러 유동성을 공급해도 경기 회복이 늦어졌다. 파산한 은행과 기업을 구조조정했다. 살아남은 은행과 기업에 수혈을 했다. 가까스로 은행과 기업은 회복시켰지만, 소비가 살아날 조짐이 보이지 않았다. 부동산 버블이 터지면서 미국과 유럽 중산층이 부채축소(디레버리징deleveraging)를 당했기 때문에 소비가 개선되는 속도가 느릴 수밖에 없었다.

심지어 신흥국과 아시아 국가들은 부채를 축소하지 않고 더 늘려서 생명을 연명했다. 이 단계에서 중국의 경우 기업부채가 순식간에 4~5배 늘었다. 한국의 가계부채도 역사상 최고치를 계속 경신했다. 6단계에서 나타나는 세계 경제위기가 다 끝나지 않은 셈이 되고 말았다. 미국은 7단계로 들어갔는데, 세계는 아직 6단계에 있다. 비동기화 발생이다.

지난 5년 동안 미국은 7단계에서 일어나는 양적완화 정책과 경기

부양책, 그리고 중국 자본이 달러 강세에 따라 미국 내 자산에 투자를 늘림으로써 이미 자산시장 인플레이션이 시작되었다. 실물시장도 1~2년 후면 인플레이션이 시작될 듯 보인다. 그러나 미국 내 중산층의 소비, 세계시장의 소비는 6단계에 머물러 있다. 세계 경제가 7단계로 넘어가야 엄청나게 풀린 달러 유동성이 다시 미국 밖으로 나가면서 미국 내 인플레이션을 통제할 여력이 생긴다. 하지만 미국을 제외한 세계는 6단계에 머물러 있기 때문에 미국 내 자산시장의 상황만 1, 2단계를 건너뛰고 3단계 인플레이션 상태에 진입했다. 이런 어처구니없는 상황이 벌어지면서 미국 연준은 자국 내 자산시장 인플레이션 통제를 위해 (1~4단계를 건너뛰고 곧바로 2004년에 실시했던 5단계로 재진입해서) 기준금리를 재인상할 수밖에 없게 되었다. 이것이 2016년 현재 상황이다.

필자는 현재 상황과 7단계 패턴, 실물경제판과 금융경제판의 충돌, 그리고 중국을 향한 미국 경제용병들의 공격전략을 분석하여 앞으로 5년 동안 일어날 아시아 경제 대위기론을 《2030 대담한 도전》에서 예측했다. 아시아 경제 대위기론도 물밑에서는 2008년 발발한 실물경제판과 금융경제판의 충돌 여진의 지속이다.

실물경제판과 금융경제판이 충돌하면 금융위기와 실물경제 침체라는 강력한 충격이 동시에 발발한다. 《광기, 패닉, 붕괴: 금융위기의 역사 Manias, Panics and Crashes: A History of Financial Crisis》라는 책을 쓴 찰스 P. 킨들버거 Charles P. Kindleberger는 심각한 실물경기 침체를 수반한 금융위기가 어쩌다 한 번의 실수로 발생한 희대의 사건이 아니라, 다년생화처럼 역사상 계속해서 발생하는 질긴 존재라고 평가했다.[27] 필자도 2009년 출판한 《2030년 부의 미래지도》에서 2008년 미국의 서브프라임모기지 사태 이후로도 20년간 최소 4~5번의 금융위기가 재발할 것이라고 예측했다. 1~2번의 자산버블과 3~4번의 기술버블이 번갈아가면서 일어날 것이고, 일어난다면 전보다는 더 규모가 크고, 범위가 넓고, 충격도 클 것이라고 예측했다. 실제로 2010년 곧바로 유럽발 금융위기가 발생했고, 2015년부터 신흥국과 아시아 금융위기가 시작되고 있다. 아래는 찰스 P. 킨들버거가 언급한 10대 금융거품 붕괴 사건들이다.[28]

- 1636년 네덜란드 튤립 거품
- 1720년 영국 남해회사South Sea Company 거품
- 1720년 프랑스 미시시피회사Mississippi Company 거품
- 1927~1929년 운하, 철도 등 사회간접자본 시설에서 대규모 버블 발생 후 미국 주식시장 붕괴
- 1970년대 멕시코 등 개발도상국에서 은행 부실 급증으로 인한 금융버블 붕괴
- 1985~1989년 일본 부동산과 주식시장에서의 버블 붕괴
- 1985~1989년 핀란드, 노르웨이, 스웨덴 부동산과 주식시장에

---

27 찰스 P. 킨들버거 · 로버트 Z. 알리버, 《광기, 패닉, 붕괴: 금융위기의 역사》, 김홍식 옮김(굿모닝북스, 2006), 23쪽.
28 찰스 P. 킨들버거 · 로버트 Z. 알리버, 《광기, 패닉, 붕괴: 금융위기의 역사》, 35쪽.

서의 버블 붕괴
- 1990~1993년 멕시코에서 외국인 투자 급증으로 인한 금융버블
- 1992~1997년 태국, 말레이시아, 인도네시아, 한국 등 아시아 국가들에서 부동산과 주식시장의 버블 붕괴 후 외환위기 발발
- 1995~2000년 미국 나스닥 주식시장에서의 버블 붕괴

그 밖에 1970년부터 30년간이라는 짧은 기간에도 세계에서는 무려 98번의 크고 작은 금융위기가 발생했다. 이렇게 크고 작은 금융위기와 실물경제 침체가 반복되는 이유는 실물경제판과 금융경제판이 끈질기게 충돌하기 때문이다.

20세기 산업과
21세기 산업의 충돌

THE EXODUS OF OPPORTUNITY

    지금부터 2020년까지 앞으로 미래시장 100년과 엄청난 부를 선점하기 위해 20세기 기존 산업과 21세기 신산업이 건곤일척의 진검 승부를 벌이게 될 것이다. 필자는《2030 부의 미래지도》《2020 부의 전쟁 in asia》《10전쟁》《2030 대담한 미래 2》등을 통해 미래 산업의 핵심기술과 전개 방향, 속도, 영향력에 대해서 논리적, 확률적 예측을 했다. 예를 들어 다음과 같은 것들이다.

- 다음daum 등 인터넷 포털사이트 성장의 한계 및 위기와 몰락
- 팬텍pantech의 몰락
- 에너지산업의 버블 붕괴와 산업 혼란
- 가상과 현실의 경계가 파괴되는 제2차 가상혁명

- 애플Apple과 구글의 자율주행 자동차산업 진입
- 애플과 구글이 만들 미래자동차의 비즈니스 모델
- 미래자동차는 사람의 뇌와 연결된다
- SNS 기업의 다음 경쟁은 인공지능에서 승부가 난다
- 산업 전반에서 일어날 경계 파괴
- 3D 프린터가 이끄는 제3차 산업혁명
- 로봇산업이 이끄는 제4차 산업혁명
- 웨어러블 컴퓨터 기술이 생명체 간의 연결시대를 연다
- 건강하게 오래 사는 산업으로 부의 중심이 이동한다
- 미래 의료산업의 변화, 2020년 이후 뇌신경공학 산업과 입는 로봇 산업이 열린다
- 2020년 이후 두뇌 자동화 시대가 온다
- 미래 에너지회사는 '제조회사'가 된다
- 미래 농업은 도시에서 하는 기술산업이 된다

산업변화에 대한 이런 예측들 중에서 상당 부분은 이미 현실이 되었다. 또는 그런 미래가 현실이 될 수 있다는 가능성을 보여주는 기술들이 속속 등장하고 있다. 미래 산업변화의 핵심은 20세기 산업과 21세기 산업의 대충돌이다. 산업 발달은 일정한 패턴이 있다. 하나는 이미 팔리고 있는 제품과 서비스 품목을 새로운 기술이 등장하면서 대체하는 경우다. 즉 이미 있는 시장이 새로운 기술로 무장한 제품과 서비스로 대체되는 것이다. 이것은 새로운 시장의 형

성이 아니다. 기껏해야 새로운 기술로 대체되는 과정에서 몇몇 기존 시장이 확장되는 정도다. 기존의 몇몇 시장이 확장효과를 얻으면 반대로 다른 시장들은 축소되거나 사라지는 것이 필연적이다. 이 단계에서는 소비자의 선택의 변화는 크지만, 소비 총량 측면에서는 새롭고 추가적인 소비 증가가 아니다. 소비의 이동일 뿐이다. 이를 '소비 영역의 대이동'이라고 하자.

다른 하나는 인간의 문제, 욕구, 결핍과 욕망 혹은 상상 속에만 존재했던 필요가 신기술 개발로 현실이 되는 경우다. 지금까지 존재하지 않았던 완전히 새로운 시장이 형성된다. 새로운 시장의 형성은 새로운 소비를 이끈다. 그래서 소비의 총량 측면에서 볼 때 추가적 소비 증가다. 이것은 '소비 영역의 대확장'이다.

20세기 산업과 21세기 산업의 충돌은 '소비 영역의 대이동'과 '소비 영역의 대확장'이라는 두 가지 영역에서 동시에 일어난다. IT 제 2차 혁신, 바이오기술, 나노기술, 인공지능 및 로봇기술, 우주기술 등이 성숙기에 들어서면서 이미 팔리고 있는 기존 제품과 서비스 품목을 대체할 것이다. 신기술로 무장한 제품과 서비스가 이미 있는 시장을 강타해 20세기 제품과 서비스를 몰아낼 것이다. 미래시장의 첫 번째 변화인 '대이동'이다. 그러나 이 상태는 생산과 소비의 총량에서 보면 별다른 기여가 없다. 기껏해야 새로운 기술로 대체되는 과정에서 기존 시장들이 합종연횡하면서 산업 영역별로 확장과 축소가 일어나는 정도다.

그러나 21세기 시장에서는 역사상 존재하지 않았던 새로운 제품과 서비스도 등장할 것이다. 그것도 엄청난 규모로 말이다. 지금까지 인간이 소비하지 못했던 것을 소비하게 될 것이다. 지금까지 생산하지 못했던 것을 생산하고 구매하게 될 것이다. 지금까지 가보지 못했던 공간을 소비하게 될 것이다. 불가능이라고 여겨졌던 것을 하게 될 것이다. 상상 속에서만 가능했던 유무형의 소비가 가능해질 것이다. 완전히 새로운 시장의 형성이기에 소비의 총량 측면에서는 실제적 증가가 일어날 것이다. 미래시장의 두 번째 변화인 '대확장'이다.

20세기 산업과 21세기 산업의 충돌이 만들어낼 시장과 산업지형의 변화에 어떻게 대응하느냐가 개인, 기업, 국가의 미래를 바꿀 것이다. 지난 10~15년 동안 시장에서는 20세기 산업과 21세기 산업 전쟁의 포석이 끝났다. 중반 전투도 벌써 시작되었다. 한국 기업이 10여 년 동안 머뭇거리는 사이, 21세기 미래산업의 일부는 한국 기업이 진입하기에 이미 늦어버렸다. 시장 진입에도 타이밍이 있다. 현실에서 시장이 아직 열리지 않아도, 물건의 판매가 시작되지 않아도 이미 선두주자가 높은 진입장벽을 쳐둔 곳이 많아졌다. 진입 타이밍을 놓치면 자본이 있어도 안 된다. 한국 기업은 미래자동차, 로봇, 인공지능 등 몇 가지 분야에서 선점 기회를 놓쳤다. 5년 전부터 구글, IBM, 페이스북, MS, 애플 등은 인공지능 기술에 사활을 걸었다. 구글은 2020년 전에 미래자동차의 상용화를 시작할 것이다. 테슬라Tesla는 미래자동차 기술을 오픈 소스open source로 개방하며 진입장벽을 치고 있다. 구글도 곧 그렇게 할 것이다.

"대담한 도전은 위험부담이 너무 크니, 당분간 변화 추이를 지켜보는 방어적 자세가 좋은 것 아니냐?" 하는 질문도 가끔 받는다. 10~20년 전이었다면 이 말이 타당할 수 있다. 지금은 다르다. 필자는 《2030 대담한 도전》에서 한국 기업들은 20세기형 산업들 중에서 중국과 경쟁하는 거의 모든 제품과 서비스에서 최소 50%에서 최대 80%까지 시장을 내줘야 할 것이라 예측했다. 앞으로 2~3년 안에 한국과 중국의 기술 격차는 완전히 사라진다. 남은 것은 임금 경쟁력이다. 만약, 기술 격차에서 역전되고 임금 경쟁력도 상실하면 80% 정도 시장을 빼앗길 것이다. 기술격차는 없어지거나 역전되더라도 임금 경쟁력을 유지할 수 있으면 50% 시장을 빼앗기는 정도로 선방할 수 있다. 물론 한두 해에 그만큼의 시장을 내주지는 않는다. 앞으로 10년에 걸쳐서 조금씩 내주게 될 것이다.

문제는 21세기형 산업에서도 미국, 유럽, 일본뿐만 아니라 중국과도 격차가 나기 시작했다는 점이다. 20세기 산업과 21세기 산업의 충돌이 가져올 대변화, 대이동, 대확장에 여전히 무지하기 때문이다. 세상은 이미 21세기에 접어들었지만, 사고는 20세기에 머물러 있다. 21세기 산업은 벌써 시작되어 시장을 형성해가는데 법과 제도는 20세기용이다. 과거의 규제를 풀거나 없애는 것이 문제가 아니다. 21세기 산업에 맞는 제도를 만들어야 한다. 새로운 판의 변화를 읽어야 한다. 무엇이 어디로 대이동하는지를 통찰해야 한다. 시장과 부의 대확장이 시작되고 있음을 예측해야 한다.

20세기 제조업과
21세기 제조업의 충돌

THE EXODUS OF OPPORTUNITY

20세기 산업과 21세기 산업의 충돌은 핵심부에 중요한 변화가 한 가지 있다. 바로 20세기 구제조업과 21세기 신제조업의 충돌이다. 21세기에 들어서면서 생산방식 혁명, 사물혁명, 기계혁명, 물질혁명, 라이프스타일 혁명, 가상혁명, 공간혁명, 언어혁명, 산업경계 파괴 혁명 등 전반적인 변화가 일어나고 있다. 제조업도 예외가 아니다.

18세기 중반에 영국에서 제임스 와트James Watt와 토머스 뉴커먼Thomas Newcomen의 증기기관, 리처드 트레비식Richard Trevithick의 현대식 철도, 제임스 하그리브스James Hargreaves가 한 명이 실타래 여덟 개를 동시에 돌릴 수 있는 다축 방적기를 발명한 것으로 시작된 1차 산업혁명은 유형의 기계, 공장, 물건의 대량생산이 원동력이 되어 사회 및 경제 구조의 혁명을 이끌었다. 1차 산업혁명은 지주의 통제를 받지 않고 자신의 경제적 미래를 스스로 계획하고 통제할 수 있는 가내공업식 제조업 혁명과 가내공업에서 사용하는 것보다 우수한 기계를 활용한 공장 기업가형 제조업 혁명이었다. 산업혁명이 일어난 150~200여 년 동안 영국의 인구는 3배가 증가했고, 인플레이션율을 감안한 실질적 1인당 평균소득은 10배 이상 증가했다.[29]

19세기 중반에 석유에너지, 내연기관, 전기장치 및 화학산업이 결합되면서 시작된 제2차 산업혁명도 놀라운 변화를 몰고 왔다.[30] 헨리 포드Henry Ford의 모델T 자동차, 토머스 에디슨Thomas Edison의 전구, 석탄에서 석유로의 에너지 전환 등은 전 세계의 부를 획기적으로 증가시켰다. 개인의 삶뿐만 아니라 문명의 수준도 바꾸었다.

20세기 중반에 발명된 인터넷과 컴퓨터는 이제 제3차 산업혁명을 일으키고 있다. 21세기에 가속화 단계에 진입한 새로운 산업혁명은 무형의 생각, 가상 공장cyber factory, 비트의 대량생산, 빅데이터big data와 인공지능을 원동력으로 1, 2차 산업혁명의 놀라움과 생산성 혁신을 능가하며 글로벌 사회 및 경제 구조의 혁명을 이끌게 될 것이다. 역사상 전례가 없을 정도의 변화가 일어날 것이다. 개인 삶의 변화도 경이로울 것이다.

혹자는 제조업의 시대가 저물어가고 있다고 말한다. 필자의 예측

---

29 크리스 앤더슨, 《메이커스》, 윤태경 옮김(알에이치코리아, 2013), 63, 79쪽.
30 크리스 앤더슨, 《메이커스》, 66쪽.

은 다르다. 제조업의 변화가 있을 뿐이다. 20세기식 구제조업은 쇠퇴할 것이다. 그러나 21세기형 신제조업이 모두를 깜짝 놀라게 할 것이다. 21세기에 제조업 혁명, 제조업의 민주화가 본격적으로 진행되면 제2의 제조업 부흥기가 시작될 것이다. 필자가 예측하는 신제조업 황금시대다. 새로운 제조업은 기존 20세기 구제조업의 업業의 정의, 범위, 형태, 기회, 규칙을 바꿀 것이다. 예전의 제조업 사고에 갇혀 있는 자에게는 제조업이 쇠퇴 산업이 맞다. 그러나 새로운 개념의 제조업을 바라보고 준비하는 자에게는 21세기에도 제조업은 하향 산업이 절대 아니다. 20세기보다 더 큰 시장이 열릴 것이다. 산업혁명 이후 최대의 기회가 열릴 것이다. 제조업은 절대로 침체기나 성장의 한계에 도달하지 않았다. 다만 20세기 구제조업과 21세기 신제조업의 충돌을 거쳐 기회의 대이동이 벌어질 것이다. 제조업의 형태, 기회, 규칙이 바뀔 것이다.

20세기 제조업은 기업과 자본가 중심이었다. 거대 공장 시대였다. 컨베이어벨트로 상징되는 제조업이었다. 21세기 제조업은 다르다. 개인이 중심이 된 새로운 제조업으로 강한 국력을 만들게 될 것이다. 전 지역에 분포되고 하나의 거대한 네트워크로 연결된 마이크로 디지털 공장micro digital factory 시대가 될 것이다. 21세기 미래 제조업은 매우 지역적local이지만 동시에 매우 세계적global인 새로운 개인 제조업이 될 것이다. 매우 지역적이라는 것은 1차 산업혁명 때처럼 가내공업 형태를 갖기 때문이다. 매우 세계적이라는 것은 개인이 시간과 공간의 한계, 언어의 한계를 뛰어넘어 세계 곳곳에 연결될 수 있기 때문이다. 이 기회를 놓치지 않으려면 제조업의 새로운 형태, 방식, 기회, 규칙 등을 받아들여야 한다. 장려해야 한다.

더 나아가 21세기 제조업은 그 영역을 가상세계까지 확장할 것이다. 미래에는 현실공간뿐만 아니라 가상공간에서도 새로운 제품이 계속해서 제작되고 판매될 것이다. 가상공간에서 생산되는 물건은 제조업자의 생각에서 소비자의 가상공간으로 전달될 것이다. 뇌끼리 직접 연결되는 제3차 가상혁명의 시대가 되면 제조업자의 생각에서 소비자의 생각으로 무형의 상품이 제조되어 판매될 것이다 (4부 〈가상세계에서 길을 찾아라〉 참조). 21세기에 일어나는 신제조업 혁명은 권력이 자본가에서 개인으로 대이동하는 혁명이다.

정보민주화 물결이 일어난 것처럼 제조업에도 민주화 혁명이 일어날 것이다. 미래 제조업 혁명은 생산방식의 혁명이다. 분자 단위의 물질을 붙이고 깎고 자르고 두드리는 생산방식에서 원자 단위와 디지털 단위의 유무형의 물질을 찍어내는 새로운 형식의 생산방식으로 이동할 것이다. 한 기업이 독점하는 제조방식에서 벗어나 모든 사람과 공유하고 나누고 협력하는 공개 제조방식이 확대될 것이다.

공장의 모습과 구조 및 작동방식에도 혁명이 일어날 것이다. 미래에 제품과 서비스의 수는 롱테일 법칙과 무어의 법칙을 따르게 될 것이다. 먼 미래에는 인공지능과 로봇, 생각하는 기계들이 협업하여 새로운 물질을 만들고 새로운 제품을 스스로 생산하는 시대도 도래할 것이다. 우리는 지금 이런 엄청난 변화와 혁명의 시작점에 있다.

20세기 구제조업과 21세기 신제조업이 서로 충돌하게 만드는 추동력은 기술혁신, 인구 구조, 경제상황과 시스템의 변화다. 기술 추동력은 빅데이터, 공개제조making in public, 클라우드, 인공지능, 쉽고 빠른 소프트웨어, 3D 프린터, 양자 컴퓨터 등 컴퓨터 성능의 비약적 향상, 모바일 인터넷, 사물인터넷Internet of Things(IoT), 웨어러블 디바이스wearable device, 금융혁신 등이다. 인구 추동력은 선진국의 고령화다. 초고령화 추세로 인한 종신고용 붕괴가 새로운 선택을 강요하고 있다. 100~120세 시대의 수명연장도 개인에게 새로운 도전을 강요하고 있다. 50세에 은퇴한 후 새로운 50년을 혼자 힘으로 살아가야 할 사람들은 강요와 저항을 넘어 새로운 도전을 시도할 수밖에 없을 것이다.

미래 제조업은 생존을 다투어야 하는 개인의 격렬한 도전 영역이 될 것이다. 먹잇감이 될 것이다. 2008년 시작된 글로벌 경제위기는 물밑에서 진행되던 경제 및 금융 시스템의 혁신을 수면 위로 끌어올렸다. 거대한 독점적 지위를 누렸던 기존의 경제 및 금융 주체들을 궁지로 몰아넣고 있다. 그들이 보인 허점을 새로운 기술로 무장한 창조적 경제 및 금융 혁신이 파고들 수 있는 명분과 기회를 주었다.

이러한 변화 과정에서 충돌은 피할 수 없다. 이 모든 변화 추동력은 제조업에서 독점적 혹은 우월적 지위를 누린 이들에게 위협으로 다가온다. 하지만 새로운 먹잇감을 찾는 이들에게는 놀라운 기회다. 역사적 교훈으로 볼 때, 그들은 절대로 이 기회를 놓치지 않을 것이다. 산업시대, 정보화 시대를 보더라도, 우월적 지위에 있던 세력은 우위를 지키려고 안간힘을 썼지만 방어가 쉽지 않았다. 이번에도 다르지 않을 것이다.

20세기 구제조업에 익숙한 노동자나 지배세력 중에서 충돌이 가져오는 흔들림과 쓰나미를 버틸 여력이 부족한 이들부터 서서히 두 너지고 항복하고 투항하게 될 것이다. 산업혁명 이후 지금까지 제조업이 자본가를 중심으로 진행된 데는 여러 이유가 있다. 그중에서 가장 중요한 이유로 평범한 개인은 트렌드 정보 분석, 전문지식 습득 및 취합, 혁신적 아이디어 개발, 투자금 유치, 제조 전문인력 수급, 제조기술 확보, 제조설비 구비, 제품의 유통 및 마케팅 등을 감당할 수 없었다는 점을 들 수 있다. 이는 막대한 자금력과 네트워크를 가져야만 가능했다. 이것은 미래에도 마찬가지다. 하지만 미래에는 강력한 연결, 공유, 생산방식의 혁명으로 개인과 개인, 개인과 집단, 개인과 사물의 관계와 활용방식이 달라지면서 자본가만이 할 수 있었던 대규모 프로젝트도 개인이 할 수 있는 가능성이 열린다.

예를 들어 빅데이터에서 제조 아이디어를 꺼내는 것을 시작으로 3D 프린터 같은 강력한 디지털 제조도구들을 활용해 공장이 없어도 집 안에서 개인이 직접 제품을 생산할 수 있게 된다. 물건을 만들 아이디어가 없어도 무료로 공개된 오픈 소스를 통해 아이디어를 발전시킬 수 있다. 오픈 하드웨어open hardware도 새로운 변화를 이끌 힘이다. 오픈 하드웨어 방식은 특정 제품을 만드는 데 사용했던 모든 것을 대중에게 무료로 공개한다. 오픈 소스나 오픈 하드웨어를 개방형 혁신환경이라 부른다. 사람들은 왜 소중한 정보, 기술, 소프트웨어와 하드웨어 제조방식을 공짜로 공개하는 것일까? 세상에 공짜는 없다. 개방형 혁신환경에 자신의 기술이나 서비스를 무료로 올리는 사람들은 기술적 보호나 금전적 이득을 포기하는 대신 기술의 진보 속도를 높이고, 기술 발전에 투입되는 비용을 낮추고, 커뮤니티 회원들을 통해 기술 역량을 홍보하고, 시장 반응 테스트 비용을 현저히 줄여서 상업적 성공 확률을 높이는 전략을 구사한다.[31] 리눅스, 위키피디아를 비롯해서 렙랩RepRap 프린터, 메이커봇 3D 프린터, 아두이노Arduino, 3D 로보틱스 등은 대표적인 개방형 비즈니스 모델이다. 개방형 혁신에 동참하는 커뮤니티 회원들에게는 작게는 기여를 공개적으로 칭찬해주거나 티셔츠나 제품 할인권 및 사은품을 증정하기도 하고, 개발팀 채용 기회를 제공하거나 개발자회의에 초청하는 식으로 보상을 준다. 핵심적인 프로젝트에 큰 기여를 한 경우에는 스톡옵션으로 주식을 나누는 것까지 다양한 보상이 주어진다.

개방형 혁신환경의 영향력은 대단하다. 미국 애리조나 주 챈들러에 위치한 로컬모터스Local Motors는 세계 최초의 오픈 소스 자동차 회사다. 40명이 근무하는 이 회사의 공장은 일반적인 자동차공장과 다르다. 컨베이어벨트도 없고 수백 명의 노동자도 없다. 공장이라기보다는 자동차 판매대리점에 가깝다. 로컬모터스가 제작한 대표적인 자동차 랠리파이터Rally Fighter는 7만 5,000달러짜리 레이싱카

---

[31] 크리스 앤더슨, 《메이커스》, 163쪽.

로, 전투기 동체를 모방해서 만들었다. 소비자와 전문가가 모인 오픈 소스 커뮤니티에서 설계한 자동차를 '초소형 공장micro factory'에서 생산하는 방식이다. 로컬모터스는 자동차 제작 아이디어를 특허 내지 않고 오픈 소스로 공개했다. 커뮤니티 회원들은 로컬모터스의 아이디어를 빠르게 개선한다. 로컬모터스는 사전 주문제작 방식을 취하기 때문에 재고가 없다. 한 대 단위로 만들기 때문에 컨베이어 벨트도 없다. 고객은 자동차를 주문함과 동시에 비용을 지불한다. 웹에서 자동차를 주문받고 웹을 통해 기술 및 디자인 아이디어를 개선하고 초소형 공장에서 자동차를 제작한다. 이 회사를 설립하는 데 투자된 비용은 기존 자동차회사 투자비용의 100분의 1에 불과했다.[32] 3D 프린터가 더 발전하면 공장의 크기는 물론 자동차회사를 설립하는 비용도 더 줄어들 수 있다. 자동차를 '출력한다'는 표현이 사용될 것이다. 이런 방식이 더 발전하면, 우리 주위에서 흔히 보는 자동차 판매대리점이 자동차를 찍어내는 초소형 공장이 될 수도 있다. 개방형 혁신환경이 만들고 있는 미래다. 물론 이런 숨은 전략까지도 포기하고 인류의 더 나은 미래를 위해 기꺼이 자신의 것을 내놓는 사람도 있다. 공공재public goods의 확대를 통해 인류 발전에 기여한다는 선한 마음이다.

   20세기 구제조업의 생산방식은 깎고 자르고 붙이고 조립하는 식이었다. 21세기 신제조업의 생산방식은 3D 프린팅 기술 등을 활용

---

[32] 크리스 앤더슨, 《메이커스》, 183~194쪽.

해서 한 번에 찍어내는 방식이다. 소재의 제한이 해결되면 전도체와 비전도체를 동시에 찍어낼 수 있고, 플라스틱에서 세포셀까지 별개로 혹은 동시에 찍어낼 수 있게 될 것이다. 미래에는 움직이는 소재를 사용해서 살아 있는 장기는 물론이고 컴퓨터처럼 완전체로 작동하는 물건도 한 번에 찍어내게 될 것이다. 좀 더 먼 미래에는 3D 프린터로 센서, 배터리, 에너지 생산장치, 인공지능 칩, 모터 등을 가지고 스스로 생각하고 작동하는 사물까지도 한 번에 일체형으로 만들어낼 수 있게 될 것이다. 이 정도 기술수준에 이르면 3D 프린터는 물체나 생명체를 물리적 복제 형태로 정확하고 빠르게 전송하는 디지털 팩스기계처럼 사용될 것이다.[33] 물체를 원자로 변환하여 순간이동teleport 방식으로 원거리이동을 시켜 다시 물체로 재조립하는 기술보다 더 빨리 실현 가능한 기술이다. '생산방식의 혁명'이다. 이런 생산방식의 혁신에 가장 큰 영향을 받을 산업이 제조업이다.

21세기 신제조업 시대에는 기술을 완벽하게 이해하지 못해도 창의적인 아이디어만 있으면 빅데이터와 인공지능의 도움을 받아서 모든 사람이 자기 본능 속에 있는 제조자maker의 잠재력을 꺼낼 수 있다. 21세기는 인간의 모든 아이디어를 현실로 만들 수 있는 시대가 될 것이다. 창의적이고 지혜로운 사람들이 글로벌 기업들보다 더 빨리 수십 억 개의 작은 사업기회를 만들어내는 새로운 산업혁

---

[33] 호드 립슨·멜바 컬만, 《3D 프린팅의 신세계》, 김소연·김인항 옮김(한스미디어, 2013), 43, 49쪽.

명이 시작될 것이다. 이는 21세기 신제조업이 싸고 빠르고 무게가 없는 비트bit를 기초로 하는 '디지털 세계'이기에 가능한 일이다.[34] 원자atom를 기초로 하는 20세기 구제조업의 '물질material 세계'에서는 힘든 일였다. 20세기 구제조업과 21세기 신제조업의 충돌을 주시하라. 산업혁명 이후 자본집약적이고 노동집약형 구제조업이 인공지능과 파괴적 기술 기반형 21세기 신제조업과 충돌하면서 나타날 지각의 대변동을 대비하라.

---

[34] 크리스 앤더슨, 《메이커스》, 22~24, 34쪽.

화석에너지와
미래에너지의 충돌

THE EXODUS OF OPPORTUNITY

　인간과 자연의 공존, 인류의 지속가능성, 녹색성장 등의 질문이 반복된다. 이런 질문의 중심에는 '에너지'와 '환경'에 관한 위기의식이 자리한다. 위기는 기회를 만든다는 표현이 딱 들어맞는다. 에코 비즈니스와 에코 소비가 일상이 되고, 병들어가는 지구에 대한 문제의식이 '인류'를 그리고 '나'를 살리는 일이 진행되고 있다. 개발을 통한 부가가치는 이미 한계에 부딪혔다. 21세기에는 환경을 보존하는 비즈니스에서 새로운 부가가치가 창출될 것이다. 이런 변화와 함께 발생하는 것이 화석에너지와 미래에너지의 충돌이다.

　화석에너지와 미래에너지의 충돌을 말하면 석유가 곧 고갈되는 시대가 온다는 말로 오해한다. 그렇지 않다. 곧 고갈되리라는 경고가 계속되는 석유와 천연가스는 당분간 100~200년 동안은 절대 고

갈되지 않는다. 셰일가스, 셰일오일뿐만 아니라, 생산비가 많이 들어가서 지금은 뽑아내지 않을 뿐 아직 개발하지 않은 석유와 가스도 많다. 셰일가스는 전 세계적으로 약 5,700억 톤이 묻혀 있는 것으로 알려져, 전통 가스보다 약 4배 많다. 특히 북미와 아시아, 남미, 아프리카 등 전 세계적으로 개발 잠재력이 풍부하다. 생산기술이 발달함에 따라 대량 상업 생산이 가능해지고 있다.[35]

화석에너지와 미래에너지의 충돌은 에너지를 '경제성의 문제'가 아니라 '환경 문제'로 접근하는 데서 일어나는 근본적 변화다. 에너지 '소비'에서 '공존'이라는 방향으로 축이 바뀌면서 일어나는 변화다. 이는 '자연과의 공존'이라는 화두에 대한 짐 월리스Jim Wallis의 말을 떠올리게 한다.

> 사람들은 단기적인 경제적 필요성 때문에 나누는 법을 배우는 중이다. 나는 사람들이 장기적인 지속가능성을 위해 계속해서 나눌 수 있기를 바란다. 어려운 때에 혹은 필요 때문에라도 형성된 새로운 마음의 습관은 평생 가는 습관으로 자리 잡을 수도 있다. 녹색경제로의 변화는 다른 모든 것을 변화시키는 중대한 변화들 중 하나가 될 것이다. 이것이 곧 회심이다.[36]

21세기 인류에게 중요한 깨달음이 시작되었다. 그동안 함부로 다

---

[35] "셰일가스 매장량 1위 중국, M&A에 650억 불 투자", 〈머니투데이〉, 2012년 9월 20일자.
[36] 짐 월리스, 《가치란 무엇인가》, 박세혁 옮김(IVP, 2011), 190쪽.

해온 자연에 대해 그렇게 해서는 안 된다는 깨달음이다. 비록 그 깨달음이 뒤늦고, 아직 깨달음의 깊이가 깊지 않지만, 환경을 파괴하면서까지 에너지를 취해서는 안 된다는 것만은 20세기를 살아오면서 명확히 알게 되었다. 이런 변화가 그동안 이 문제의 중심에 있던 선진국들에서 일어나고 있다는 것이 중요하다.

이런 의식의 변화에서 시작된 화석에너지와 미래에너지의 충돌은 에너지 거래, 소비, 가격의 미래에 영향을 미칠 것이다. 에너지비용은 기업 운영과 제품의 원가 및 이미지에도 영향을 미친다. 에너지 축의 변화는 기업의 미래, 국가의 미래에 영향을 미친다. 앞으로는 환경을 무시한 개발이나 비즈니스는 쉽게 한계에 부딪힐 것이다. 선진국들은 이미 거의 모든 영역에서 그 틀을 변경하고 새로운 규칙과 규정을 적용하고 있다. 자동차산업만 들여다봐도 '고성능' '신기술' 경쟁이 계속되는 한편에서 '고연비' '친환경' 경쟁이 더욱 치열하다.

그러나 여전히 에너지를 '환경 문제'가 아니라 '경제성의 문제'로 접근하려는 그룹도 있다. 화석에너지 패러다임이 가져다준 달콤함을 잊지 못한 이들이다. 선진국을 추격해야 하는 중국이나 개도국도 여기에 속한다. 아직 그들은 결코 무시할 수 없는 거대 규모의 그룹이다. 그래서 환경과 에너지 문제가 쉽게 해결될 것 같지는 않다. 오히려 앞으로 한동안 심각한 상태가 계속될 것이다. 그래서 에너지 축이 단기간에 급격하게 전환되지는 않을 것이다. 따라서 화석에너지와 미래에너지의 충돌 기간은 상당히 오래 지속될 것이다.

오래 지속될수록 여진도 길게 마련이다.

　환경과 에너지에 관한 '이중적 태도'가 당분간 공존하겠지만, 에너지와 환경의 '관계에 관한 시선'의 변화는 주된 흐름이다. 화석에너지와 미래에너지의 충돌이 길어질 테지만 '에너지 축'의 이동은 필연적일 것이다. 21세기에 화석에너지의 종말은 볼 수 없을 것이다. 하지만 신재생에너지 혹은 친환경에너지, 자연에너지natural energy라는 이름을 갖는 미래에너지가 절대적 우위에 서는 장면은 목도하게 될 것이다. 또 다른 시나리오도 준비해야 한다. 지금은 지지부진한 듯 보이지만, 어느 정도 시점이 지나면 에너지 축의 변화가 화석에너지에서 미래에너지로 급격하게 기우는 시나리오다. 그러면 관련된 환경과 법과 제도들도 함께 빠른 변화의 물결에 휩싸일 것이다. 그때 가서 대응하려면 늦다. 두 세력 간의 충돌이 생각보다 오래가고 축의 이동이 '더딘 것'을 '변화하지 않을 것'이라고 오해하면 안 된다. 기후협약은 점점 강화되고 있으며, 에너지혁명도 진행형이다. 세상의 변화에 가장 민감하게 반응하는 기업들에게는 2020년 이후 가장 큰 압박이자, 큰 기회요소가 될 수 있다.

　화석에너지와 미래에너지의 충돌이 얼마나 지속되느냐, 에너지 분야에서 혁명이 얼마나 빨리 일어나느냐, 탄소집약적 에너지에서 저탄소 혹은 무탄소 에너지로 '에너지 전환energy shift' 속도가 빠른가 느린가는 지구온난화 문제, 자연에너지 혁명, 정보통신기술(IT), 바이오기술(BT), 나노기술(NT) 등의 기술혁명, 미래자동차 등 신사업 시장의 도래(미국의 회복전략 4단계)의 시스템적 연관관계와 피드백

속도에 달려 있다.

2045년까지 전 세계 에너지 수요는 2015년 대비 2배 정도 증가할 것으로 예측된다. 개발도상국 에너지 소비가 연간 2.6~3.2%씩 증가 중이고, 중국은 연간 9~16%씩 증가하고 있다. 그렇다고 선진국의 에너지 수요가 감소하는 것도 아니다. 북미의 석유 사용량도 지난 20년간 중국만큼 증가했다.[37]

환경 문제의 핵심은 기후변화다. 기후변화가 가속화될수록 기후협약도 강화될 것이다. 그리고 점점 강화되는 기후협약은 에너지산업의 판도 변화에 가장 큰 변수다. 그래서 에너지산업에서 화석에너지와 미래에너지의 충돌을 만들어내는 중요한 추동력은 기후협약이다.

기후변화를 일으키는 큰 힘은 두 가지다. 하나는 태양의 활동변화다. 그리고 다른 하나는 인간의 활동변화다. 태양의 활동변화는 자연적 기후변화를 일으키는 가장 근본적인 원인이다. 태양에서 출발해서 지구에 도착하는 빛과 열의 변화가 지구 안에서 일어나는 자연적 피드백과 맞물려 기후변화를 일으킨다. 인간의 활동변화는 태양의 활동변화가 만들어내는 기후변화에 가속도를 붙인다. 땅, 바다, 대기 및 기타 자연환경을 파괴하는 인간의 활동은 인류의 생존에 위협을 주는 쪽으로 기후변화를 촉진한다.

인간이 지상에서 일으키는 환경 파괴에는 다양한 종류가 있다.

---

[37] 에릭 스피겔·닐 맥아더·랍 노턴, 《2030 미래 에너지 보고서》, 최준 옮김(이스퀘어, 2011), 26, 55~56쪽.

예를 들어 플라스틱이나 유해물질 배출로 인한 토양이나 강물과 지하수 오염, 무분별한 도시개발로 인한 산과 숲 훼손, 각종 대기오염, 자연생태계 파괴 등이다. 이런 행동들은 단기적으로는 인류의 생존에 큰 위협을 주지 않는다. 하지만 장기적으로는 서로 얽히고설키면서 인류의 생존을 위협하는 무서운 결과를 낳는다. 그 대표적인 결과가 지구온난화(온실효과)와 오존층 파괴다.

대기권은 지상에서 대류권(지상에서 8~10킬로미터), 성층권(10~50킬로미터), 중간권(50~80킬로미터), 열권(80킬로미터 이상)으로 구성된다. 오존층은 지상에서부터 높이 24~32킬로미터 사이에 오존이 밀집된 층을 말한다. 오존층은 태양에서 방출된 자외선을 흡수한다. 자외선은 가시광선보다 짧은 10~400나노미터의 파장으로 눈에 보이지 않는데, 과도하게 노출될 경우 피부암을 일으키거나 화상을 입히기 때문에 생물에는 치명적이다. 오존층이 태양에서 방출하여 지구에 도달하는 자외선의 대부분을 성층권에서 흡수해주기 때문에 지구에 생물이 살 수 있는 환경이 조성된다. 그래서 오존층 파괴는 인류에게 아주 위협적인 사건이다.

오존층 파괴는 약 0.3센티미터에 불과한 오존층의 총량이 감소되면서 나타나는 현상이다. 이론적으로, 오존을 인위적으로 분해하는 물질이 대기 중으로 배출되어 성층권까지 올라가서 오존층의 일부를 파괴하면 오존홀이라는 커다란 구멍을 만들 수 있다. 그 뚫린 구멍을 통해 태양으로부터 대량의 자외선이 직접 지표면까지 도달하면서 생명체에 치명적 위협을 가한다. 이론상으로만 가능했던 오존홀 현상이 최초로 확인된 때는 1982년이었다. 학자들에 의하면, 오존홀이 발생하는 이유는 원소주기율표에서 3주기 17족에 속하는 할로젠족 원소인 염소가 오존과 만나면서 오존을 인위적으로 분해하기 때문이다. 이런 현상은 자연적으로 발생하기도 하고 인위적으로 발생하기도 한다.

자연적으로 발생하는 경우는 남극의 특이한 기상 조건 때문이다. 겨울부터 이른 봄까지 남극에서는 강한 제트기류가 발생한다. 이 제트기류는 극저온 성층권에서 만들어진 진주 광택의 특이한 구름인 진주운nacreous clouds을 발생시킨다. 학자들은 진주운이 얼음결정, 화산분진, 우주먼지 등이 섞여서 만들어진 구름이 아닐까 추정한다. 여하튼 이 구름 속에 있는 염화불화탄소Chloroflurocarbon(탄소, 불소, 염소로 구성된 유기화합물, 일종의 프레온가스)에서 발생한 염소가 오존과 접촉하면서 오존층을 파괴한다. 하지만 날씨가 풀려서 제트기류가 사라지면 오존홀은 자연스럽게 메워진다. 즉 매년 남극에서는 오존홀이 생겼다 사라졌다 하는 현상이 자연스럽게 반복된다. 이렇게 자연현상으로 발생하는 오존홀은 장기적으로 큰 문제는 아니다. 또한 단기적으로도 사람이 살지 않는 곳에서 발생하기 때문에 위험하지 않다. 하지만 인위적으로 염화불화탄소가 계속 유입된다면 말이 다르다.

오존홀이 생기는 또 다른 이유는 인위적으로 대기 중으로 방출한 염소에 의해 오존층이 파괴되는 경우다. 인간은 편리한 삶을 살기 위해 프레온가스를 만든다. 헤어스프레이, 냉장고에 사용되는 냉각

제, 반도체 세척제 등에는 다량의 염화불화탄소, 일명 프레온가스가 사용된다. 프레온가스는 아주 안정적인 물질이기 때문에 상당 기간 파괴되지 않고 대기 중을 떠다닐 수 있다. 대기 중을 떠돌아다니다가 성층권까지 올라가서 오존층을 만나면 광화학 반응을 일으키면서 염소 라디칼radical을 만든다. 라디칼은 원자가 전자 궤도 함수에 쌍을 이루지 않은 하나의 전자를 가진 화학종이다. 염소 라디칼은 염소의 최외각 전자껍질의 전자가 쌍을 이루지 못하고 홀수 전자로 불안정하게 있는 상태이기에 강력한 화학적 반응성을 갖는다. 이렇게 불안정한 염소 라디칼이 오존과 충돌하면 강력한 화학반응을 일으켜 오존(O_3)을 산소분자(O_2)와 산소원자(O)로 만들어버린다. 오존으로 재결합도 막는다. 결국 오존의 양이 줄게 되어 구멍이 만들어진다. 염소 라디칼은 화학적 반응성이 강력해서 1개가 10만 개 이상의 오존을 파괴한다고 한다. 다행히 대기 온도가 높은 저위도 지방에서는 염화불화탄소가 오존층에 도달하기 전에 다른 화합물로 변해버린다. 하지만 일부 염화불화탄소는 대기순환을 타고 극지역으로 이동해 오존층을 파괴한다. 결국 1987년 세계 각국은 몬트리올에서 염화불화탄소 사용을 엄격하게 규제하는 데 합의했다. 그 후로 대기 중에서 염화불화탄소의 농도가 감소하면서 최악으로 치닫는 상황을 피하고 있다.[38] 하지만 여전히 경계를 늦추어서는 안 된다. 환경 파괴가 지속적으로 이어지면, 예기치 못한 일이

---

[38] 헤르만 요제프 바그너, 《에너지 우기, 어떻게 해결할 것인가》, 정병선 옮김(길, 2010), 187쪽. 하호경·김백민, 《극지과학자가 들려주는 기후변화 이야기》(지식노마드, 2014), 155~159쪽.

벌어질 수도 있다. 예를 들어 2011년 북극에 관측 사상 가장 큰 오존홀이 발생했다. 대체로 자연적으로 발생하는 오존홀은 북극에는 잘 나타나지 않는다. 북극이 남극보다는 따뜻하기 때문이다. 하지만 2011년 이상기후 현상으로 북극 기온이 영하 80도 밑으로 떨어지고 강력한 극소용돌이가 발생하면서 북극 오존층에 넓게 펼쳐진 띠 모양의 구멍이 생기면서 스웨덴 일부 지역, 동유럽, 러시아, 몽골까지 자외선 노출 피해가 발생했다.[39]

환경 파괴에서 비롯되는 가장 위험한 미래 시나리오는 기온 상승에 관한 것이다. 이른바 지구온난화가 초래할 두려운 미래다. 2011년에 발생한 북극의 이상기후로 인한 오존층 파괴도 지구온난화 문제와 연결된다. 20세기 이후 지구의 평균온도는 섭씨로 약 0.8도 상승했다. 이런 추세라면 21세기 말에 이르면 지구의 평균온도는 섭씨 3도에서 최대 6도 정도 증가한다. 만약 이 일이 현실화되면 인류는 공멸할 수 있다.

기후변화는 문제만 발생시키는 것은 아니다. 장기적으로 기후변화는 산업 발전에 긍정적 영향을 미친다. 생존의 위협을 극복하기 위한 인간의 도전과 응전이 나타나기 때문이다. 일교차나 연교차 등 기온변화가 심한 지역은 주택이 다양하게 발전하고, 심각한 날씨변화에서 생존하기 위해 다양한 제품과 서비스, 기술이 발명되기도 한다. 예를 들어 날씨를 이기는 첨단 기능성 하이테크 섬유 발명,

---

[39] 하호경·김백민, 《극지과학자가 들려주는 기후변화 이야기》, 159~161쪽.

자동차 성능 개선, 주택의 다양성, 건축기술과 재료의 진보, 새로운 운송기술 등이 나타난다. 즉 날씨가 기술과 제품을 만든다.[40] 이런 것들이 화석에너지와 미래에너지의 충돌 속에서 나타날 미래의 단면이다.

---

[40] 프리트헬름 슈바르츠, 《날씨가 지배한다》, 배인섭 옮김(플래닛미디어, 2006), 7, 91, 150, 153, 166쪽.

물질 소재와
분자 소재의 충돌

THE EXODUS OF OPPORTUNITY

물질 소재와 분자 소재의 충돌도 거대한 판을 바꾸는 중요한 충돌 중 하나다. 언뜻 생각하면 소재의 변화는 미래변화에서 지엽적 수준으로 보인다. 아니다. 아주 작은 것, 작은 변화, 작은 차이를 무시하면 안 된다. 작은 차이가 명품과 보통 제품을 가른다. 카오스 이론에서 보듯이 작은 변화는 큰 변화를 일으키기도 한다.

20세기까지는 물질 소재의 시대였다. 21세기는 분자 소재의 시대가 될 것이다. 그래서 이 둘의 충돌이 중요하다. 소재가 중요한 이유는 산업의 거대한 변화를 일으키는 작은 키 역할을 하기 때문이다. 침착하게 생각해보라. 소재는 산업의 씨앗이다. 철은 물질 소재의 대표다. 그래서 철은 중후장대重厚長大형 산업의 씨앗이다. 1970년대 한국은 산업화를 위해 철강산업을 전략적으로 육성했다. 만약 한국이 철강산업의 강자가 되지 못했다면 중후장대형 산업을 하지 못했거나 했더라도 심각한 약점을 가졌을 것이다. 철근과 콘크리트는 20세기 문명의 상징이다. 20세 강대국 미국, 최고의 문명국가 미국을 상징하는 맨해튼의 브루클린 다리, 우뚝 솟은 마천루들은 철근과 콘크리트 발명 없이는 불가능했다. 한국은 20세기 초반까지도 돌이나 지푸라기를 섞어 만든 흙으로 집을 지었다. 돌, 지푸라기를 섞어 만든 흙이라는 소재는 철근과 콘크리트라는 소재가 만든 문명과 비교가 되지 않는다. 즉 소재의 변화는 문명의 변화다. 20세기 문명을 이룩한 철 같은 물질 소재의 시대가 나노기술을 기반으로 한 분자 소재라는 강력한 경쟁자를 만났다. 이것이 물질 소재와 분자 소재의 충돌이다.

소재의 역사적 발달을 살펴보자. 소재는 물체, 물질, 분자, 원자 단위로 점점 작아지고 정밀해졌다. 소재는 제품의 크기, 특성, 역량 변화에 중요한 동력이다. 그래서 소재가 변화하면 제품이 변화하고, 제품이 변화하면 문명이 변화한다. 그리고 문명이 변화하면 인간의 존재와 삶의 방식도 변화를 강요받는다. 인간 생활의 변화는 곧 사회의 변화다. 작은 소재의 변화가 거대한 문명과 사회의 변화를 이끄는 이유다.

원시시대에 소재를 다루는 방식은 물체를 쪼개고 결합하는 수준에 머물렀다. 물체는 물질이 구체적 형태를 가진 상태다. 원시인들은 돌, 나무 등의 물체를 깎고 쪼개고 결합하여 도구를 만들었다. 물체의 최소단위는 밀리미터를 쓴다. 1밀리미터는 1미터의 10^{-3}이다.

고대에서 중세까지는 물질을 쪼개고 결합하는 수준이었다. 물질은 물체의 본바탕을 이루는 질료다. 화학적으로 물질은 동종이나 이종 분자들의 집합체다. 물질의 최소단위는 마이크로미터를 쓴다. 1마이크로미터는 1미터의 10^{-6}이다. 1마이크로미터는 머리카락 굵기의 10분의 1 정도다.

근대에 들어서 분자시대가 열렸다. 분자는 원자의 집합체다. DNA, 단백질은 분자 단위에 있다. 분자시대는 분자 단위에서 화합물을 쪼개거나 결합한다. 분자와 원자의 단위는 나노미터다. 1나노미터는 1미터의 10^{-9}이다. 나노미터는 빛의 파장같이 짧은 길이를 나타내는 단위로 쓰이는데, 가시광선의 파장이 400~800나노미터에 해당한다. 고대 그리스의 데모크리토스Democritos가 철학적 개념에서 원자론을 주장했지만, 중세까지 화학은 연금술 수준에 머물렀다. 16세기에 이르러 리바비우스Andreas Libavius가 최초의 화학 교과서를 저술하면서 비로소 분자를 제대로 다루는 길이 열렸다. 17세기에 들어서면서 영국의 자연철학자이며 화학자였던 로버트 보일Robert Boyle이 연금술 수준을 넘어 근대 화학의 기초를 세웠다. 연금술과 화학을 구분하고, 근대적인 원자, 분자, 화학 반응에 대한 개념을 정리한 보일은 1662년 일정 온도에서 기체의 압력과 그 부피는 서로 반비례한다는 '보일의 법칙'도 발견했다. 근대 이후로, 20세기까지 현대 물리학은 고전역학classical mechanics과 분자과학 molecular science을 가지고 자연을 연구하고 분자 단위에서 물질을 쪼개고 결합하면서 기술문명을 발전시켰다.

21세기에 들어서면서 원자의 시대가 본격적으로 시작되었다. 1927년 양자역학이 발견되면서 원자시대가 열렸지만, 20세기는 원자시대의 준비 단계였다. 나노기술이 본격화되면서 인간은 원자 단위까지 넘나들면서 자연을 연구하고 물질을 쪼개고 결합하고 재창조하는 기술문명의 가능성을 열었다. 원자는 화학원소로서 특징을 잃지 않는 수준에서 물질의 기본적인 최소 입자다. 원자는 원자핵과 전자로 구성된다. 원자핵은 다시 양(+)전하를 띠는 양성자와 전하를 띠지 않는 중성자로 나뉜다. 원자핵의 주위를 도는 전자는 음(-)전하를 띤다. 원자시대인 오늘날 반도체 제조 공정에 사용되는 단위는 10나노미터 수준인데, 머리카락 한 개의 굵기가 10마이크로미터임을 감안하면 머리카락 굵기의 실리콘에 1만 개의 회로를 넣은 것이 10나노급 D램이다.

분자 단위와 원자 단위는 한 단계 차이지만 질적 차이는 크다. 석탄과 다이아몬드를 구별하는 핵심 차이는 원자 배열이다. 육각형의 그물 형태로 된 흑연의 평면 구조를 섭씨 2,000도 이상으로 가열하면서 10만 기압으로 압축하면 원자 배열이 다이아몬드의 입체 구조로 변한다. 우주에 존재하는 모든 생명체와 물질은 겉모양과 특성, 행동양식이 다르지만 원자 단위로 내려가면 질적으로 완전히 같다. 유일한 차이는 배열의 차이뿐이다. 신은 원자 배열의 차이를 가지고 흙을 만들고, 다이아몬드를 만들고, 박테리아를 만들고, 사자를 만들고, 사람을 만들었다. 놀라운 신비다. 흙을 구성하는 원자 배열을 바꾸면 사과가 된다. 사과를 구성하는 원자 배열을 바꾸면 원숭이가 된다. 원숭이를 구성하는 원자 배열을 바꾸면 진화를 시키지 않아도 사람을 만들 수 있다. 사람의 원자 배열을 바꾸면 다시 나무토막이 되게 할 수 있다. 무생물이든 생물이든 우주에 존재하는 모든 물질과 생명체의 근간을 이루는 것은 원자이기 때문이다.

20세기에도 분자에 대한 연구가 진행되었지만, 20세기의 주요 소재는 여전히 물질 소재였다. 그러나 21세기는 바야흐로 분자 소재의 시대가 될 것이다. 분자 이하 단위를 자유롭게 다루는 나노공학이 성숙기에 접어들 가능성이 크기 때문이다.

나노공학은 1~100나노미터 크기 미세물질을 조작하고 제어하는 기술이다.[41] 나노기술이 있기에 분자 혹은 분자 이하 단위를 소재로 사용할 수 있다. 최초로 나노기술에 대한 영감을 준 사람은 리처드 파인만Richard Phillips Feynman 박사다. 파인만은 1959년 12월 29일, 미국물리학회에서 '바닥에는 풍부한 공간이 있다There is Plenty of Room at the Bottom'는 제목의 강연을 통해, 분자 세계도 우주공간처럼 광대하다고 주장했다. 그는 미래에는 원자들을 배열해 생화학적이지 않은 방식으로 분자 구조물을 만들 수도 있을 것이라며, 분자 기계라는 혁신적 아이디어를 제안했다.[42] 20세기 거시물리학macrophysics의 대가가 아인슈타인Albert Einstein이라면, 파인만은 미시물리학microphysics의 대가로 인정받는다. 그리고 파인만의 아이디어에 영감을 받은 한 사람이 있다. 에릭 드렉슬러Eric Drexler는 최

---

41 네이버 지식백과, 한경경제용어사전, '나노공학'.
42 에릭 드렉슬러, 《창조의 엔진》, 조현욱 옮김(김영사, 2011), 8~9, 99~100쪽.

초로 분자 나노기술을 연구해 MIT에서 박사학위를 받았다. 1986년 드렉슬러는 박사학위 논문을 책으로 출판한 《창조의 엔진Engines of Creation》에서 처음으로 '나노기술'이라는 단어를 사용하면서 나노과학의 선구자로 주목받기 시작했다. 1959년의 리처드 파인만과 1986년 에릭 드렉슬러가 제안한 나노기술은 초기에는 많은 사람들의 비웃음을 샀다. 그러나 1996년 탄소 분자 결정체인 풀러렌fullerene을 발견한 공로로 리처드 스몰리Richard Smalley 박사가 노벨화학상을 타고, 2010년에는 안드레 가임Andre Geim과 콘스탄틴 노보셀로프Konstantin Novoselov가 그래핀graphene을 발견한 공로로 노벨물리학상을 타면서 21세기 가장 주목받는 과학 분야로 급부상했다.[43]

　미국과학재단(NSF) 선임 자문위원으로 미국 정부의 나노기술 지원정책을 총괄하는 미하일 로코Mihail Roco 박사는 '1~100나노미터 크기의 물질을 다루는 것'을 나노기술이라고 정의했다. 나노기술은 양자역학을 기반으로 한 거시물리학 영역에 속하지만 물리학뿐만 아니라 기하학, 화학, 생물학, 통계역학, 엔지니어링 등의 광대한 학문을 토대로 한다. 미래 가능성을 파악하는 하나의 방법은 기술 배후에 있는 기본적 이치, 원리, 구조를 파악하는 것이다. 이런 방법으로 나노기술이 가져다줄 미래변화를 예측하면 제조(재료 선택에서 제작 공정까지 전 과정)와 의학 분야의 미래가 극적으로 바뀔 가능성이

---

[43] 에릭 드렉슬러, 《창조의 엔진》, 10쪽.

크다.

　나노 소재는 나노 스케일의 소재를 일컫는다. 소재는 가공하지 않은 본디 그대로의 재료를 말한다. 그래핀, 탄소 나노튜브 등이 나노 소재다. 예를 들어 연필심으로 사용되는 흑연은 탄소원자가 벌집 모양의 육각형 그물로 배열된 0.2나노미터 두께의 평평한 층이 겹겹이 쌓인 구조를 갖는다. 이 중에 한 층을 그래핀이라고 한다. 2004년 러시아 출신으로 영국에서 활동 중인 가임과 노보셀로프 연구팀은 상온에서 투명테이프로 흑연에서 그래핀을 떼어내는 데 성공했다. 그래핀은 물리적, 화학적 안정성이 매우 높다. 구리보다 100배 이상 전기전도율이 좋고, 실리콘보다 100배 이상 전자이동성도 좋고, 강도가 강철의 200배나 되며, 열전도성도 다이아몬드의 2배로 높다. 빛 투과율도 뛰어나서 투명하며 신축성도 아주 좋다. 이런 특성들 때문에 그래핀은 투명하고 휘는 디스플레이나 전자종이, 투명 전극, 차세대 초고속 반도체, 고효율 태양전지나 연료전지, 방열 재료, 항공우주 부품으로 사용될 수 있는 초경량 고강도 복합재 등 활용 분야가 무궁한 미래 신소재야.[44]

　한편 1991년 일본의 이지마 스미오 飯島澄男 박사는 흑연 전극에 붙은 아주 작고 미세한 원통 모양의 구조를 가진 미지의 검은 물질을 발견했다. 지름은 머리카락의 10만분의 1정도이고 속은 빈 탄소 나노튜브다. 탄소 나노튜브는 육각형 벌집 모양을 가진 그물을 원

---

[44] 네이버 지식백과, 학생백과, '꿈의 나노물질 그래핀'.

통형으로 둥글게 말아 만든 구조다. 그물을 어떤 각도로 마느냐, 튜브 지름이 어느 정도냐에 따라 전기적 도체가 되거나 반도체가 된다. 탄소 나노튜브도 전기 전도율, 탄성, 열전도성, 빛 투과성 등에서 그래핀과 비슷한 특성을 가졌다. 탄소 나노튜브를 집단으로 묶으면 우주 엘리베이터를 만들 수 있고, 열과 마찰에 잘 견디면서 강철보다 강한 초강력 섬유를 만들 수도 있다. 튜브 모양을 하고 있기 때문에 빈 공간에 약물 등을 넣을 수도 있다.[45] 이처럼 나노기술을 활용해서 새로운 나노입자와 신소재를 개발하는 경쟁은 이미 시작되었다.

  아마도 21세기 초에는 물질 소재를 나노기술을 활용해서 새로운 특성을 갖는 새로운 소재로 변화시켜 사용하는 것이 가능해지고, 21세기 말이면 자유롭게 원자를 소재로 삼아 차곡차곡 쌓아 제품을 만드는 제조 공정이 가능해질 것이다. 즉 22세기는 원자 정밀제조 시대, 완전한 한계비용 제로 시대, 지구 밖 화성에서도 완전한 자급자족이 가능해지는 시대가 될 것이다.

---

45 네이버 지식백과, 학생백과, '차세대 신소재, 탄소 나노튜브'.

안정 세대와
불안정 세대의 충돌

THE EXODUS OF OPPORTUNITY

한 방송사가 〈미리 가본 2050년, 저출산 고령사회〉라는 특별 프로그램을 통해 2050년을 상상해보았다. 2050년 우리나라에서는 '미래노인당'이라는 노인 중심 정당이 전체 인구의 40%가 넘는 노인들의 지지를 등에 업고 전체 의석의 절반 이상을 석권하며 국회 최다수 당이 될 것이라는 내용이 눈길을 끌었다. 2050년 선거 이슈는 '노인 세대와 젊은 세대의 대결' 단 하나뿐이었다.

거대한 판의 변화를 이끄는 마지막 충돌은 안정 세대와 불안정 세대의 충돌이다. 이 충돌이 만들어내는 다양한 문제를 누가 먼저 해결하느냐가 국가 경쟁력의 중요한 요소로 떠오른다. 안정 세대와 불안정 세대의 분리는 경제, 사회, 기술 등에서 큰 변화가 일어날 때마다 만들어지는 반복적인 부작용이다. 경제가 저성장에 빠지고,

생산가능연령 인구가 줄기 시작하고, 고령화가 사회를 덮치면 불안정 세대가 빠르게 늘어간다. 이들은 안정 세대와 적대관계를 갖기 쉽다. 이 문제를 해결할 실마리를 찾지 못하면 심각한 사회갈등이 발생하면서 분열, 혼란, 적의 및 파괴적 공격행위가 도처에서 끊이지 않게 된다. 당연히 국가 경쟁력이 하락한다. 삶의 질도 하락한다. 거대한 변화를 만들어내는 충돌들 중에서 아주 무서운 충돌이다.

저출산 고령화는 한국은 물론 일본, 중국, 미국, 유럽 등 주요 선진국들의 최대 고민이다. 선진국들 중에서 가장 먼저 초고령화 사회(유엔 기준에 따라 전체 인구 중 65세 이상 고령인구 비율이 20% 이상인 사회를 초고령화 사회, 14% 이상이면 고령사회, 7% 이상이면 고령화 사회라고 정의한다)에 진입한 일본은 노인 인구가 점점 늘어나면서 일자리를 놓고 젊은이들과 사회적 갈등이 심해지고 있다. 한국도 예외가 아니다. 한국은 일본 다음 1순위로 초고령화 사회가 될 것으로 예상된다. 한국에서도 이미 대학생을 비롯한 젊은이들이 가져야 할 일자리의 상당수가 은퇴자들에게 넘어가고 있다. 방송사의 예측처럼 2050년에는 불만이 커진 노인들이 압도적인 숫자를 기반으로 노인당을 출범시키고 국회를 점령할 수도 있다.

그들의 가장 큰 불만은 국민연금 수령이 될 것이다. 필자가 한국의 경제와 정부 재정의 미래를 예측한 결과 확률적으로 도래할 가능성이 가장 높은 미래는 정년을 몇 번씩 연장하며 연금수령 기간이 늦어지는 시나리오다. 최악의 경우, 국민연금이 2036년이면 적자로 돌아서고, 2047년이면 완전히 고갈 상태에 들어간다. 최악의 시나리오가 현실이 되지 않더라도 2050년 이후 수백 년 이상 지속해야 할 국민연금 재정 확보를 위해서는 2050년 전에 연금수령 시기를 늦추고 수령액도 대폭 삭감해야 한다. 그리고 젊은이들의 일자리를 빼앗아 노인들에게 주고, 하나의 일자리를 여러 개로 쪼개서 나누어 일하는 다양한 단축근무 형태를 양산해내며, 일자리가 있는 노인들은 연금을 수령하지 못하도록 막는 일이 벌어질 것이다. 노인들에게 주어지는 다양한 혜택도 사라지고, 도리어 건강보험료 등 세금 부담은 커진다. 궁여지책으로 실시하는 이런 정책들은 50대 이전 세대, 이후 세대, 젊은 세대 어느 누구도 만족시키지 못할 것이다. 당연히 갈등의 폭발이 예측된다. 의학기술의 발달로 암 등의 질병이 정복되고, 바이오기술, 사이보그기술 등을 통해 질병에 의한 사망률이 줄어드는 반면, 생계를 유지할 돈이 없어서 자살하는 사람들의 수는 늘어나게 될 것이다. 즉 2050년 한국인 사망의 주된 원인은 질병이 아니라 생계형 자살이 될 것이다. 이 시나리오는 이미 현실에서 나타나고 있다.

이런 추세 속에서는 공동체에 대해 옛날처럼 큰 의무감을 가질 수 없다. 공동체가 자신을 보호해주지 못하기 때문이다. 예전에는 국가나 기업 등 공동체가 개인을 보호해주었다. 그 안에만 들어가 있으면 안전했다. 그러나 지금은 국가가 기업을 보호해주지 못한다. 기업도 개인을 보호해주지 못한다. 개인끼리도 목숨을 걸고 경쟁한다. 가족 파괴 현상도 심해지고 있다. 개인의 생존을 보장해줄 안전한 공동체를 찾기 힘들어진다. 다른 나라 이야기가 아니다. 한국의 이야기다.

국가는 경제적 효율성을 높이기 위해 특정 산업의 노동자들을 버리고 어느 한 기업을 버틸 수 있다. 기업이 살기 위해 직원을 버틸 수 있다. '평생직장'이라는 개념은 사라진 지 오래다. 거꾸로, 개인도 자신의 생존을 위해 직장을 버리고 국가를 버릴 수 있다. 자신이 속한 기업이 희망이 없다고 판단되면 다른 기업으로 서슴지 않고 옮겨간다. 국가가 마음에 들지 않으면 다른 나라로 미련 없이 이민을 가버린다. 개인 스스로 살길을 찾아야 하는 환경에서 안정 세대는 줄고 불안정 세대가 늘어갈 가능성이 커진다. 개인 스스로 세계와 경쟁할 수 있는 경쟁력을 갖추어야 하는 환경에서는 공동체에 대한 의무감이 약해질 수밖에 없다.

개인화가 극대화되고 안정 세대가 줄어드는 데는 신뢰 결핍도 중요한 역할을 한다. 21세기 사회는 언론조차 신뢰할 수 없는 지경에 이르렀다. 대다수 사람들이 언론매체가 나름의 편견을 갖고 있다고 생각한다. 기업도 이윤을 위해서는 소비자에게 얼마든지 거짓말을 할 수 있다고 여긴다. 정부도 예외는 아니다. 정부나 정치인 역시 자신들의 지위와 이익을 위해 나라가 망하지 않는 범위에서 거짓을 말하거나 진실을 숨길 수 있다고 생각한다. 과학적 사기극도 자주 발생한다. 미국 미네소타 대학과 헬스파트너스 연구재단이 2004년 6월 과학자 3,400여 명을 대상으로 조사한 결과, 응답자의 3분의 1이 모순된 사실을 무시하거나 데이터를 조작하는 등 윤리적으로 문제가 되는 행위에 직간접적으로 개입한 적이 있다고 답했다.

안정 세대와 불안정 세대의 충돌은 분열, 혼란, 적의 및 파괴적 공격행위를 낳기도 하지만, 반대로 '무기력' '무관심' '무의미'의 3무三無를 낳기도 한다. 모든 것이 생존 불안이 만들어낸 재앙이다. 경제적, 사회적 불안은 무관심이라는 치명적인 위험을 낳는다. 불안은 무기력, 무관심, 무의미 외에도 '소외'라는 현상과 밀접하게 관련되어 있다. 심리학자들은 "불안은 절대적 가치관이 없는 세상에서 느끼는 자유의 심리적인 압박을 포함하는데, 이것이 소외의 한 형태다"라고 말한다. 소외는 사회와 타인들에게서 떨어져 혼자가 되었다는 고독감을 포함한다. 인기 절정의 연예인이나 부유한 사업가, 사회적으로 선망의 대상인 전문직 종사자들이 자살하는 이유가 무엇일까? 불안한 미래 때문에 스스로 소외되었기 때문이다. 강북삼성병원 정신과 오강섭 교수는 "우울증 환자는 자신의 존재가 아무런 의미가 없고 주위 사람들에게도 도움이 되지 않는다고 여기며, 자신의 잘못이 아닌 일에 대해서도 필요 이상의 책임감과 죄책감을 느낀다"며 "특히 여성은 모든 일에 대해 자신을 탓하며 죄의식을 더 많이 느낀다"고 말했다. 앞으로 점점 소외감에 빠져 방황하는 사람들이 늘어날 것이다.

불안과 소외, 무관심은 사람들의 마음속에 염세주의적 태도도 불러온다. 이 땅에서 희망을 버리고 그냥 흘러가는 대로 사는 현상을 만연하게 한다. 우리가 해야 할 가치 있는 일을 포기하고, 이 땅은 허망한 것에 불과하다고 생각하게 한다. 이런 염세주의적 특징은 취업 스트레스에 시달리는 20대 청년에서부터 강제 퇴직당한

50~60대 가장에 이르기까지 다양한 연령에서 나타난다.

　이렇게 안정 세대와 불안정 세대가 충돌하는 상황에서 경제 저성장을 해결하기 위해 이민자들에게 문호를 개방하면 어떤 일이 벌어질까? 경험하지 못한 새로운 갈등이 사회에 몰아쳐올 것이다. 이민을 허용하지 않는 한국은 국적 취득이 매우 까다로운 나라다. '귀화'를 원하는 외국인들은 한국에서 2년 이상 직장을 갖고 거주해야 한다. 상당액의 통장 잔액도 필요하고 제법 어려운 귀화 시험도 치러야 한다. 이렇게 어려운 과정을 거쳐도 귀화에 성공한 외국인에 대한 한국인의 태도는 그다지 호의적이지 않다. 이중적이기까지 하다. 그들이 나의 불안정 상태를 강화하거나 악화시킬 것이라는 생각 때문이다.

　이미 한국 사회는 7가구 중에 1가구가 다문화가구다. 30~40년만 지나면 외국인의 숫자는 지금의 7~8배가 넘을 것이다. 안정 세대와 불안정 세대의 충돌을 해결할 묘수를 찾지 못하면 시간이 지날수록 '다문화'는 성장의 동력보다는 쇠퇴를 촉진하는 리스크가 될 것이다. 솔직히 말하면, 현재 수준으로는 10년 안에 다문화가정을 포용할 만큼 성숙한 사회에 이르는 것은 어려워 보인다. 이민자들을 국가 성장과 발전 동력으로 사용하고 있는 미국 상황보다는 폭동, 갈등, 대립과 불안정을 증가시키는 불씨가 되고 만 유럽의 몇몇 나라 상황에 가까울 것 같다.

　수많은 기업들이 현장 근로자에서부터 고위 임원진에 이르기까지 외국인을 고용하고 있다. 시너지 반, 리스크 반이 현실이다. 총합해

보면 경계 파괴 효과나 융복합 효과는 제로인 셈이다. 적응하지 못한 외국인들은 곧바로 불안정 세대로 흡수된다. 우리나라에 들어온 외국인들은 제4계급이다. 심지어 동족인 탈북민들은 제5계급으로 전락했다. 상류층, 중산층, 서민층, 외국인, 탈북민 순으로 서열이 매겨지고 있다. 갈등을 해결하기는커녕, 갈등이 늘어나고 있다.

10년 후면, 다문화가정의 자녀 1세대들이 부모의 품을 떠나 사회로 나오게 된다. 지금과는 여러 면에서 차이가 있을 것이다. 과연 한국 사회는 그런 상황을 어떻게 받아들일까? 현재 다문화가정의 자녀 중 상당수가 이런저런 이유로 대학에 진학하지 못하고 있다. 그들에 대한 사회적 배려와 관심이 부족하면, 유럽이 경험했던 일들을 우리도 경험하게 될 것이다.

이민자 혹은 이민자 2~3세를 중심으로 반사회적 행동이 일어날 수도 있다. 한국 사회는 지금까지 사회 내부에서 크게 인종갈등을 겪어본 적이 없다. 사실 아주 옛날부터 한국은 다문화 다종교 사회였지만 큰 문제 없이 지내왔다. 지금처럼 순혈주의를 중심으로 한 배타적 민족주의가 강해진 것은 조선시대부터다. 그런데 그 조선 안에 '왜관'도 있었고 '이태원'도 있었다.

게다가 한국 사회에는 통일이라는 변수가 있다. 이런 상황에서 갑자기 통일이 되면 어떻게 될까? 통일을 잘 준비했던 독일도 통일 이후 20여 년을 심각한 사회적 갈등에 시달렸다. 통일 한국의 미래는 어떻게 될까? 통일이 안정 세대를 증가시킬까, 아니면 불안정 세대를 증가시킬까? 안정 세대와 불안정 세대의 충돌을 상쇄해줄까,

아니면 기름을 붓는 꼴이 될까?

안정 세대와 불안정 세대의 충돌은 이미 시작되었다. 이 충돌을 상쇄할 방법, 이 충돌을 통제할 방법을 빨리 찾아야 미래의 부를 붙잡을 수 있다. 미래의 기회를 붙잡을 수 있다.

고려해볼 만한 해법 중 하나는 안정을 위해 필요한 요소들을 찾되, 국내에서 벗어나 세계로 시야를 넓혀야 한다. 세계 인구는 70억이 넘었다. 19세기 중반 12억 명이었던 전 세계 인구는 100년 동안 2배로 증가했다. 한국전쟁이 발발한 1950년 이후부터는 수명이 증가하고 출생률도 높아지면서 인구증가 속도가 더 빨라졌다. 대략 12년 간격으로 10억 명씩 증가해 2012년에는 70억을 돌파했다. 한국전쟁이 끝난 후에는 대규모 전쟁도 없었고, 미국을 중심으로 자본주의가 세계를 지배함에 따라 유럽과 미국, 아시아에서 경제성장이 폭발적으로 일어나면서 인구증가를 막을 요인이 별로 없었다. 전 세계가 오랜만에 장기적인 안정기를 보낸 지난 40년 동안만 계산한다면 전 세계 인구는 2배 증가했다. 앞으로도 대규모 전쟁이 발발하지 않고, 아시아와 아프리카, 남미 등 개발도상국과 후진국을 중심으로 경제 발전이 계속되는 추세가 이어진다면 2100년이면 세계 인구는 2012년보다 2배인 140억 명이 될 것으로 예측된다. 한국의 인구는 (통일이 되지 않을 경우) 2050~2060년이면 최소 600만에서 최대 1,000만 명 이상이 감소한다. 하지만 세계 인구는 계속 증가한다. 인구증가는 시장의 증가이고 기회의 증가다. 안정을 위해 필요한 요소들을 국외에서 찾도록 안목을 키우고 결단을 해야 한다.

자국 내에서 안정을 위해 필요한 요소를 찾는 데 한계를 느끼는 것은 대다수의 선진국에서 나타나는 공통 현상이다. 한국만의 문제가 아니다. 이미 도시화가 완결된 선진국들은 저출산 고령화 현상으로 인해 더 이상 폭발적인 인구증가가 불가능하다. 선진국들의 주요 도시들은 고령화 현상과 인구감소를 걱정해야 한다. 현재 전 세계를 주도하는 미국과 중국을 포함한 G20 국가들은 앞으로 10~20년 이내에 거의 전부 고령화와 인구감소 문제에 직면한다. 이들은 2030~2050년 이후부터 늘어나는 은퇴자들과 저소득층의 생존 문제를 걱정해야 한다.

톈안먼 광장, 뉴욕의 센트럴파크, 프랑스 개선문 광장, 런던 템스강 부근, 서울시청 앞 등은 노숙자, 불법거주자, 실직자와 은퇴자 들로 가득 찰 것이다. 국제 빈민구호단체인 옥스팜은 2025년이 되면 인구증가, 경제성장 정체로 인한 높은 실업률, 복지 지출 증대가 불러온 재정 악화 및 부의 불균형 분배 악화 등으로 유럽 인구의 33%인 1억 4,600만 명이 빈곤층으로 전락할 것으로 예측했다.

안정을 위한 기회는 밖에 있다는 시대적 흐름을 받아들이는 것이 해법의 기초다. 세계화는 일상이 된 지 오래다. 두려워하지 마라. 사실상 국경은 사라졌고 언어의 장벽도 무너지기 시작했다. 2040년 이후가 되면 언어 차이는 소통의 장벽이 되지 않는다. 완벽한 통번역 시스템의 자동화가 실현될 것이기 때문이다. 이런저런 이유로 영어를 비롯한 외국어 때문에 겪었던 스트레스로부터 자유로워질 날도 머지않았다. 그때가 되면 외국어 구사 능력은 특별한 스펙이 아니라 평범한 기능적 요소 중 하나가 될 것이다. 외국어 구사 능력보다는 다른 나라의 문화를 이해하고 소통하는 능력이 더 중요해질 것이다. 언어의 장벽이 무너지면 정보나 지식의 교류가 지금보다 훨씬 빠르게 훨씬 많이 진행될 것이다. 기존 문명의 한계를 뛰어넘는 발전이 시작될 것이다. 머뭇거리거나 두려워하지 말고, 그 발전의 파도에 몸을 맡겨라.

기술이 발달할수록 이동거리에 대한 장벽도 깨진다. 가고 싶은 곳에 가지 못할 이유도 줄어든다. 물리적 이동수단뿐 아니라, 통신과 인터넷의 발달로 가상공간의 발전도 빨라져서 굳이 몸이 가야 할 필요도 사라지게 된다. 지구촌의 진정한 의미가 구현되는 셈이다.

진정한 세계화 시대에는 국가와 민족을 논하는 순간 경쟁력을 잃게 될 가능성이 크다. 세계화는 국경, 경제, 문화, 언어, 기술, 산업 등 경계의 파괴를 의미한다. 다른 민족과 융합과 조화를 이루어내는 것이 미래 경쟁력의 핵심이다. 심하게 말하면 국적을 쇼핑하는 시대가 된다. 세계화가 가속화될수록 동시에 개인의 개성과 문화적 독창성도 중요한 이슈로 등장할 것이다.

그다음으로는 '다름'을 인정해야 '더 나은 미래'라는 신대륙으로 가는 배를 탈 수 있다. 70억이 넘는 인구가 살고 있는 지구를 분류하는 대표적 방법은 인종, 혈통, 영토, 문화 등에 따른 분류다. 한국 그리고 한국인이라는 개념 역시 이러한 분류 중 하나다. 이러한 분류가 가져오는 장점이 많다. 하지만 서로의 '다름'에 대한 구분은 서로에 대한 배척과 대립, 물리적 충돌의 시발점이 되기도 한다.

지금의 한국 사회, 그리고 앞으로의 한국 사회에는 톨레랑스 tolerance, 즉 관용이 절대적으로 필요하다. 관용은 자유사상에 기초한 민주주의 사회라면 당연히 가져야 하는 태도다. 관용은 자신의 신념이나 기호에 기초해 타자를 억압하는 '박해·비관용'의 반대를 의미하지만, 타자의 신념이나 기호에 전혀 신경 쓰지 않는 '무관심'과는 구별된다. 아예 관심을 두지 않는 것은 관용이 아니다. 그것은 조용한 폭력일 뿐이다.

안정 세대와 불안정 세대의 충돌은 이미 시작되었고, 점점 격화되고 있다. 이 충돌을 어떻게 해결하느냐가 한 국가, 한 기업의 미래 변화 방향을 결정하는 중요한 요소가 될 것이다. 이 충돌을 해결할 완벽한 답은 찾지 못했지만, 더 넓은 시각을 갖고, 관용의 태도에서 시작한다면 우리에게 이로운 방향으로 지각변화를 이끌 수 있을 것이다. 미래학자들은 종종 이렇게 말한다.

"미래를 정확하게 예측하는 가장 좋은 방법은 미래를 만드는 것이다!"

경계의 이동

THE EXODUS OF OPPORTUNITY

　지금까지 설명한 판의 충돌들로 인해 경계 이동이 일어나고 있다. 역사를 돌아보면 문명의 발전은 전문화 시대와 융합시대를 왔다갔다하는 진자운동을 했다. 산업시대 이후 300년 동안은 전문화 시대였다. 전문화 시대에는 분업이 미덕이었다. 그런데 특정 영역에서 전문화를 통해 발전하는 방식이 한계에 이르면, 융합을 통해 새로운 발전의 돌파구를 찾게 된다. 그 과정에서 판의 충돌, 힘의 충돌에서 나타나는 기존 질서와 경계의 파괴는 자연스러운 현상이다.

　파괴는 기존 경계를 무너뜨리면서 새로운 틀을 형성한다. 파괴의 시대, 융합의 시대에 협업은 생존 수단이다. 파괴로 모든 경계가 지워지고 흩어지면 다시 세우기 위해 융합이 필요하다. 융합을 통해 새로운 카테고리가 만들어지면 그때는 다시 전문화·분업의 시대로 진입할 것이다. 그리고 다시 한계를 만나면 융합의 시대로 들어갈 것이다. 이렇게 문명의 발전은 전문화와 융합을 양극에 둔 진자운동과 함께했다.

그래서 파괴와 변화, 변화와 기회는 정비례한다. 지금 우리가 직면하고 있는 파괴와 변화는 역사상 경험한 그 어떤 것보다 절대적으로 거대하다. 다양한 힘들이 충돌하면서 거대한 판이 바뀌는 상황에서 필연적으로 발생하는 거대한 변화다. 다양한 힘의 충돌로 지축이 흔들리고, 곳곳에서 화산폭발 같은 충격적 사건이 발생하고, 쓰나미가 일어나면서 국가 경계, 경제 경계, 문화 경계, 기술 경계의 파괴가 시작되었다. 미래에는 산업 경계, 언어 경계까지도 파괴되는 일이 벌어질 것이다. 그러나 분명한 것도 있다. 파괴가 많을수록 변화는 클 것이고 기회도 많을 것이다.

누군가에게 경계의 파괴는 '격변'으로 보일 수 있다. 지금껏 변함없이 자리를 지켜왔고 영원히 그럴 줄 알았던 땅이 움직이고 경계가 무너지는 상황이 그야말로 '격변'으로 느껴질 것이다. 그들이 느끼는 격변은 엄청난 속도의 변화만을 의미하지 않는다. 더욱 두려운 것은 방향 또한 엄청나게 바뀌고 있다는 사실이다.

그렇다. 규모와 속도, 방향을 제대로 인식하기조차 힘든 격변이라고 받아들여도 좋다. 그러나 그에 따른 새로운 기회가 지금 우리가 맞고 있는 오늘과 미래의 모습이다. 역설적이지만 지금 우리가 직면하고 있는 '불확실성의 증대'야말로 가장 규칙적이고 확실한 진실이다. 이 시대에는 표층을 흐르는 트렌드만이 변화하고 있는 것이 아니다. 디디고 있는 판이 움직이는 거대 변화가 진행 중이다.

그 규모가 너무 크기에 오히려 관찰하고 분석하기가 까다롭다. 마치 매일 엄청난 속도로 자전하고 있는 거대한 지구의 움직임을 인지하지 못하는 것처럼 말이다. 너무 깊이 염려할 필요는 없다. 핵심 줄기를 찾으면 된다. 제아무리 큰 규모의 변화에도 핵심 줄기는 있는 법이다. 핵심을 찾으면 정체를 이해하고 변화를 예측하고 대안을 수립하는 것이 가능하다.

다가오는 미래는 현재와 다르다. 변화는 두려움을 주지만, 새로운 기회도 준다. 꽉 막힌 현실의 답답함을 해결할 새로운 돌파구를 준다. 그것이 우리가 미래를 보아야 할 이유다. 미래를 보라. 당신을 둘러싸고 있는 현재 생태계를 지배하는 부와 성공의 방정식을 넘어선 새로운 부의 창출과 성공의 기회가 다가오고 있다. 《2030 대담한 도전》에서 예측한 대로 앞으로 20년 역사상 가장 위대한 3번의 기회가 올 것이다. 새롭고 위대한 기회를 당신의 것으로 만들기 위해서는 새로운 흐름을 이해하고 받아들여야 한다.

변화가 복잡하고 크기에, 미래를 예측하거나 새로운 기회를 붙잡는 일이 불투명한 것은 사실이다. 하지만 관심을 집중하면 이동하는 미래의 기회를 통찰할 수 있다. 변화의 방향과 속도를 가늠할 수 있다. 문제는 눈과 손이다. 볼 수 있는 눈, 잡을 수 있는 손이 준비되어 있느냐가 문제다. 기회를 잡으려면 두 단어를 기억하라. 통찰과 전략. 통찰은 눈이고, 전략은 손이다.

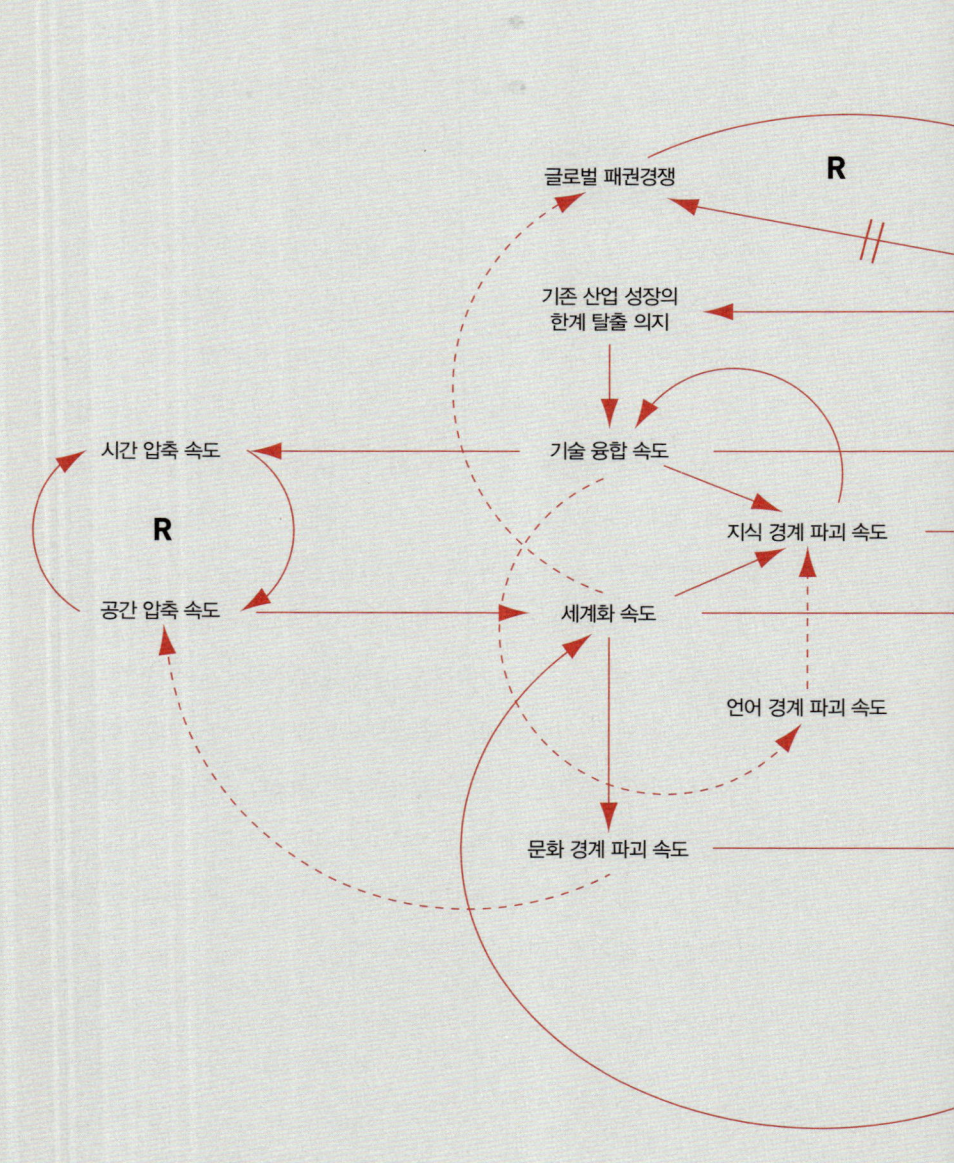

거대한 판의 변화를 보여주는 시스템맵

시스템맵의 기호 읽기: 시스템맵에는 두 가지의 기본적인 피드백이 있다. 하나는 '강화 피드백 reinforcing feedback loop'으로 R로 표시한다. 다른 하나는 '균형 피드백balancing feedback loop'으로 B로 표시한다. 강화 피드백은 (+)로 나타내는 증가형 강화 피드백(예를 들어 다이크로 들어간 소리가 더 커져서 스피커로 나온다)와 (−)로 표시하는 감소형 강화 피드백의 두 가지로 나눌 수 있다. 균형 피드백은 성장이나 변화에 저항하는 피드백, 또는 변화에 맞서 시스템의 '안정성'을 유지하기 위한 피드백이다(예를 들어 체온이 높아지면 땀을 배출해 체온을 낮춘다). 화살표 중간의 ∥ 표시는 '지연시간'이 있음을 나타낸다(예를 들어 약을 먹은 뒤 약효가 나타나는 데까지는 시간이 걸린다).

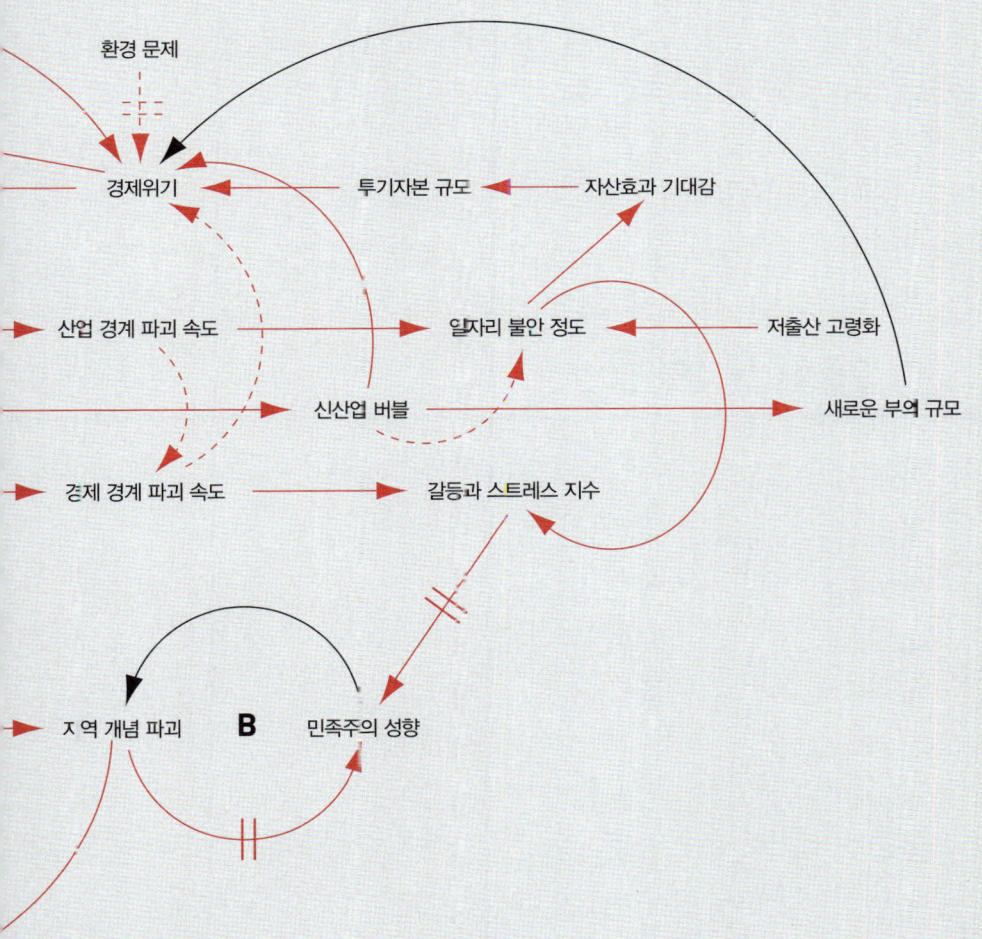

PART TWO

판의 이동과
기회의 산 사이

쓰나미와 미래절벽을 넘어라

**우리는 지금 거대한 판의 이동과
다가오는 기회의 산 사이에 있다.**

거대한 판들이 충돌하면서 나타나는 거대한 기회의 산에 올라가려면
쓰나미에서 살아남아야 한다.
그리고 하나의 장벽을 더 넘어야 한다.
산업 이동 과정에서 나타나는 미래절벽이다.
미래절벽을 뛰어넘으려면 대담한 도전을 해야 한다.
어떤 이는 미래의 판에 빨리 뛰어들고,
어떤 이는 미래의 판에 대항한다.
당신은 어느 쪽인가?

기회 이동 중 위기는 계속된다

THE EXODUS OF OPPORTUNITY

앞으로 20년, 역사적인 의미가 있는 위대한 세 번의 대기회가 올 것이다. 단 기회 이동 중에 위기가 반복적으로 발생한다. 가깝게는 2008년 금융위기의 공포도 아직 끝나지 않았다. 지난 위기는 앞으로도 5년 정도 여진을 만들어낼 것이다.

거대한 판들이 충돌하면 대지진, 화산폭발, 강력한 쓰나미, 지각변동이 자연스럽게 일어난다. 동시에 다른 곳에서는 거대한 기회의 산들도 솟아난다. 우리는 지금 거대한 판의 이동과 다가오는 기회의 산 사이에 있다. 판의 충돌, 흔들림, 지각 대변동이 유독 거세기 때문에 다른 곳에서 솟구쳐 오르고 있는 거대한 기회의 산들을 볼 겨를이 없을 뿐이다.

미래, 기회의 산을 오르기 위해서는 험난한 여정을 이겨낼 준비를 해야 한다. 강한 자가 살아남는 것이 아니라 살아남는 자가 강한 것이라는 말이 있다. 위기상황에서는 더욱 진리에 가까운 말이다. 판의 이동과 기회의 산 사이에는 두 개의 장벽이 있다. 하나는 '아시아 대위기'라는 쓰나미다. 아시아를 강타할 쓰나미는 신흥국 퍼펙트스톰perfect storm, 한국 금융위기, 중국 시스템적 경제위기, 일본 잃어버린 30년으로 나타날 것이다. 다른 하나는 산업 이동 과정에서 나타나는 '미래절벽'이다. 미래절벽은 시장절벽, 미래산업절벽 두 가지다.

앞으로 5년, 판의 이동과 기회의 산 사이에 나타날 쓰나미와 미래절벽에서 살아남아야 한다. 위기가 다가올 때는 생존을 위한 전략을 세워야 한다. 타이타닉호가 남긴 교훈을 기억하자. 거대한 빙산이 다가오고 있다. 침몰하지 않으려면 충돌을 피해야 한다. 충돌할 수밖에 없는 상황이라면 비상 계획을 수립하고 대비해야 한다. 1912년 4월 10일 처녀항해에 나선 초호화 유람선 타이타닉호는 나흘 후 빙산과 충돌했다. 불과 두 시간 사십여 분 후, 배는 뱃머리 쪽부터 대서양의 얼음 같은 물 밑으로 가라앉았다. 2,200명의 승무원과 승객 중 절반만이 가까스로 20대의 구명보트에 몸을 실었다. 그나마도 일부는 몸을 반쯤밖에 걸치지 못했다. 다음날 아침 구조선이 구한 생존자는 705명. 선장 에드워드 스미스Edward Smith를 포함한 1,517명이 배와 함께 가라앉았다.

거대한 빙산이 다가오는 상황에서, 정부는 한국이라는 배의 펀더멘털이 좋다고 판단한 듯하다. 정말 그럴까? 다가오고 있는 쓰나미와 미래절벽은 국가와 기업들이 정면으로 부딪혀도 끄떡없을 만한 것들이 아니다. 자칫 잘못하면, 필자의 예측처럼 10~15년 이내 국내 30대 그룹 중 15개 이상이 사라지는 대형 참사를 만들 만한 빙산이다. 무엇을 즌비해야 할까? 어느 곳으로 달려가야 할까?

쓰나미가 시작되었다

THE EXODUS OF OPPORTUNITY

　많은 사람들이 착각한다. 2008년 시작된 글로벌 금융위기가 거의 끝나간다, 1~2년만 버티면 끝난다는 착각이다. 그러나 곧 새로운 위기가 찾아올 것이다. 아시아 대위기는 앞으로 짧게는 5년, 후유증에서 완전히 빠져나오는 데 10년이 소요될 거대한 위기다. 이 기간 동안 각 국가마다 경제상황이 바뀔 것이다. 산업상황이 바뀔 것이다. 패권경쟁 구도도 바뀔 것이다. 기업의 운명도 바뀔 것이다. 뜨는 기업과 사라지는 기업의 전환도 거셀 것이다. 지난 10~20년 동안 아시아를 호령했던 거대 기업이 몰락할 수도 있다. 지금까지 전혀 알려지지 않았던 새로운 기업이 혜성처럼 등장할 수도 있다. 투자 지역, 방식, 전략도 바뀔 것이다. 이런 큰 변화에 따라 개인들의 희비, 미래직업과 개인투자 성패도 엇갈릴 것이다. 필자는 2014년에 출간한 《2030 대담한 미래 2》에서 이런 예측을 했다. "2~3년 후, 아시아 대위기가 시작된다!"

이 예측은 여전히 유효하다. 아시아 대위기는 3단계로 진행될 가능성이 크다. 첫 번째 단계는 2016~2017년에 일어날 중남미 신흥국을 포함한 동남아의 위기다. 이미 신흥국에서 일부 국가는 금융위기상황에 직면했다. 두 번째 단계는 한국의 금융위기다. 마지막 단계는 중국의 금융위기와 일본의 잃어버린 30년 진입이다. 아시아 대위기의 중심부는 5년 정도가 될 것이고, 2025년 전후가 되어야 각국이 아시아 대위기 후유증에서 완전히 빠져나오게 될 것이다.

한국에게 무서운 위기는 2018~2019년에 올 가능성이 크다. 2017년은 무서운 놈이 출현하기 전에 전조가 일어날 것이다. 진짜 무서운 놈이 등장하기 전에 음산한 배경음악이 깔릴 것이다.

2016년 한국의 미래는? 한마디로, 전년보다 더 나빠지지도 더 좋아지지도 않을 것이다. 큰 차이가 없다. 한국 정부, 한국 기업, 한국 국민에게 중요한 해는 2016년이 아니다. 2017년과 2018년이다. 2016년 한국은 두려운 일이 일어날 가능성이 낮다. 앞으로 5년 가운데 가장 고요한 해가 될 것이다. 굳이 가계영역과 관련해서 중요한 사건 하나를 들자면 가계부채의 추가 증가다. 이미 가계부채 증가에 가속도가 붙었기 때문에 2016년 말이면 가계부채가 대략 1,280~1,300조 원까지 늘어날 가능성이 있다. 지금부터 아시아 대위기, 한국의 금융위기 가능성에 대한 필자의 예측을 요약해서 소개한다. 자세한 내용은 《2030 대담한 도전》을 참고하라.

2016~2017년, 신흥국 퍼펙트스톰이 일어난다

THE EXODUS OF OPPORTUNITY

2015년 미국이 첫 번째로 기준금리를 인상한 다음날, IS에 국토의 3분의 1을 빼앗기고 저유가에 시달리며 정치적 혼란과 경제위기에 몰린 이라크는 세계은행에서 긴급자금 12억 달러(약 1조 4,200억 원)를 지원받았다.[1] 원자재 가격도 일제히 하락했다. 북해산 브렌트유 원유 선물 가격도 2014년 이후 11년 만에 최저치로 하락했다.[2] 원자재와 원유 수출에 의존하는 국가들은 일제히 기준금리를 올렸다. 신흥국과 아시아 대위기 시작을 알리는 신호탄이었다. 신흥국 퍼펙트스톰의 전조였다. 필자가 《2030 대담한 미래 2》에서 예측한

---

[1] "WB, '저유가·IS 타격' 이라크에 12억 달러 긴급 대출", 〈News1〉, 2015년 12월 18일자.
[2] "미 금리인상, 원자재 폭락 '뇌관' 건드렸다… 유가 20달러대까지 폭락", 〈헤럴드경제〉, 2015년 12월 18일자.

아시아 대위기가 드디어 시작되었다.

필자는 신흥국에서 발생하고 있는 위기가 단순하게 미국의 기준금리 인상으로 인한 기업이나 국가의 이자부담 리스크로 끝나지 않을 것이라 예측했다. 이번 사태는 2008년, 2010년 신흥국과 동아시아 국가들의 경기침체 수준이나, 2014년 미국의 양적완화 정책 축소 및 중지로 일어난 신흥국 경제의 충격, 2015년 여름 중국 주식시장의 일시적 폭락 수준에서 끝나지 않을 것이다. 시간이 지나면서 여러 상황이 동시에 겹치큰 2016~2017년에 신흥국에 최악의 경제상황인 퍼펙트스톰이 일어날 것이 확실시된다. 퍼펙트스톰의 사전적 정의는 "개별적으로 보면 위력이 크지 않은 태풍 등이 다른 자연현상과 동시에 발생하면서 엄청난 파괴력을 갖게 되는 현상"[3]이다.

2015년 말, 국제금융협회(IIF)는 지난 7년 동안 18개 주요 신흥국의 가계·기업·정부 총부채가 28조 달러(약 3경 2,368조 원) 증가했다고 분석했다. 그중에서도 비금융 기업부채의 지난 10년간 증가 규모가 무려 5배 이상이다. 미국이 기준금리를 인상하면 가장 직접적이고 큰 타격을 보는 것은 신흥국 기업이 가진 달러부채와 신흥국 버블 자산이다.

비금융기업의 부채가 가장 많은 나라는 중국이다. 총 17조 2,730억 달러다. 중국은 GDP 대비 비금융기업 부채 비율이 163.1%다. 이는 글로벌 금융위기 이후 39.9%포인트 증가했다.[4] 국제결제

---

[3] 네이버 지식백과, 한경경제용어사전, '퍼펙트스톰'.
[4] "신흥국 기업 달러부채, 위기의 뇌관… '터키·말레이시아 위험'", 〈연합뉴스〉, 2015년 12월 13일자.

은행(BIS)의 분석에 따르면 미국, 일본 등 선진국 중앙은행이 지난 5~6년 동안 찍어 뿌린 돈은 대략 8조 달러(약 9,400조 원) 정도다.[5] 이 중에서 미국이 뿌린 돈은 4조 5,000억 달러 정도로 추정된다. 이 자금은 신흥국 자산시장, 신흥국 기업 달러부채로 흡수되었다. 국내 한 경제연구원의 추정에 의하면, 2008년 이후 6년 동안 신흥국 주식, 채권투자, 기업대출로 선진국에서 유입된 자금은 3조 5,000억 달러(약 4,130조 원) 정도다.[6]

달러화 부채 위험 기업이 많은 나라는 브라질(비금융기업 총부채 중 49%), 터키(비금융기업 총부채 3,980억 달러 중 달러부채 33%), 말레이시아(비금융기업 총부채 1,990억 달러 중 달러부채 10%), 러시아(비금융기업 총부채 7,420억 달러 중 달러부채 29%), 남아프리카공화국(비금융기업 총부채 1,110억 달러 중 달러부채 14%) 등이다. 참고로 한국 비금융기업의 총부채는 1조 4,230억 달러로 중국 다음인 2위다. 이 중에서 달러부채 규모의 비율은 8% 정도이고 GDP 대비 비율은 105.3%다.[7]

신흥국과 동아시아의 물가는 고공행진 중이고, 국민들의 불만은 높아지고 있다. 신흥시장 투자펀드에서는 자금이 빠져나가기 시작했다. 신흥국이 발행한 외화표시채권 만기도래는 2016~2018년까지 계속된다. 18개 주요 신흥국의 만기도래 예정액은 2016년 5,550억 달러, 2017~2019년에는 연평균 4,900억 달러다.

---

[5] "'양적완화 파티' 9,400조 원, 자산시장 '숙취현상' 나타날까", 〈중앙일보〉, 2015년 12월 17일자.
[6] "부채·경기침체 시름 겪는 브라질·터키·러시아 위험", 〈동아일보〉, 2015년 12월 18일자.
[7] "신흥국 기업 달러부채, 위기의 뇌관… '터키·말레이시아 위험'", 2015년 12월 13일자.

그런데 글로벌 경기침체, 원유 및 원자재 가격 급락, 중국 경제 둔화로 기업들의 사정이 악화되고 있어서 상환 가능성은 낮아지고 있다. 앞으로 3년 동안 미국 기준금리 인상이 계속되면서 달러화 강세가 지속되면 달러화 부채 압력도 커진다. 2016~2017년, 신흥국 기업들이 달러화 원리금 상환, 만기 연장에 성공하지 못하면 급격한 경영 위축, 투자 감소, 신용경색 및 채무불이행 사태가 발발할 수 있다. 채무상환 부담이 커지는 신흥국을 피해 선진국으로 자본의 유출이 발생하고 환율이 상승하면, 중국과 세계 경제 둔화로 원유 및 원자재 수출이 감소하는 상황이 지속되면, 지난 10년간 5배 이상 부채를 늘린 신흥국 비금융기업들이 버티기 힘들어진다. 이들에게 돈을 빌려준 금융권으로 불똥이 튈 것이라는 예측이 가능하다. 이는 금융 불안과 경제 부진, 신용등급 하락으로 연결된다.

신흥국 중에 말레이시아, 칠레, 사우디아라비아, 베네수엘라 순으로 대중국 수출 비중이 높다. 중국 경제가 회복되지 않는 한 침몰 국면을 전환할 뾰족한 수가 없다. 중국 경제는 미국과 유럽 경제 회복에 달려 있다. 즉 당분간 중국 경제가 신흥국을 살릴 정도로 회복되기 힘들다. 원자재 수출 비중은 사우디아라비아, 베네수엘라, 러시아, 칠레 순으로 높다. 베네수엘라는 전체 재정수입의 65%를 원자재 수출에 의존하고, 수출의 95%를 원유 수출에 의존한다.[8] 베네수엘라는 이미 IMF 구제금융을 받은데다 물가가 100% 급등해 언

---

[8] "미국·중국·유럽 경제 서로 다른 길… 국제경제 대혼란", 〈연합뉴스〉, 2015년 12월 6일자.

제 폭동이 날지 모를 최악의 상황에 직면했다. 이미 러시아, 우크라이나, 베네수엘라, 브라질, 아르헨티나는 국제신용평가사에 투자부적격인 투기등급으로 분류된 상태다. 심지어 석유수출국기구(OPEC)의 수장격인 사우디아라비아도 유가 하락으로 급격한 재정 악화 및 경제 악화 위기에 직면했다. 2015년에 사우디아라비아의 재정적자 규모는 GDP 대비 20% 정도인 1,300억 달러로 추정되어 신용등급도 한 단계 강등되었다.[9] 그런가 하면 브라질은 수출의 절반을 차지하는 석유 가격의 하락으로 경제 부진과 재정위기가 발생했고, 집권당의 부패, 정치 불안까지 더해져 사실상 '정크'에 해당하는 'BB+'로 신용등급이 강등되었다.

국제금융협회에 따르면 2015년 3분기에만 신흥국 주식시장에서 190억 달러, 채권시장에서 210억 달러가 유출되었다. 이는 2008년 4분기 1,050억 달러 유출 이후 최대치다. 그 결과 신흥국 주식시장은 2008년 리먼 브라더스 파산 이후 최대 낙폭을 기록했다.[10] 신흥국 채권 금리도 2013년 미국이 양적완화 정책 종료를 진행하면서 발생한 '긴축발작 taper tantrum' 충격 때보다 높아지고 있다. 신흥국 채권지수인 'JP모건 EMBI 지수'는 6.65%로, 2013년 긴축발작 때의 6.5%를 웃돌았다.[11] 대신 중국을 비롯한 대부분 신흥국의 기업 부채는 크게 증가했다. 신흥국과 신흥국 기업에서 선진국으로 회귀

---

[9] "맥킨지, '사우디 급격한 경제악화 가능성… 개혁 시급하다'", 〈연합뉴스〉, 2015년 12월 11일자.
[10] "신흥국서 발 뺀다. 금융위기 이후 최대 47조 원 유출", 〈이데일리〉, 2015년 9월 30일자.
[11] "신흥시장 금리, 2013 '긴축발작' 때보다 높아졌다", 〈연합뉴스〉, 2015년 9월 30일자.

를 시작한 외국인 투자금과 부채원금 회수를 붙잡을 카드가 거의 없다. IMF도 신흥국의 경우 기업부실이 국가 경제위기로 전이되었던 과거의 사례도 볼 때 미국이 기준금리를 인상할 경우 신흥국 기업들의 연쇄파산이 국가 차원의 금융위기로 전이될 가능성이 있다고 경고했다.[12]

일부 국가의 경제 펀더멘털은 2016년 중반쯤부터 바닥을 드러낼 것이고, 나머지 국가들도 2017년을 넘기기 힘들어질 것이다. 2018년까지 미국의 기준금리가 계속 인상되면서 신흥국 기업들의 이자부담이 가중될 것이다. 신흥국들의 주요 수출품목인 원유, 원자재 가격은 계속 하락할 것이다. 원자재 수출 위기 지속, 무역수지 적자, 내수경기 부진, 기업투자 부진, 자산시장 혼란, 글로벌 투자금 이탈, 외환보유고 감소, 안전자산 선호 현상, 금리 인상, 세금 감소, 재정수지 적자, 정부투자 감소, 이런 현상이 다시 경기 부진을 일으키는 악순환이 작동하면서 GDP 성장률도 마이너스가 속출할 것이다. 환율이 추가도 하락하고, 외환보유고도 계속 줄어들 것이다.

이런 혼란과 불안을 틈타서 핫머니와 헤지펀드의 공격이 시작될 것이다. 이들의 공격을 신호탄으로 신흥국과 동아시아 경제에 퍼펙트스톰이 일어날 가능성이 크다. 신흥국과 동아시아 경제가 점점 궁지에 몰릴 때쯤 핫머니-헤지펀드의 일격이 급소를 파고들 것이다. 핫머니와 헤지펀드의 타격으로 신흥국의 고금리 신용시장, 레

---

[12] "IMF, 신흥시장 기업 연쇄파산 경고 미국 금리인상이 뇌관", 〈머니투데이〉, 2015년 9월 30일자.

버리지 대출, 환율, 신흥시장의 주식, 채권, 부동산 등 자산시장에 연쇄충격이 일어날 가능성이 크다.

이러한 아시아 및 신흥국 대위기 발발 예측은 미국의 기준금리 인상에서부터 핫머니와 헤지펀드의 움직임까지 모든 변수를 고려한 것이다. 여기에 무능한 정치, 정치적 혼란과 민심의 동요가 겹치는 나라들은 퍼펙트스톰을 피할 길이 없다.

아시아 위기의 핵심 이슈는 부채 축소다. 그래서 논리적으로, 확률적으로 위기를 피할 가능성이 적다. 아시아 국가들의 수출엔진 약화, 아베노믹스의 후폭풍, 중국의 부동산 거품 붕괴와 과다한 그림자 금융 및 은행권 부실대출 규모 등은 부채 문제를 더 크게 만드는 보조 동력들이다. 지난 5년 동안 아시아는 체질을 개선하지 못하고 몸에 지방이 더 쌓였다. 체질 개선을 할 순번에서 1번이 미국이었고, 2번이 유럽이며, 신흥국은 3번이고, 한중일 아시아 3국은 마지막 순번일 뿐이다. 미국과 유럽이 금융위기에 빠진 상황에서 아시아까지 부채를 축소했으면 세계는 제2의 대공황으로 치달았을 것이다. 그래서 아시아가 부채를 늘려 미국과 유럽의 침체가 대공황으로 가지 않도록 최후의 보루 역할을 한 것이다. 머지않아 미국과 유럽이 회복 국면으로 전환되면 아시아는 자의든 타의든 부채를 축소해야 한다. 부채 축소를 강을 건너는 것에 비유하면, 미국은 강을 거의 건넜고 유럽은 수심이 가장 깊은 강 중간을 넘었다. 아시아 3국은 아직 강에 뛰어들지 않았으며, 일부 신흥국과 동남아시아 국가들은 등을 떠밀려 강에 풍덩 빠진 상태다.

2018~2019년, 한국을 강타할 금융위기 쓰나미를 대비하라

THE EXODUS OF OPPORTUNITY

한국이 위기의 강에 빠질 가능성이 가장 높은 때는 2018~2019년이다. 이번 정부 말, 혹은 다음 정부 초다. 미국의 기준금리 인상이 계획보다 늦어지는 행운이 찾아오면 이번 정부는 폭탄 돌리기에 성공할 수 있다.

필자는 《2030 대담한 미래 1》에서 세계 경제대국인 일본이 '잃어버린 10년'에 들어간 것은 성장 한계에 봉착한 시스템의 문제를 풀지 못했기 때문이라고 분석했다. 일본은 전 세계 2위의 경제대국이었다. GDP가 미국의 약 4분의 1이고, 인구도 1억 2,000명이나 되는 큰 나라다. 그런데도 장기침체에 빠졌다. 일본과 관련해 '잃어버린 20년' 이야기가 나오고 있다. 아직도 기존 시스템을 고치지 못했기 때문이다. 일본을 잃어버린 10년에 빠뜨린 원인은 기존 산업의 성장 한계, 종신고용 붕괴, 저출산, 고령화, 재정적자 위기, 경제성장률 저하, 부동산 거품 붕괴, 정부의 뒤늦은(혹은 잘못된) 정책이었다. 한국도 앞으로 5년 이내에 일본이 겪었던 여덟 가지 문제에 빠진다. 여기에 한국은 '심각한 사회적 갈등'과 '급격한 흡수통일의 위험'이라는 두 가지 특수한 문제를 가지고 있다. 이런 상황에서 2008년 미국의 금융위기, 2010년 유럽 위기, 2016년 신흥국 위기의 시작이라는 포화를 맞았다. 한국 건설기업이 무너지고, 삼성전자가 위기에 빠지고, 세계 1위를 자랑하던 조선업이 붕괴되었다. 우연이라고 생각하는가? 그리고 여기가 끝이라고 생각하는가? 지금 조선업 빅3의 구조조정이 진행 중이다. 조선회사의 구조조정이 성공적으로 끝날지도 미지수지만, 설령 성공적으로 끝나더라도 한국의 금융위기 가능성이 사라지지는 않는다. 금융위기의 충격과 범위, 지속시간을 약간 줄이는 정도에 지나지 않을 것이다.

필자가 몇 년 전부터 계속해서 예측하고 경고했던 이번 정부 말 다음 정부 초 한국의 미래 시나리오는 세 가지다. 참고로, 이 예측을 전반적으로 수정할 힘은 여전히 보이지 않는다. 이 글을 쓰고 있는 시점에 한국은행은 1년 만에 기준금리를 0.25% 기습적으로 인하했다. 그러나 주식시장의 심리적 호재 이외에는 별 효과가 없을 것이다. 별 효과가 없을 것이기에, 미국이 기준금리를 인상하게 되면 한국은행이 기준금리를 인상해야 할 시간만 최소 3~6개월 정도를 앞당긴 악수惡手가 될 가능성만 커졌다.

이번 정부 말 다음 정부 초 한국 경제의 첫 번째 시나리오는 지금이라도 위기를 경고하는 목소리에 귀 기울여서 가계부채 증가를 멈추고, 가계부채의 원금을 일정 부분 줄이는 정책으로 돌아서서 '저성장'으로 위기를 끝내는 것이다. 하지만 계속해서 가계부채를 늘리는 정책을 지속한다면 이번 정부 말이나 다음 정부 초에 금융위기에 빠질 가능성이 크다. 이것이 두 번째 시나리오다. 마지막 시나리오는 최악의 상황이다. 가계부채의 규모가 지금보다 일정 수준 이상으로 더 커진 상태에서 문제가 터지거나, 금융위기를 처리하는 과정에서 정책적 실수나 정치적 혼란으로 해법을 실행할 적절한 타이밍을 놓치게 된다면 최악의 경우에는 제2의 외환위기 가능성 국면까지 갈 수 있다.

2016~2017년은 한국 위기의 전조 시기다. 한국으로 위기가 전이되는 과정에서 간접적인 영향을 주는 사건은 세 가지다. 첫째, 앞에서 설명한 신흥국, 동아시아 경제의 퍼펙트스톰 상황이다. 2016~2017년, 금융위기나 외환위기 발발 1순위는 브라질, 러시아, 터키, 남아프리카공화국, 베네수엘라, 태국, 말레이시아 등이다.[13] 이들의 위기는 한국 기업의 수출에 직격탄이 될 것이다. 둘째, 제2차 석유전쟁이다. 마지막으로 미국의 기준금리 인상 1~2단계다.

석유전쟁은 끝나지 않았다. 제1차 석유전쟁이 마감되었을 뿐이다. 2016~2017년에 제2차 석유전쟁이 발발할 것이다. 필자는 《2030 대담한 미래 2》에서 제1차 석유전쟁을 다루면서, 앞으로

---

13 "신흥국, 2004년보다 고통 크다…더 익지는 냄비 속 개구리", 〈연합뉴스〉, 2015년 12월 17일자.

2~3년은 석유전쟁이 더 지속될 것으로 예측했다(2016년 현재 상황은 필자의 예측대로 진행 중이다). 국제유가도 최악의 경우 30달러 선이 붕괴될 것으로 예측했다. 미국의 셰일가스 업체가 완전히 궤멸되지 않고, 전열을 재정비한 후 재공격을 할 것이라고 예측했다. 바로 제2차 석유전쟁이다.

제1차 석유전쟁으로 유가 폭락이 일어났다. 산유국은 휘청거릴 정도로 직격탄을 맞았다. 미국의 셰일가스, 캐나다의 샌드오일, 남미의 심해유전도 치명타를 맞았다. 한국의 석유화학, 건설, 조선, 해운은 고래 싸움에 새우등 터지는 날벼락을 맞았다. 물론 저유가로 각국의 수입물가가 하락하고 세계 항공업계는 사상 최대 이익을 기록했다. 국제항공운송협회(IATA)는 저유가가 지속되면 2016년도 항공 여객수는 전년도보다 7% 늘고, 순이익은 10% 늘어난 363억 달러에 이를 것으로 예측했다.[14] 일반적으로, 유가 하락은 제조업체의 생산비 절감으로 순이익 증가, 물가 하락 유도 효과, 연료비 절감으로 소비자 구매력과 이동성 증가, 무역수지 개선 및 경상수지 흑자 확대와 GDP 상승을 자극하는 긍정적 효과가 있다. 예를 들어 국제유가가 10% 하락한다면, 제조업은 생산비가 1.04%, 서비스업은 0.28%가량 감축되고, 제조업의 수출은 0.55% 증가하면서 GDP는 0.2%포인트, 국민총소득(GNI)은 0.3%포인트, 경상수지 흑자는 50억 달러 상승한다는 분석이 있다.[15]

---

[14] "세계 항공업계 내년 사상최대 이익 전망…저유가 등 영향", 〈연합뉴스〉, 2015년 12월 14일자.
[15] "원가절감 '축복'은 잠깐… 세계경기 침체 '긴 저주' 시작되나", 〈파이낸셜뉴스〉, 2015년 12월 8일자.

하지만 장기적이고 과도한 유가 하락은 원유 수출 국가 경제에 큰 타격을 준다. 이들이 발주하는 건설 및 조선 사업이 유탄을 맞는다. 조선, 석유화학, 건설 업체의 고통이 길어지면 대규모 구조조정과 디플레이션 우려가 발생한다. 제1차 석유전쟁으로 인한 과도한 유가 하락은 이런 가능성을 현실로 만들었다. 하지만 여기가 끝이 아니다. 제2차 석유전쟁이 시작되었다.

제1차 석유전쟁 이후 살아남은 미국 셰일업체의 생산성이 개선되고 비용도 절감되고 있다. 텍사스 주, 뉴멕시코 주 셰일 유전을 중심으로 배럴당 50달러 선에서도 투자 수익이 나는 단계로 진입했다. 덩달아 셰일 유전 굴착 시세도 1에이커(약 4제곱킬로미터)당 1만 달러에서 3~4만 달러로 상승했다. 현재 셰일원유는 미국 원유 전체 생산량의 60% 정도다.[16]

석유전쟁이 신흥국뿐만 아니라 중국과 한국의 수출 악화를 물고 들어가는 형국이다. 문제는 이런 상황이 최소 2년 이상은 계속될 가능성이 크다는 것이다. 2016년, 드디어 이란이 경제봉쇄에서 풀려났다. 세계 4위 원유 매장량을 자랑하는 이란은 자국 내 70여 개 원유와 천연가스 프로젝트에 대한 대규모 투자계획을 발표했다. 이란의 외국투자 유치 목표액은 300억 달러(약 74조 8,240억 원)다. 2015년 현재 이란은 하루 270만 배럴을 생산한다. 2015년 경제봉쇄 상황에서도 이란은 하루 270만 배럴의 원유를 생산했다. 2016년 미국

---

16 "미, 셰일원유 '역대최다 생산'", 〈문호일보〉, 2015년 12월 11일자.

과의 핵협상 타결로 원유와 천연가스 수출이 재개되었으니 점차 생산량을 늘려갈 것이다. 이란은 2020년까지 하루 570만 배럴 생산량을 목표로 제시했다. 한편 미국도 40여 년 만에 원유 수출 금지 조치를 해제했다. 원유 수출로 미국 셰일·석유 생산업체가 살 길을 터주고, 중동 원유에 대한 의존도를 낮춰 미국의 셰일가스, 캐나다 샌드오일 등을 고사시키려는 사우디아라비아를 중심으로 한 OPEC을 압박하고, 반미전선을 주장하는 러시아, 베네수엘라, 남미와 중동 산유국들도 길들이는 전략적 유익을 노린 조치다.[17]

이런 상황과 앞으로 벌어질 신흥국과 아시아의 금융위기, 유럽의 더딘 회복, 미국의 보호무역주의 등을 모두 고려할 때 최소 1~2년 안에 원유 가격이 배럴당 50~70달러 선을 넘어 100달러까지 상승할 가능성은 아주 적다. 결국 제2차 석유전쟁을 벌여 생존게임을 해야 한다. 신흥국과 동아시아 국가들은 두 부류로 나뉜다. 한 부류는 원유, 천연가스 및 기타 천연자원을 수출하는 나라다. 다른 한 부류는 저렴한 노동력을 기반으로 세계의 공장 역할을 하는 나라다. 제2차 석유전쟁이 벌어지면 원유나 천연가스 수출에 국운을 건 신흥국과 동아시아 국가들은 금융위기나 외환위기를 피할 길이 없다. 중간재를 수입해서 저렴한 노동력으로 조립하여 중국, 유럽, 미국, 기타 신흥국가 등에 수출하는 나라는 직격탄을 맞지는 않을 것이다. 하지만 피 말리는 구조조정 기간을 거치게 될 것이다.

---

[17] "석유 수출금지 풀리는 미국, 저유가 치킨게임 뛰어들까", 〈중앙일보〉, 2015년 12월 17일자.

미국이 금리를 인상하면
5개의 폭탄이 날아온다

THE EXODUS OF OPPORTUNITY

한국의 금융위기는 미국이 불을 붙인다. 미국 기준금리 2단계 시점(2017년)이 되면 가계부채라는 도화선에 불이 붙기 시작할 것이다. 한국의 가계부채는 뇌관이 아니다. 한국 금융위기 뇌관은 시스템 한계에 도달한 한국 경제 그 자체다.

일부에서는 미국이 기준금리를 인상하더라도 큰 충격이 없을 수 있다는 주장을 한다. 근거가 전혀 없지는 않는다. 과거에 그런 시기가 있었기 때문이다. 예를 들어 2004년 6월 미국 연준은 부동산 버블 등 자산시장 인플레이션을 우려해서 24개월간 17차례에 걸쳐 금리를 1.00%에서 5.25%까지 급격하게 인상했다. 이 사이 신흥국의 주가는 69% 올랐다. 한국의 주가도 3배 상승했다. 서울 아파트 가격도 18.93%나 올랐다.[18] 미국이 금리를 올렸어도 돈 풀리는 효과가 미국뿐만 아니라 유럽, 신흥국에서 거의 동시에 일어났기 때문이다. 중국의 경제성장도 견고했다. 전 세계 경제가 무너지기 시작한 2008년 이전이었기에 원자재 가격은 여전히 상승했고, 글로벌 무역 확대도 지속되었다. 미국이 급격하게 기준금리를 인상하는 것 말고는 아무 문제가 없었기에 신흥국 주가, 부동산 가격은 계속 올랐다.

하지만 지금은 다르다. 왜? 상황이 완전히 다르기 때문이다. 미국이 기준금리를 올리는 이유와 상황이 완전히 다르다. 중국의 상황도 완전히 다르다. 신흥국과 유럽의 상황도 완전히 다르다. 그 당시에는 없었던 석유전쟁으로 인한 초저유가 사태, 신흥국 금융위기 등 심각한 문제도 있다. 한국의 제조업 경쟁력, 가계부채 수준, 인구구조, 내수시장 여력, 기업부채 수준 등 거의 모든 영역이 2004년과는 전혀 다른 상황이다.

미국의 기준금리 인상 2단계(2017년)에 이르면 저유가, 신흥국과 동아시아 퍼펙트스톰, 중국과 일본의 통화전쟁이 맞물리면서 한국을 금융위기로 몰고 갈 5개의 폭탄이 차례로 터질 것이다. 다음 쪽의 그림은 5개의 폭탄이 터지는 구조를 설명한 그림이다.

도화선이 될 가계부채의 미래를 예측해보자. 가계부채를 2015년 말 기준 1,200조 원으로 판단해서는 안 된다. 사실 1,200조 원도 엄청난 규모다. 하지만 한국의 금융위기가 필자가 수년 전부터 경고

18　"2004~2006년 금리인상 땐 아파트값 11%↑", 〈이데일리〉, 2015년 12월 17일자.

한 대로 이번 정부 말 다음 정부 초인 2017년 말~2018년 말에 시작된다고 예측한다면 가계부채의 살상력도 그 시기에 예측되는 규모로 계산해야 한다. 2018년 한국의 가계부채 총량은 얼마나 될까?

2015년, 한국의 가계부채는 건국 이래 최고치였다. 1,200조 원. 여기가 끝이 아니다. 2016년에도 가계부채는 줄지 않을 것이다. 관성이 붙어서 통제가 되지 않을 것이다. 2016년에도 계속 늘어날 것이다. 2017년에도, 2018년에도 마찬가지다. 2016년에는 부동산 담보대출이 줄어들 것이다. 하지만 생계형 대출, 은퇴자들의 창업을 위한 부동산 담보대출 증가는 계속될 것이다. 비영리단체, 소호 대출도 계속 증가할 것이다.

2016년 말 가계부채 총량은 1,270조~1,300조 원에 이를 것이다. 2017년 말에는 대략 1,330조~1,350조 원, 2018년 말에는 1,400조 원가량이 될 것으로 예측된다. 2018년 말~2019년 초 1,400조~1,450조 원가량으로 평가해보아야 한다. 여기에 개인사업자나 비영리단체 부채도 포함해야 하는데, 이는 2018년 말~2019년 초 기준으로 300조 원가량으로 예측된다. 결국 2018년 말~2019년 초 실질적 가계부채 총량은 1,700조~1,750조 원가량이 될 가능성이 크다. 여기에 깡통전세자들의 피해 가능 규모도 포함해야 한다. 이 모든 것을 합하면 한국을 금융위기로 몰고 가는 도화선인 가계부채의 실질적 총량은 2018년 말~2019년 초에 1,900~2,000조 원에 이른다. 이 금액을 두고 도화선이 될지 안 될지를 평가하고 예측해야 한다. 1,200조 원이 아니다!

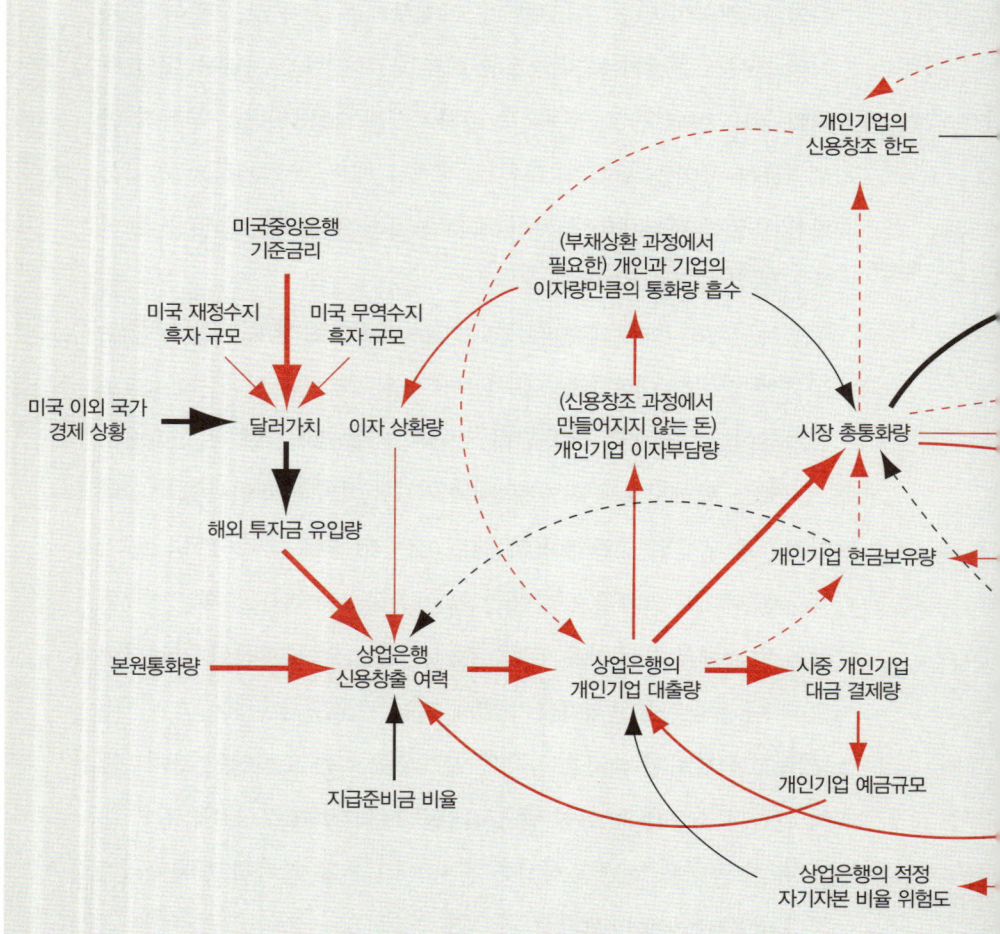

한국 금융위기를 초래할 5개의 폭탄이 터지는 구조

미국의 기준금리 인상 2단계(2017년)에 이르면 저유가, 신흥국과 동아시아 퍼펙트스톰, 중국과 일본의 통화전쟁이 맞물리면서 한국을 금융위기로 몰고 갈 5개의 폭탄이 차례로 터질 것이다.

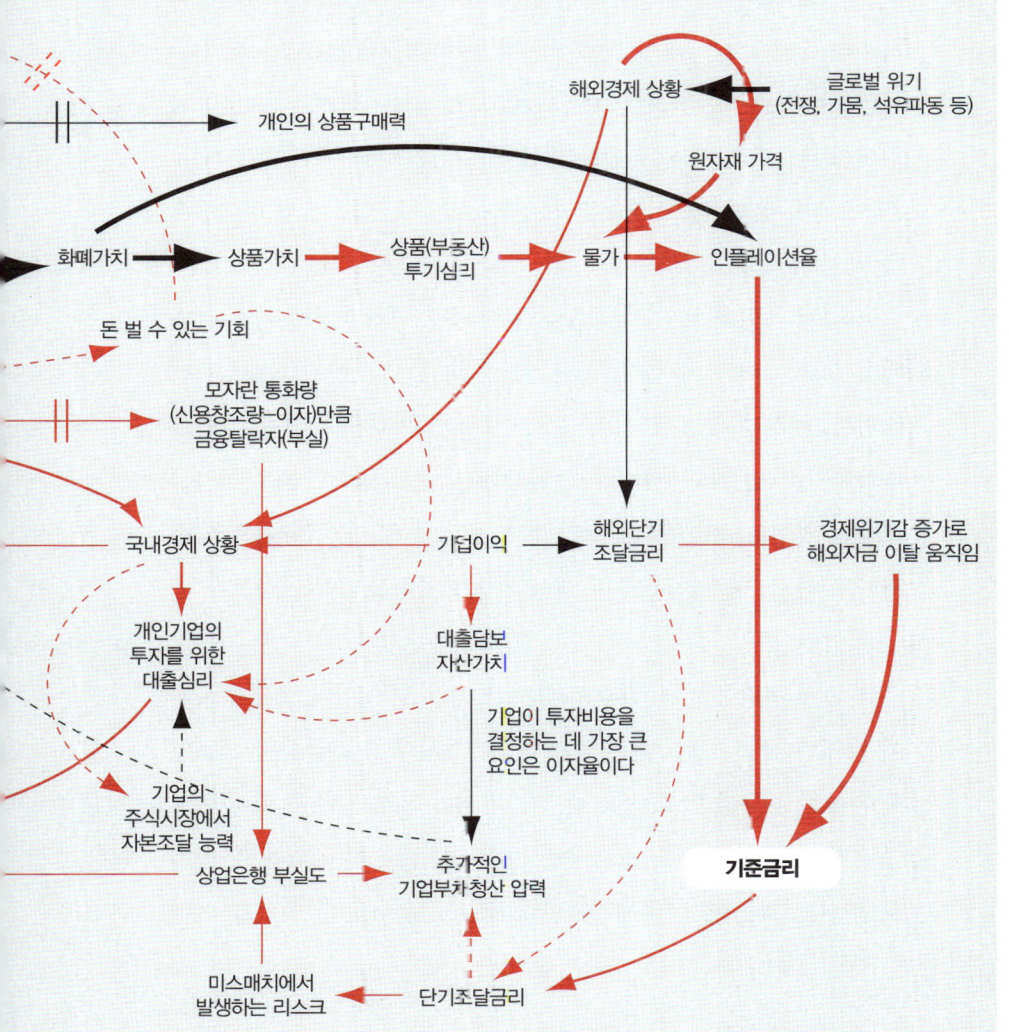

2017년 말, 미국의 기준금리가 인상 2단계인 2.0~2.25%에 이르고, 한국이 기준금리를 올리기 시작하고, 저유가, 신흥국과 동아시아 퍼펙트스톰, 중국과 일본의 통화전쟁이 맞물리면, 한국을 금융위기로 몰고 갈 5개의 폭탄이 차례로 터질 것이다.

첫 번째 폭탄은 '기준금리 인상분'이다. 2017년 말~2019년까지 최소 3.25%에서 최대 5.25%까지 한국은행의 기준금리가 오른다. 상업은행은 한국은행보다 0.5~1.0%가 더 높다. 실제로 가계나 기업이 맞닥뜨리는 제1금융권 금리는 최소 4.25%에서 최대 6.25%다. 2~3%대에서 주택담보대출을 받은 가계는 최소 2배에서 최대 3배를 더 내야 한다.

두 번째 폭탄은 '추가이자 부담'이다. 부채위기가 가중되면 금융권은 대출 고객이 이 위기를 얼마나 잘 견딜 수 있는지를 재평가할 것이다. 금리는 점점 오르고 있으므로 기존의 대출 고객은 그만큼 추가이자를 부담해야 한다. 제1금융권은 아주 엄격한 대출심사를 진행할 것이다. 많은 사람과 기업이 제2금융권, 제3금융권으로 밀려나게 된다. 시장금리는 제1금융권이 부여하는 추가이자보다 높을 것이다.

세 번째 폭탄은 '금융권의 우량자산 매각 압력'이다. 2개의 폭탄이 터지면 금융권에도 불이 옮겨 붙을 것이다. 기준금리가 오르면서 과도한 부채를 안고 있는 상당수 기업이 타격을 받고, 개인이 지불 능력을 상실하게 되어 금융권 부실자산 가능성이 커진다. 실제로 부실도 발생한다. 국제기관이나 정부도 금융권이 위기를 극복할 정도로 자기자본건전성을 올리라고 압력을 가한다. 부실채권은 늘어나는데, 자기자본건전성 압박은 높아진다. 금융권은 자본 확충에 나서게 된다. 금융권이 자본을 확충하는 방법은 외부 자본을 추가로 조달하는 것과 우량자산을 파는 것 두 가지가 있다. 기준금리가 인상되고 그 충격이 경제를 강타할 경우 신용경색 상황이 벌어질 수 있다는 두려움이 일어나면서 외부 자본 조달은 어려워진다. 따라서 금융권은 우량자산을 팔아 자기자본건전성을 높이는 쪽을 택할 수밖에 없기 될 것이다. 금융권이 우량자산을 파는 대표적인 방법은 세 가지다. 대출 만기연장 불허, 대출원금의 일부 상환 요청, 그리고 추가담보 요청이다. 이것이 세 번째 폭탄이다.

네 번째 폭탄은 '기업매출 및 순수익 하락, 개인의 급여 삭감 또는 실직'이다. 3번째 폭탄까지 터지는 상황이 되면 실물경제는 싸늘하게 얼어붙는다. 경기가 급속히 냉각되면 기업은 매출이 준다. 순수익도 준다. 개인은 회사에서 월급이 깎이거나 구조조정 여파로 실직하게 된다. 자영업자 파산이 급증할 것이다. 경기가 깊은 침체의 늪으로 빠지는 악순환이 시작된다. 더욱더 많은 기업이 파산하고, 더 많은 개인이 실직하게 된다. 기준금리 인상, 추가 금리 인상 압력, 원금 일부 상환 압박이 오는 상황에서 매출과 순수익이 준다. 직장을 잃는다. 급여가 삭감된다. 최대치로 늘어난 금융압력을 견디기 힘들게 된다.

다섯 번째 폭탄은 '신용등급 하락' '원금 분할상환 도래' '자산가치 하락'이다. 말 그대로, 2018~2019년에는 마지막 폭탄이 터진다.

개인, 기업, 국가의 신용등급이 하락한다. 신용등급이 하락하면 기업의 자본조달 비용이 증가한다. 2013~2015년에 주택담보대출을 받은 사람은 원금 분할상환이 도래한다. 부동산 등 자산가치가 하락하기 시작한다. 기업은 주가하락과 동시에 핫머니나 헤지펀드의 공격을 막아야 하는 부담을 추가로 받게 된다.

2018~2019년, 한국 금융위기 발발 가능성 90%

THE EXODUS OF OPPORTUNITY

　5개의 폭탄이 차례로 터진 후, 2018년에 한국은 금융위기 폭풍우 속으로 급속히 빨려 들어갈 것이다. 필자의 예측으로는 한국이 금융위기에 직면할 확률적 가능성은 90%다.
　5개의 폭탄이 터지면 얼마나 견딜 수 있을 것 같은가? 한국은 역사상 한 번도 초저금리에서 금리가 오르는 충격을 경험해본 적이 없다. 학습효과가 없어서 5개의 폭탄이 차례로 터질 수 있다는 것이 실감나지 않는다. 거짓말처럼 들릴 것이다. 1997년 제1차 외환위기 당시 한국의 기준금리는 1998년 12월에 최고 15%까지 치솟았다. 같은 시기 미국 연준의 기준금리 4.75%의 3배가 넘었다. 하지만 기준금리 15%의 실제적 부담은 앞으로 다가오는 압박에 비하면 크지 않았다. 1990~1997년 한국의 적정금리는 13.38%였고, 3년 만기 회사채(AA-) 금리도 14.52%였다. 1995년에 판매되었던 재형저축상품의 약속 금리가 15~20%대였다. 2016년 현재 어느 은행을 가도 이런 엄청난 수준의 저축상품은 없다. 외환위기가 발발하면서 시중금리가 23~25%를 오르락내리락했지만, 실질적 부채부담률은 2배 정도였다. 이런 수준에서도 30대 그룹에서 17개 기업이 탈락했다. 은행이 무너졌다. 120만 명이 순식간에 직장을 잃었다.

2018~2019년에 일어날 금융위기는 실질적 부채부담률이 4~5배가 될 것이다. 금리인상에서 몇 %포인트가 오르느냐보다, 배율이 중요한 이유는 무엇일까? 개인이나 기업이 돈을 빌려 쓰는 방식 때문이다. 예를 들어보자. 금융권에서 개인이나 기업이 빌린 돈을 갚을 수 있는 수준의 금융비용은 수입의 30% 정도다. 원금과 이자를 합쳐서 월 순수입의 30%를 넘으면, 경제충격이 오면 부채를 못 갚을 가능성이 커진다. 월급이 500만 원이라면 약 150만 원 정도가 최대로 부담할 수 있는 금융비용이다. 1997년 13.88% 금리에서는 돈을 빌리는 기업과 개인도 금융비용이 자신의 순수익의 30% 선이 되도록 빌린다. 2015년 은행금리 3%에서 돈을 빌리는 기업과 개인은 어느 정도로 돈을 빌렸을까? 1997년보다 4.5배 적은 금리를 감안해서 자신의 순수익의 8% 정도에서 금융비용이 발생할 수준에서 빚을 냈을까? 아니다. 역시 30% 선에서 빌린다. 자신이 감당할 수 있는 금융비용이 150만 원이면 금리가 15%이든 3%이든 똑같이 최대 감당비용인 150만 원에 맞춘다. 그래서 초저금리에서 금리가 인상되면 엄청난 충격이 온다. 금리가 몇 %포인트가 오르느냐보다 배

율이 중요한 이유다.

이 상황을 한국의 가계, 기업이 감당할 수 있을까? 한국 경제가 금융위기라는 충격을 맞지 않을 정도로 버텨낼 수 있을까? 필자는 힘들다고 본다. 물론 한국은 금융위기에 빠지더라도 3~4년 안에 극복해낼 것이다. 한국 경제의 기초가 튼튼하기 때문이다. 하지만 금융위기라는 어두운 터널을 통과하는 것을 막지는 못할 정도로 상황이 좋지 않다는 것도 인정해야 한다. 무디스 Moody's의 신용등급 상향이 미국발 기준금리 인상이 만들어내는 위기의 방패가 될 것이라는 말을 곧이곧대로 믿기에는 주변 상황이 심상치 않다.

미국의 기준금리 인상에 대비하기 위해 한국에서 빠져나간 외국인자금은 2015년 3분기에만 109억 달러(주식 76억 달러, 채권 32억 달러)였다. 같은 기간에 신흥국에서 빠져나간 총 자금 338억 달러의 3분의 1이다. 2008년 글로벌 금융위기 이후 최대치다. 미국이 기준금리를 인상해서 외국인 자금 이탈이 그리 크지 않을 것이라는 정부의 예측과는 달리, 금융개방성이 높고 중국과 신흥국 경기침체에 큰 영향을 받는 한국의 특성이 반영되면서 자금유출 강도가 중국과 필리핀을 제외한 15개 신흥국 중 1위다.[19]

2008년 이후 선진국은 가계부채를 줄였다. 반면 한국은 가계 빚을 기반으로 단발성 경기부양에 매달렸다. 한국은 소득증가율이 3~4%를 기록할 때, 부채증가율이 6~7%로 높았다. 집값 하락

---

19 "韓, 3분기 외국인 자금유출 109억 불… 신흥국 중 최상위권", 〈연합뉴스〉, 2015년 12월 13일자.

도 막지 못하고 가계부채만 키웠다. 가계부채의 질만 떨어뜨렸다. 2014년 말 기준, 미국 가계의 가처분소득 대비 부채 비율은 2008년 143%에서 114%로 낮아졌다. 영국도 180%에서 154%로 낮췄다. 일본도 현재 129%다. 하지만 2015년 3분기 기준으로 한국은 164%에 다다랐다.[20] GDP 대비로 가계부채 비율을 분석해도 마찬가지다.[21] 2015년 2분기 국제결제은행이 분석한 자료에 의하면, 한국의 가계부채 비율은 GDP 대비로는 85.7%다. 3, 4분기에도 계속 상승 중이다. 참고로 태국 70.5%, 말레이시아 70.1%, 홍콩 66.6%, 싱가포르 60.5%, 중국은 37.9%, 브라질 25.7%, 러시아 18.5%다. 한국의 GDP 대비 가계부채는 신흥국과 아시아 평균 40%, 선진국 평균 74%와 비교해도 높고, 신흥국과 아시아에서 압도적 1위다.[22] 한국의 가계부채는 글로벌 금융위기 이후 13%포인트 증가했는데, 이 증가 속도도 신흥국과 아시아에서 압도적이다.

한국이 기준금리를 인상하면 한계가구의 빚 400조 원가량이 눈덩이 이자 위험에 빠진다. 2015년 12월 18일 한국은행의 금융안정보고서를 분석하면, 한계가구는 최소 152만 가구에서 최대 248만 가구다. 부채규모로 따지면 전체 금융부채의 최소 19.3%에서 최대 32.7%(약 400조 원)이다. 소득과 자산에 비해 부채가 많은 한계가구는 일반적으로 가처분소득 대비 원리금 상환액이 40%를 넘는 가구

---

[20] "선진국은 가계빚 줄이기 고통 감내… 한국은 빚으로 경기부양", 〈조선일보〉, 2015년 12월 12일자.
[21] "신흥국 기업 달러부채, 위기의 뇌관… '터키·말레이시아 위험'", 〈연합뉴스〉, 2015년 12월 13일자.
[22] "한국 GDP 대비 가계부채 비율 신흥국 최고 수준", 〈연합뉴스〉, 2015년 9월 5일자.

를 가리키지만, 이번 보고서에서 한국은행은 가처분소득 대비 금융부채 비율이 평균 507%(비한계가구는 평균 77%), 가처분소득 대비 원리금 상환액 비율(DSR)도 109%(비한계가구는 평균 15%)에 해당하는 152만 가구를 최소 규모로 규정했다.[23] 미국이 기준금리 인상을 계속하고, 2016년 말~2017년 중반 전에 한국은행이 기준금리를 인상하면, 한계가구에게는 기준금리 인상분은 물론 저신용군에게 붙는 '리스크 프리미엄(빚을 떼일 위험에 붙는 가산금리)'이 가산된다.

상업용 부동산도 숨어 있는 위험요소다. 한국감정원의 분석에 의하면, 2015년 상반기 전국 사무실 건물 공실률은 13.1%다. 2008년 공실률인 5.4%의 2.5배다. 서울의 공실률은 11.1%로, 2008년 3.8%와 비교하면 2.9배가 넘는다. 서울권에서 중소형 건물의 공실률은 10%이고, 대형은 13.1%로 전국 공실률을 넘는다. 부산과 대구는 공실률이 15~16%이고, 인천과 광주는 18%대로 초위험군에 속한다. 하지만 임대료를 낮추지 않으려고 공실률을 숨기는 경우도 비일비재하기에 실질 공실률은 더 높을 것으로 추정한다. 공실률이 2008년보다 늘어난 원인은 지속적인 내수경제 위축과 기업실적 하락, 그리고 상업용 부동산의 과잉공급이다. 2010년부터 2014년까지 5년간 서울과 분당권에서만 총 900만 제곱미터(273만 평) 사무실이 공급됐다. 연평균 180만 제곱미터(54만 평)로, 63빌딩(5만 평) 약 11개 규모다. 2001~2009년 연평균 공급량의 2배를 넘는다. 그럼에

---

[23] "미 기준금리 인상 이후 한계가구 및 400조 금리인상 취약… 가산금리 높아 '눈덩이 이자' 위험", 〈문화일보〉, 2015년 12월 18일자.

도 전국에서 대규모 개발 프로젝트가 진행 중이다. 상암 DMC, 판교 제2테크노밸리, 강동 첨단업무지구, 마곡 산업단지, 105층짜리 현대기아자동차 신사옥, 123층짜리 제2롯데월드타워 등이 이미 완공되었거나 지어지고 있다.[24]

소득 상위 20% 가구가 전체 가계빚의 46.5%를 가지고 있어서 상대적으로 안전하다는 평가도 있다. 과연 그럴까? 여기에도 숨겨진 함정이 있다. 첫째, 이들 중 상당수가 베이비부머 세대다. 앞으로 5년 안에 은퇴하거나 은퇴를 준비해야 한다. 이들은 은퇴 후 소득이 절반 이하로 줄어도 계속해서 이자와 원금을 갚아야 한다.

둘째, 소득 상위 20% 중에서 일부는 부채 레버리지를 사용해서 3채 이상의 주택을 보유하고 있다. 기준금리 인상과 집값 하락에 취약하다. 미국의 경우 저소득층이 무리하게 집을 사서 문제가 발생했던 데 비하면 한국은 안전하다고 평가한다. 한국의 경우 저소득층이 집을 살 수 없다. 하지만 고소득층이 더 무리해서 집을 샀다. 국민건강보험공단의 분석에 의하면, 2015년 기준으로 2채 이상 주택보유자는 137만 1,352명이고, 3채 이상 주택보유자는 67만 9,501명, 5채 이상 주택보유자는 16만 1,463명이다. 서울시 내에서만 살펴봐도, 한 사람이 가장 많은 주택을 보유한 경우는 277채이고, 상위 100명이 9,314채를 가지고 있다.[25]

---

[24] "여기저기… 빈 사무실 13% 금융위기 뒤 최악", 〈중앙일보〉, 2015년 9월 17일자.
[25] "집 3채 이상 갖고도 건보료 안내는 피부양자 68만 명",〈연합뉴스〉, 2015년 9월 8일자. "주택 최대 보유자 277가구, 2주택자도 20만 6,300명",〈헤럴드경제〉, 2015년 8월 27일자.

셋째, 2015년 한국은행이 국정감사에 제출한 자료에 의하면 2014년 소득 5분위에 해당하는 상위 20% 367만 9,000가구 가운데 72%인 265만 가구가 부채를 가지고 있다. 가계부채 전체에서 1분위는 27.4%, 2분위 56.7%, 3분위 67.6%, 4분위 71.9%, 5분위 72%가 부채를 가지고 있는 것으로 나타났다. 즉 1분위에 해당하는 저소득층은 10가구 중 2~3가구가 빚이 있고, 5분위에 해당하는 고소득층은 10가구 중 7가구가 빚이 있다. 그리고 소득 상위 20% 가구가 전체 가계빚의 46.5%인 500조 원 정도를 가지고 있다. 하지만 국정감사에서 지적된 것처럼, 고소득층이라도 빚을 내서 집을 산 사람들은 소유 자산의 76%가 부동산이어서 금융자산이 평균 1억 7,298만 원에 불과(?)했다. 부채가 없는 가구의 평균 금융자산 2억 8,666만원보다 1억 원 정도가 적었다. 결국 5분위 계층이라도 빚을 내서 부동산을 구입한 가구는 금융자산 대비 부채 비율이 74.7%에 달했다. 5분위 전체 계층의 자산 대비 부채 비율이 45.5%로 안정적이라는 해석도 빚내서 부동산을 구입하지 않은 가구들을 합산하여 평가할 때의 해석에 불과하다. 국회 예산정책처의 분석을 따르면 금융위기 발발 전인 2007년 미국의 소득 5분위 부채 집중도는 50.2%로 한국의 45.5%와 비슷했다.[26]

넷째, 신흥국 위기 및 아시아 위기가 발발하여 한국 내수경제와 기업경영 상황에 직접적인 위기가 발생하면, 일부 기업이 파산하고

---

26 "빚지고 사는 고소득층, 금융부채가 금융자산의 75%", 〈연합뉴스〉, 2015년 9월 8일자.

구조조정을 해야 한다. 이 과정에서 소득 상위 20% 중 일부는 직장을 잃게 된다. 이들이 보유한 주택들은 곧바로 서브프라임 모기지론이 된다.

한국 가계부채 문제의 핵심은 총량이 아닐 수 있다. 규모가 크더라도 미국처럼 추가 상승 여력이 있을 경우에는 문제가 되지 않기 때문이다. 하지만 1990년대 일본처럼 추가 상승 여력이 없을 경우에는 문제가 된다. 한국은 일본보다 빠른 세계 최고 속도의 저출산 고령화 타격, 일본의 발목을 잡았던 한국의 추격보다 더 급박하고 강력한 중국의 추격, 앞으로 5~10년 정도 지속될 신흥국과 아시아의 경제위기와 후유증, 초저금리에서 시작하는 기준금리 인상 후폭풍을 최소 4~5년 이상 버텨낼 수 있는가, 이런 상황에서 집값이 현재 가격을 유지할 수 있는가 하는 문제가 복잡하게 결합되어 있다.

이런 추세를 고려할 때, 만약 미국의 기준금리 인상이 가계부채라는 도화선에 불을 붙여 한국에 금융위기가 발생하면 주택 가격은 단기적으로 5~10% 하락할 수 있고, 외환위기에 준하는 수준으로 경제위기가 심화되면 4~5년 안에 20~30%까지 하락할 가능성도 생각해볼 수 있다. 미국은 금융위기가 발발한 후 2014년 1분기에 가계부채가 GDP 대비 107.3%까지 감소했다. 2008년 133.7%에 비교하면 20% 정도 감소한 셈이다. 즉 5년 동안 가계부채의 20%가 파산이나 일부 부실채권으로 정리된 것이다.

기준금리가 인상되면 부동산 가격 하락 충격만 오는 것이 아니다. 추가적인 금리 부담으로 소비도 준다. 가계 및 비영리단체 금융부채 1,344조 685억 원, 정부 부채 645조 원, 공기업 부채 204조 원, 민간기업 부채 2,350조 9,000억 원을 합치면 한국의 총 부채는 4,544조 원이다. 한국은행이 발표한 2014년 한국의 명목GDP 1,485조 원을 기준으로 하면, 부채 비율이 GDP 대비 306%다. 총부채 4,544조 중에서 70%를 유동금리로 추정한다면, 기준금리가 1% 오르면 대략 30조 원 정도(GDP 2%)의 추가 이자부담이 발생한다. 기준금리가 2% 오르면 60조(GDP 4%), 3% 오르면 90조 원(GDP 6%) 이다. 그만큼 소비는 줄어든다. 외환위기로 인해 1998년 한국 경제는 5% 정도 위축되었다.[27] 즉, 한국 경제가 금융위기 상황으로 치달으면 국내외 상황과 가계 및 기업의 단기적 역량으로 볼 때 1998년 보다 더 위축될 가능성도 있다.

금융위기를 방어하거나, 위기발생 시 극복의 강력한 동력이 되어야 할 한국 기업의 경쟁력은 어떨까? 2016년 이후 한국 기업의 세 가지 위협요소는 미국 기준금리 인상, 저유가, 수출 감소다. 이외에도 중국 경기 둔화, 신흥국 및 동아시아 금융위기 가능성, 유럽의 디플레이션, 환율변동성, 통화전쟁, 엔저 지속, 한국 기업의 글로벌 넛크래킹nut cracking 현상 심화 등 악재가 산재해 있다. 딜로이트 안진회계법인이 예측한 자료에 의하면, 2020년이면 한국의 제조업 경쟁력이 인도에게도 밀린다.[28] 2015년 한국 대기업의 매출은 2008년 글로벌 금융위기 때보다 악화되었다. 한국은행의 분석

---

[27] "For Emerging Markets: 2015 Isn't 1997", The Wall Street Journal, 2015. 8. 27.
[28] "한국 제조업 경쟁력, 4년 후 인도에도 밀린다", 〈한국경제〉, 2015년 12월 12일자.

에 의하면, 대기업 매출 증감률이 2011년 이후 하락 추세가 지속되면서 2015년 3분기의 경우 전년 동기 대비 평균 5.7% 하락했고 제조업은 7.5% 하락했다. 12년 만에 최악이다.[29] 하지만 전자, 자동차, 조선 업계 등의 평균임금은 계속해서 상승 중이다. 수출 트로이카로 불리는 3대 산업은 중국의 추격도 버겁지만, '엔저'를 앞세운 일본의 공격도 받고 있다. 중국과 일본 기업들과 제조단가 경쟁에서 밀리고 있는데, 인건비마저 높아지고 있다. 한마디로, 시간이 지날수록 경쟁력이 하락할 것이라는 말이다. 설령 수년 후에 미국, 유럽, 중국 시장이 회복되더라도 지금보다 더 약해진 경쟁력으로는 예전의 영광을 재현하기 힘들다.

한국 기업들의 재무 상태는 1997년 외환위기 당시보다는 좋지만, 글로벌 경쟁력 하락과 맞물리면서 한국 금융위기 가능성을 더 키울 수 있는 변수다. 〈매일경제〉 팀이 코스피와 코스닥 상장사 1,684개의 재무제표를 전수조사한 결과에 의하면 2012~2014년까지 3년 연속 회사 부채의 이자도 감당하기 어려운 부실기업은 234개, 부실기업의 총 부채는 전체 부채의 13.7%인 94조 원이었다. 재벌닷컴의 분석에 의하면, 2014년 코스피와 코스닥, 코넥스 등 3개 주식시장 상장기업 중에서 전체의 31.3%에 해당하는 541개사가 세전 영업손실을 내고 법인세를 면제받았다.[30] 즉 2014년 한 해에 541개사가 좀비기업(한계기업)이었다.

29 "대기업 매출 12년 만에 최악", 〈서울경제〉, 2015년 9월 22일자.
30 "법인세 면제 '좀비 상장사' 541개사, 5년 내 최대", 〈연합뉴스〉, 2015년 9월 20일자.

2015년에도 상황은 악화되고 있다. 2015년 9월 LG경제연구원이 발표한 자료에 의하면 2015년 1분기 재무건전성의 기준인 이자보상배율(영업이익/이자비용)이 1을 밑도는 한계기업은 34.9%다. 한국은행이 발표한 금융안정보고서에 의하면, 2014년 기준으로 외부 감사를 받는 기업들 중에서 한계기업은 15.2%에 해당하는 3,295개였다. 그중에서 2005년부터 2013년까지 만성적 한계기업이 2,435개였다. 업종별로는 조선업의 한계기업 비중이 2009년 6.1%에서 2014년 18.2%로 가장 크게 증가했다. 운수업 한계기업도 같은 기간 13.3%에서 22.2%, 건설업은 11.9%에서 13.9%, 철강은 5.9%에서 12.8%로 증가했다. 다만 전자업의 경우 11.5%에서 13.2%으로 상대적으로 소폭 증가하는 데 그쳤다.[31]

한국의 자랑거리인 대기업에도 문제가 있다. 한때 재계 1위까지 올랐던 현대그룹은 연타를 맞으면서 중견그룹으로 떨어졌다. 나머지 대기업에도 한계기업이 숨어 있다. 한국은행의 분석에 의하면 2009년에는 대기업 계열사의 9.3%가 한계기업이었는데, 2014년은 14.8%로 증가했다. 대한항공, 현대상선, 아시아나항공, 두산인프라코어, 동국제강 등 17개사가 3년 연속 이자보상배율이 1을 밑돌았다.[32] 이런 기업들은 투자와 고용도 제로다. 공정거래위원회의 '최근 5년간 주요 30대 기업 부채액' 분석에 따르면 30대 그룹 소속 1,037개 기업 부채총액이 2014년 12월 말 기준으로 1년 전과 비교

31 "한국경제 시한폭탄 '좀비기업' 급증, 구조조정 시급하다", 〈연합뉴스〉, 2015년 10월 4일자.
32 "3년째 이자 감당 못한 상장사 234가", 〈매일경제〉, 2015년 9월 30일자.

해서 8%(139조 2,840억 원) 정도 증가한 1,739조 8,920억 원이었다.[33] 그룹 내 계열사 간 내부 거래를 제거한 연결부채 비율을 살펴보면 한진(863.6%), 동부(864.2%), 현대그룹(879.1%) 등이 800%를 웃돈다. 한국은행 자료에 의하면, 2014년 민간기업 부채는 GDP 129.2%이다. 공기업을 포함하면 166.5%다.[34] 미국 112.8%보다 높다. 국민, 농협, 산업, 수출입, 신한, 우리, 하나은행 등 국내 7대 은행이 조선, 건설, 해운, 철강 등 고위험 기업에 물린 여신 비중은 2014년 말 기준으로 전체 여신의 12.3%다. 더불어 가계부채까지 감안하면, 무디스와 S&P 등 국제 신용평가사의 한국 주요 은행의 자산건전성 우려에 대한 경고도 무시할 수 없다.[35] 실제로 금융감독원 집계에 따르면 2015년 6월 말 기준으로 연체 기간이 3개월 이상인 은행권의 대기업 부실채권 비율이 2.35%로 1분기(2.31%)보다 높아졌다. 문제는 이들도 미국발 금리인상 국면을 한 번은 지나가야 한다는 데 있다. LG경제연구원의 이한득 연구위원은 시중금리가 1%포인트 오르면 차입금 비중은 41.2%로 오르고, 영업이익률이 1%포인트 하락하면 차입금 비중은 47.5%로 상승할 것으로 추정했다.[36] 기준금리가 인상되면, 시중금리 인상과 영업이익률 하락이 동시에 발생할 가능성이 크다. 대부분의 기업들이 차입금 비중을 더 높여야 할 텐

[33] "30대 그룹 부채 2014년 139조나 늘었다", 〈동아뉴스〉, 2015년 9월 23일자.
[34] "기업부채 심상찮다. 빚더미에 짓눌린 경제", 〈파이낸셜뉴스〉, 2015년 9월 23일자.
[35] "조선업 부실 번질라. 국제 신평사도 한국 은행 건전성 우려", 〈머니투데이〉, 2015년 9월 19일자.
[36] "한국경제 시한폭탄 '좀비기업' 급증, 구조조정 시급하다", 〈연합뉴스〉, 2015년 10월 4일자.

데, 일부 한계기업들은 아예 은행에서 차입을 못할 가능성도 있다.

 냉철하게 판단해야 한다. 단순히 조금만 더 버티면 나아질 것이라는 생각은 안일하다. 심각한 판단착오다. 이번 정부 말 혹은 다음 정부 초에 발발 가능성이 높은 금융위기 가능성에 대비하는 전략을 마련해야 한다. 2016~2017년, 한국 수출의 58.2%를 차지하는 중국을 포함한 신흥국과 동아시아 경제에 퍼펙트스톰이 일어난다.[37] 지금이라도 안일한 생각에서 벗어나지 못하면 2018년 한국에는 금융위기라는 무서운 놈이 들이닥칠 것이다. 그 확률적 가능성은 90%다.

---

[37] "수출 위기 3대 요인… 더외악재 · 국내 산업 경쟁력 저하 · 환율", 《헤럴드경제》, 2015년 12월 7일자.

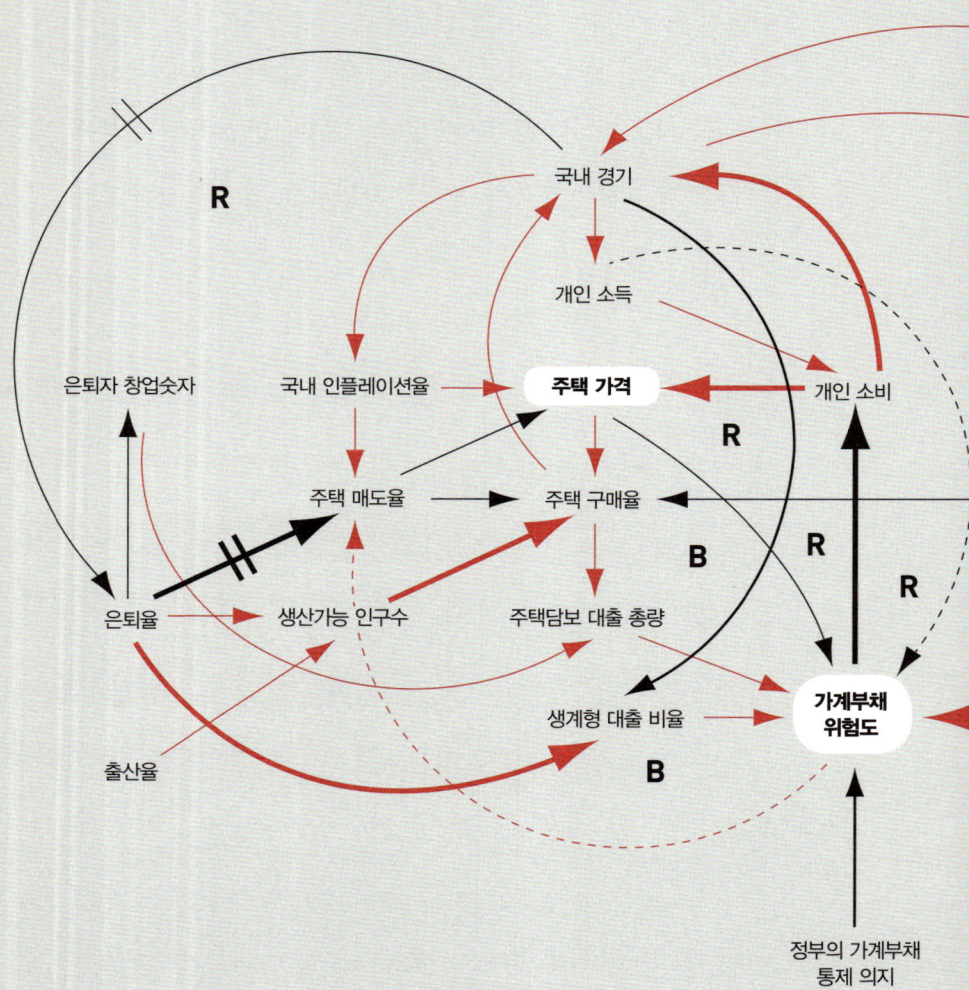

미국 기준금리와 국내 가계부채 위험도의 판계

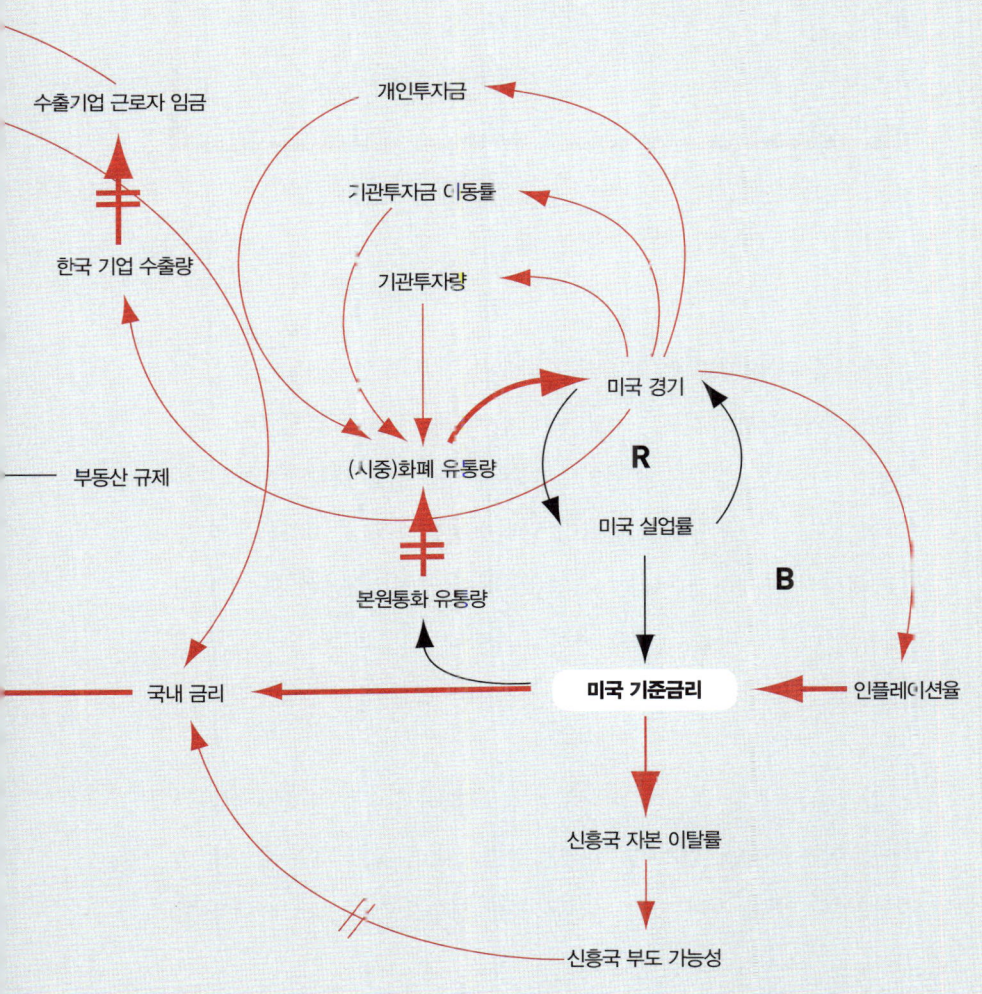

2022~2025년, 첫 번째 통일 가능성이 온다

THE EXODUS OF OPPORTUNITY

강의를 다닐 때면 빠지지 않고 나오는 질문이 있다. 바로 통일 이슈다. 통일에 대해서는《2030 대담한 미래 1》에서 김정일이 죽고 3일이 지난 후, 김정은 정권의 장기집권 가능성을 다룬 시나리오를 발표했고, 북한을 붕괴로 몰아갈 권력투쟁은 어떻게 시작되는지 등에 대해서 자세하게 예측했다. 여기서는《2030 대담한 도전》에서 예측한 내용 하나를 그대로 다시 소개한다. '2022~2025년경 첫 번째 통일 가능성이 올 수 있다'는 예측이다. 확률적 가능성을 말하자면 50% 정도다.

김정은은 젊고 경험이 미숙하고 호전적이서 불안하다는 평가가 주를 이루었지만, 필자는 거꾸로 뒤집어보면 젊기 때문에 변화의 가능성이 있고, 어린 시절 선진국 유학 경험으로 새로운 선택을 할 가능성이 아버지보다 많고, 호전적이어서 적을 제압하는 속도가 빠를 것이라고 예측했다. 그래서 최고의 정적인 장성택을 3년 이내에 제거할 것이라고 예측했다. 김정은은 필자의 예측보다 더 과감했다. 후환을 남기지 않으려고 장성택을 공개처형했다는 점에서 김정은은 할아버지와 아버지보다 잔인해 보이기도 한다.

그렇다면 아시아 대위기 국면에 북한은 어떤 영향을 받게 될까? 폐쇄된 국가이며 자본주의가 겨우 싹트기 시작한 북한은 아시아 대위기에 큰 영향을 받지 않을 것처럼 보인다. 과연 그럴까? 필자는 김정은 체제 유지와 관련해서 아주 중요한 변수가 아시아 대위기 국면에 만들어질 것으로 예측한다.

필자가 예측한 아시아 대위기는 결과적으로 북한에도 직간접적으로 영향을 줄 것이다. 특히 중국의 금융위기는 중국 공산당뿐만 아니라, 북한 김정은 정권에게도 직격타가 될 것이다. 그렇게 되면 2022~2025년경 첫 번째 통일 가능성이 올 수 있다. 만약 이 시기를 김정은 정권이 잘 넘기면, 두 번째 가능성 구간은 아마도 2035년 전후가 될 것이다.

국가정보원은 김정은 체제 4년차를 분석한 자료에서, 김정은과 북한 권력층의 결집력(운명공동체 의식)은 10으로 평가했다.[38] 김일성 시대를 100으로 할 때, 김정일 체제는 50~70, 김정은은 10 정도다. 필자도 이런 분석에 동의한다. 그리고 10 정도에 해당하는 결집력

---

[38] "북한 권력층의 결집력-· 김일성 때 100이견, 김정은 땐 10", 〈조선일보〉, 2015년 10월 21일자.

은 경제적 이해관계다. 그래서 북한 김정은 정권의 체제 붕괴나 한반도의 통일 가능성은 북한 경제의 미래에 달려 있다. 문득, 이런 문구가 떠오른다. "바보야, 문제는 경제야!"

북한 경제는 두 가지로 유지된다. 하나는 중국 경제와의 연결이다. 북한은 무역의 80%가량을 중국에 의존한다. 생존에 필요한 에너지도 중국에 절대적으로 의존한다. 김정은이 중국의 간섭에서 벗어나고 싶지만 벗어날 수 없는 이유다. 만약 중국, 러시아 및 아시아 경제위기가 발발하면 북한도 간접적인 영향을 받는다. 특히 중국의 경제위기는 북한에게도 위험부담을 준다.

북한 경제를 지탱하는 다른 하나는 급속히 성장하고 있는 장마당과 신흥부자들이다. 2015년 12월 22일 경남대 극동문제연구소 임을출 교수가 발표한 내용을 보면, 북한의 소비 주도층은 약 100만 명에 이른 것으로 추정된다. 임을출 교수는 일명 '돈주(전주)'라고 불리는 100만 명의 소비 주도층이 현재 북한의 도소매와 부동산, 금융, 임대, 고용 등을 주도하는 것으로 분석했다. 장마당이 시·군·구에 평균 2개씩 북한 전역에 총 750개가 될 정도로 빠르게 확산되면서 북한에도 햄버거와 피자, 손세차장, 정육점, 자전거 판매점, 애완견이 등장하고, 전력수요 증가에 따른 대체에너지로 태양광 판매 등의 서구식 장사 모습이 시작되고 있다.[39] 평양 시내에는 '나래카드'라는 선불식 카드도 등장했다. 휴대전화 요금 지불, 백화점 쇼핑,

---

[39] "북한 소비 주도층 100만 명·장마당 750개 추정", 〈연합뉴스〉, 2015년 12월 22일자.

택시 요금 결제에 사용된다.[40]

　서구식 자본주의를 경험한 김정은이 북한 주민의 생계 문제를 해결하고 동시에 통치자금을 마련하는 새로운 창구로 장마당을 잘 활용하는 듯 보인다. 일부에서는 김정은이 철없이 스키장이나 짓고 있다고 말하지만 필자의 생각은 다르다. 김정은이 만들고 있는 위락시설들은 장마당에서 유통되는 돈, 전주들의 호주머니에 있는 돈을 합법적으로 빨아들이는 중요한 수단이다. 이런 점에서 김정은은 아버지 김정일이나 할아버지 김일성보다 영리하다.

　북한의 장마당은 1990년대 중반 대기근에서 시작되었다. 장마당 경제를 움직이는 북한 장마당 세대는 세 가지 특징을 가지고 있다. 이념 무관심, 북한 정부에 대한 낮은 의존도, 황금만능주의(개인주의, 자기 이익주의)다.

　국가에 대한 아버지 세대의 믿음이 장마당 세대에게는 시장과 돈에 대한 믿음으로 바뀌었다. 왕조 문화가 남은 북한에서 주민들은 마치 조선시대의 왕처럼 김정은이 아버지의 지위를 세습하는 것을 자연스럽게 받아들인다. 성군이 아닌 폭군을 만나서 고생한다는 정도다. 뒤에서 욕을 해도 감히 왕을 폐위시키거나 왕조를 바꾼다는 생각이 거의 없다. 그래서 장마당 세대도 자신들의 시장만 망치지 않는다면 김정은 정권 타도에 그리 큰 관심을 두지 않을 수 있다.

　김정은에게도 장마당이 어느 정도 활성화되는 것은 나쁘지 않다.

---

[40] "북 시장경제 확산… 평양에 '나래카드' 급속 보급", 〈조선일보〉, 2015년 10월 26일자.

대기근이 들더라도 수백만 명이 죽는 일이 반복되지 않게 할 새로운 통로가 생겼기 때문이다. 한국이나 서방이 구휼미를 주지 않더라도 중국이나 한국과 연결된 시장에서 식량을 구할 수 있게 되었다. 실제로 근래에 북한을 방문한 사람들은 기근의 반복과 심각한 물자 부족, 아주 낮은 경제성장률에도 불구하고 예전보다 경제상황이 나아지고 있다고 평가한다.

북한 장마당 세대는 장마당을 통해 생존과 부의 길이 열린다면 굳이 김정은 정권을 부정하는 강력한 저항을 할 필요가 없다. 장마당 규모가 커지고, 전주들이 늘어나고, 전주들이 가진 돈이 많아지면 정권의 안정화를 지지하는 세력이 되어줄 수도 있다. 사람은 잃을 것이 없으면 변혁을 꿈꾸고 진보주의자가 되지만, 가진 것이 많으면 그것을 지키기 위해 보수적인 입장을 취한다. 권위주의 정권이라도 자기 것을 빼앗지 않는다면 기꺼이 정권 안정화를 돕는다. 현재 북한의 전주들은 김정은이 적어도 자신들의 것을 무자비하게 빼앗지는 않는다는 것을 알았다. 김정은은 악랄하기는 하지만 예측 가능한 지도자가 되었다. 악랄하더라도 예측 가능하면 얼마든지 자신을 보호할 대비를 할 수 있다. 하지만 정치적 혼란이 닥치면 예측 불가능한 상황이 온다. 돈을 가진 사람들은 이런 상황이 싫다.

김정은은 장마당 세대와 연배가 비슷하고, 장마당 세대를 인정하고, 그들의 돈을 활용할 줄 안다. 북한 정권은 장마당에서 직접 장사를 해서 (마치 공기업처럼) 수익을 얻거나, 장마당 자릿세(혹은 임대료)를 징수하고 세금을 확보한다. 김정은을 비롯한 북한의 새로운 권력그룹이 장마당의 가장 큰 수혜자가 되고 있다. 전 인구의 1%(약 25만 명) 정도로 추산되는 전주들은 평양에서 20만 달러가 넘는 아파트를 구입하고 벤츠를 탄다. 한국의 백화점같이 호화로운 '창광상점'의 주 고객이다. 김정은은 돈 있는 전주들이 돈을 쓸 수 있는 환경을 계속 만들어주면서 공생을 모색 중이다. 예를 들어 건설자재 사업을 하는 전주들은 건설자재를 대고 김정은의 건설 치적사업을 돕고 아파트를 대가로 받아 되팔아 부를 늘려간다. 김정은과 전주들의 새로운 상생 모델이다.

탈북자가 늘어갈수록 체제의 두려움도 커지지만, 탈북자들이 북한 가족에게 돈을 송금해주어 장마당에 유동성을 공급한다. 중국 경제가 일어나는 초기에 화교 자본이 기여했듯이, 탈북자들이 북한 경제를 돕는 변수도 생겨나고 있다. 전문가들이 추정하기로, 탈북자들이 북한으로 송금하는 돈은 매년 100억 원 정도다. 북한 장마당에는 큰 규모다. 이 모든 것은 북한 정권이 단기간에 붕괴될 가능성을 줄여주고 있다. 물론 장기적으로 북한의 장마당 경제가 더 커지면서 주민들 사이에 부의 불균형 분배가 심해지거나, 체제 불안을 불러일으키는 완전한 시장경제 체제로 전환이 요구되면, 김정은이 시장경제의 판을 뒤엎어야 한다는 심각한 고민을 할 수 있다. 그 정도가 되려면 최소 15~20년은 지나야 할 것이다. 필자가 통일의 두 번째 가능성 지점을 2035년경으로 예측한 이유다. 그때가 되면 김정은도 건강에 심각한 문제가 생겨서 급변사태가 발생할 가능성도 커진다.

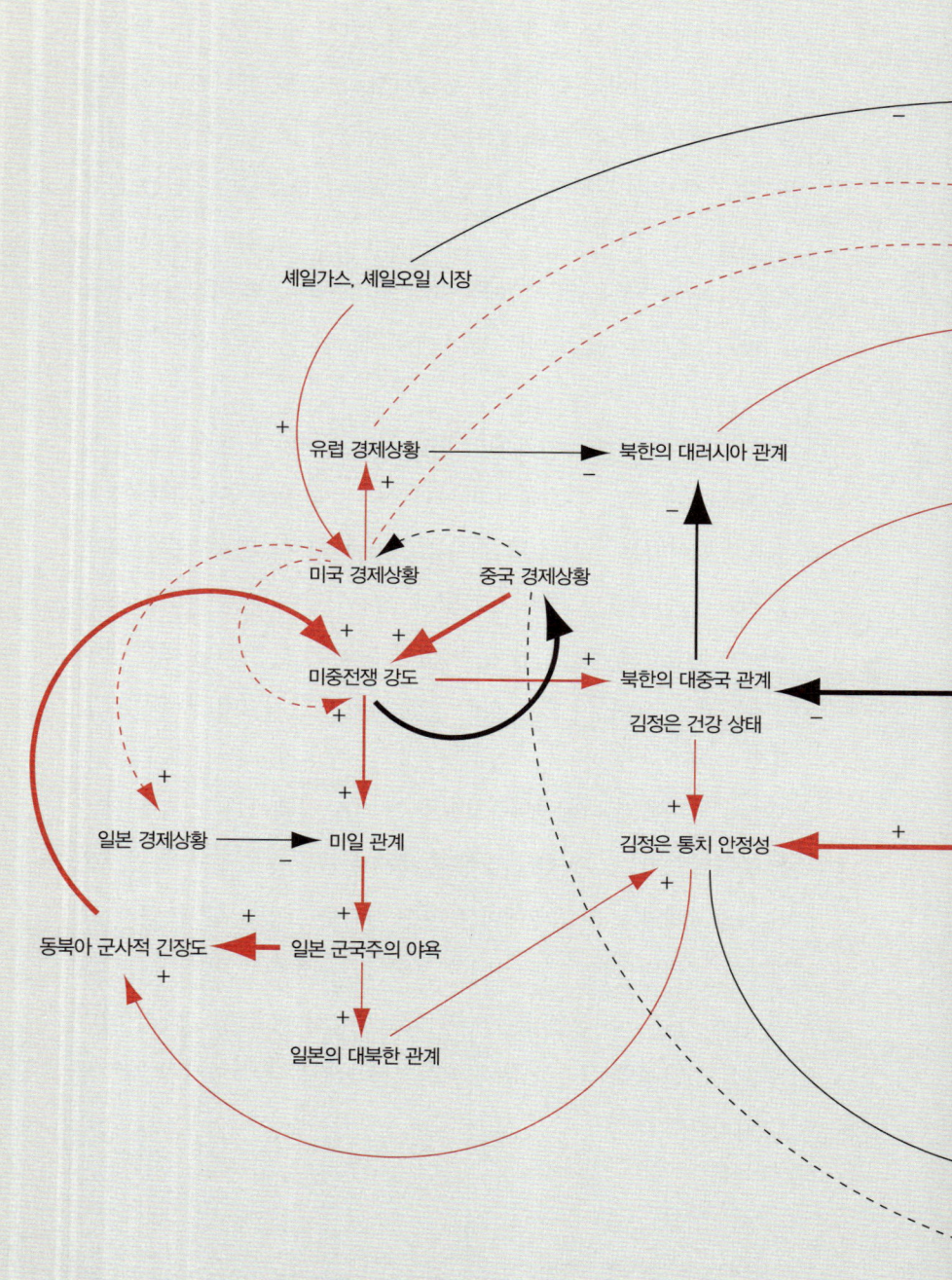

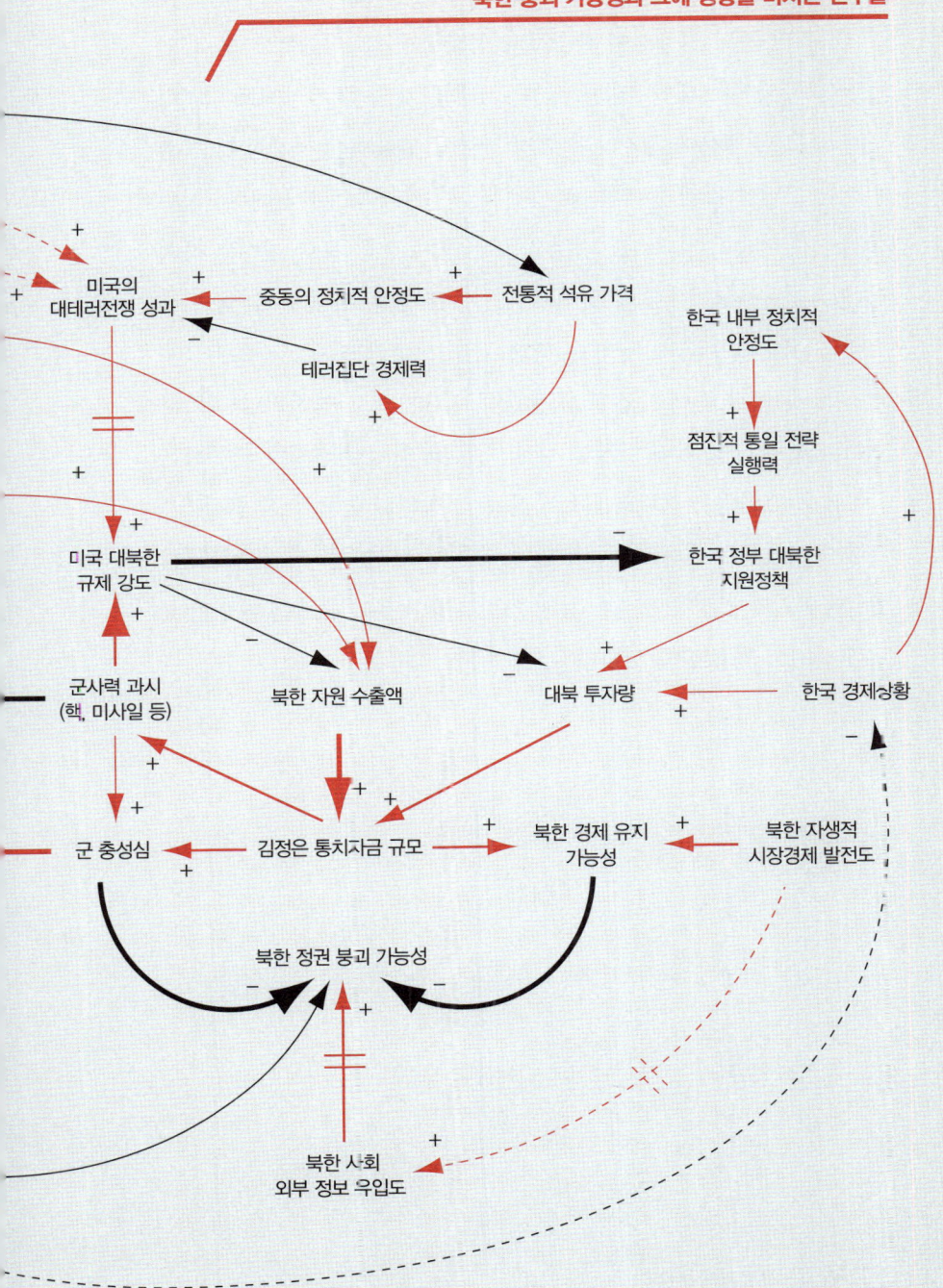
북한 붕괴 가능성과 그에 영향을 미치는 변수들

하지만 통일 가능성이 예상보다 빨리 올 수 있다. 2022~2025년 경이다. 아시아 대위기와 중국의 금융위기가 북한 시장에도 직격타를 주고, 김정은이 생각보다 빨리 장마당 판을 뒤엎어야 한다는 심각한 고민을 하게 한다면 충분히 가능한 시나리오다. 물론 이 시나리오가 현실이 되더라도 김정은 정권 붕괴가 곧 북한 체제의 붕괴나 국가 붕괴로 직결되지는 않는다. 정권 붕괴, 체제 붕괴, 국가 붕괴는 구분해야 한다. 통일은 북한 김정은 정권 붕괴 → 체제 붕괴 → 국가 붕괴 순서로 진행될 것이다. 김정은이 사망하거나 실각하더라도, 중국에 의해 김정남 정권 수립 후 김정남에 의해 남북화해 무드로 전환되는 시나리오 1, 혹은 중국에 의해 중국식 집단 지도체제가 수립되는 시나리오 2가 있다. 하지만 아시아 대위기와 중국의 금융위기가 김정은 정권의 통치 기반을 뿌리부터 흔드는 아주 중요한 사건이 될 것은 분명하다.

미래절벽을 넘어야 한다

THE EXODUS OF OPPORTUNITY

거대한 판들이 충돌함으로써 나타나는 거대한 기회의 산에 올라가려면 쓰나미에서 살아남아야 한다. 그리고 하나의 장벽을 더 넘어야 한다. 산업 이동 과정에서 나타나는 '미래절벽'이다. 미래절벽은 시장절벽, 미래산업절벽 두 가지다.

시장절벽은 신흥국의 위기로 나타나는 현상이다. 필자의 예측대로 신흥국이 퍼펙트스톰 상황에 빠지면 단기적 시장급랭, 중기적 시장침체를 겪게 된다. 한국 기업들은 수출의 58.2%를 차지하는 중국을 포함한 신흥국과 동아시아 경제가 침체되는 시장절벽 현상에 대비책을 세워야 한다. 미래산업절벽은 2016~2020년경까지 대기업에 해당된다. 2020년경이면 미래산업이 꽃을 피우기 시작하겠지만, 그 전 단계인 2016~2020년경까지는 대기업이 기래산업에서 의미 있는 매출이나 순이익을 만들기는 힘들다. 이 기간은 벤처기업들에게 최고의 기간이 될 것이다. 미래산업에서 생존을 모색하는 대기업들은 이 기간을 버티면서 살아남아야 한다. 미래산업절벽에서 떨어지지 않고 살아남으면 2020년경 이후에는 대기업들이 반전을 모색할 기회를 붙잡게 될 것이다.

필자는 1부, 2부에서 20세기 과거의 판과 21세기 미래의 판의 충돌, 판의 이동이 만들어내는 쓰나미와 미래절벽에 대해서 예측했다. 사람들이 빠지기 쉬운 착각이 두 가지가 있다. 하나는 지금 잘나가니까 앞으로도 영원히 잘될 거라는 환상, 다른 하나는 지금 빠진 위기를 절대 극복하지 못할 거라는 낙담이다. 아시아 대위기, 한국의 금융위기, 신흥국 시장충격, 미래산업절벽 등은 대비하면 충분히 대응할 수 있는 위기들이다. 사람의 잠재력은 상상을 초월한다. 하늘이 무너지는 위기 속에서도 살아날 구멍을 찾아내는 것이 사람이다. 하지만 설마 하고 방심했다가 어린아이의 주먹 한 방에 고꾸라지는 것도 사람이다.

지금 우리는 일시적 위기나 시간이 지나면 금세 회복될 상황에 있는 것이 아니다. 21세기 미래의 판들이 우리가 익숙한 과거의 20세기 판과 충돌하는 현재, 바로 이 지점에서 극심한 갈등과 충격, 대폭발, 강력한 쓰나미가 일어나고 있다. 사는 길은 단 하나다. 변화를 통찰하고, 한 발이라도 먼저 뛰는 것이다. 미래절벽을 뛰어넘으려면 대담한 도전을 해야 한다. 어떤 이는 미래의 판에 빨리 뛰어들고, 어떤 이는 미래의 판에 대항한다. 당신은 어느 쪽인가? 대세는 거스르거나 대항하는 것이 아니다. 대세는 겸손하게 받아들이고 그 파도를 타야 살아남을 수 있다. 아니, 대세를 타면, 그 파도가 당신을 기회의 땅으로 데려다줄 것이다.

PART THREE

기회의 산

기회를 통찰하라

**위기든 기회든 그것을 볼 수 있는
눈이 있어야 보인다.**

기회와 위기를 놓치지 않고 보려면
위기와 기회의 함수관계를 알고 있어야 한다.
기회를 보겠다고 애를 쓰면서도 위기를 보려는 노력을 하지 않으면
기회를 쉽게 볼 수 없다.
기회가 은밀하게 움직이는 데 비해 위기는 공개적으로 움직인다.
위기의 이동 경로를 추적하면
위기와 함께 움직이는 기회를 잡을 수 있다.

기회의 대이동

THE EXODUS OF OPPORTUNITY

역사를 거치며 어느 시대나 변화는 있었다. 하지만 지금의 변화는 이전과 다르다. 변화의 규모가 커지고 복잡해지고 광범위해졌다. 변화의 속도도 빨라지는 구간에 진입했다. 그래서 미래의 불확실성도 커졌다. 위기도 빠르게 반복되고 있다. 옳다고 여겼던 성공 전략, 부의 위치, 세계에 관한 이해에 균열이 일어날 수밖에 없다. 좋은 기업, 좋은 직업, 좋은 투자처라 믿었던 것들에 대해서도 의문과 회의를 품을 수밖에 없다. 산업 이동을 통한 노동시장 변화와 실업 대란, 빈곤과 불평등 때문에 발생하는 지역 분쟁과 테러의 증가, 종교 간의 대립과 갈등, 문화 충돌 등 지금 일어나고 있는 변화의 모습을 차근히 살펴보면 무엇 하나 쉬운 문제가 없다. 이 모든 것이 필자가 1부에서 설명한 거대한 판의 충돌과 이동으로 세계 질서, 사회·경제 구조에 새로운 지각변화가 일어나고 있기 때문이다. 이런 기간에는 위기와 도전이 먼저 눈에 들어온다. 그 이면에서 기회가 대이동하고 있음을 놓치기 쉽다. 단 기회가 이동하면서 이전의 사고방식과 성공의 법칙, 부의 흐름을 사정없이 흩어버리며 크고 작은 여러 개의 폭풍우를 만들어낸다. 이런 폭풍우를 경험하더라도 기회가 사라지는 것으로 오해해서는 안 된다. 인류 역사에서 기회나 부가 축소되거나 사라진 일은 없다. 언제나 기회는 더 커졌으며, 단지 이동할 뿐이었다. 앞으로도 그럴 것이다.

지그문트 바우만Zygmunt Bauman은 불확실성, 머뭇거림, 통제력 결여, 불안감은 새로운 개인의 자유, 새로운 개인의 책임을 얻는 대신 치러야 하는 대가라고 했다.[1] 대가를 치를 각오와 준비를 한다면, 미래에 펼쳐질 기회의 대이동 물결에 올라탈 수 있다.

기회의 대이동은 3단계로 진행된다. 기존의 부와 기회가 사라지는 듯 보이는 것이 첫 번째 단계다. 스멀스멀 피어나는 불확실성의 안개에 가려 저 멀리서 몰려오는 새로운 기회는 잘 보이지 않는다. 옛 영광이 점점 사라져가기 때문에 두려움은 커진다. 가지고 있는 모든 것을 잃어버릴 수 있다는 공포감이 엄습한다. 지난 10년이 그랬다. 정상이다. 그리고 이런 상황은 최소 2020년까지는 계속될 것이다. 두 번째 단계에는 짙은 안개가 서서히 걷히면서 예고되었던 새로운 기회들이 실체를 드러낸다. 갑자기 눈앞에 나타

---

[1] 지그문트 바우만, 《방황하는 개인들의 사회》(봄아필, 2013).

난다. 하지만 갑자기 생긴 기회는 아니다. 짙은 안개 때문에 보이지 않았을 뿐이지, 오랜 시간을 거쳐 가까이에 도착한 것이다. 이때가 되면 기회를 잡은 자와 기회를 잃어버린 자의 구분이 시작된다. 2020~2030년 사이에 우리는 바로 이 두 번째 단계를 경험하게 될 것이다. 세 번째 단계가 되면 새롭게 다가온 기회들이 현실에서 완전히 자리를 잡는다. 그때는 미래의 일로만 여겨졌던 모든 것이 상식이 된다. 일상화된다. 자연스러운 모습이 된다. 예를 들어 지금 우리는 모바일 환경을 당연하게 여긴다. 하지만 불과 10년 전으로 되돌아가보면 이야기는 달랐다.

 필자가 예측한 아시아 대위기가 끝날 2020년 무렵이면 전 세계는 최소 10~15년 동안 새로운 호황기를 경험하게 될 것이다. 필자는 이 시기를 '세컨드 골디락스 Second Goldilocks(경제성장률은 높지만 물가상승률은 낮은 상태)'라 이름 붙였다. 새로운 호황기를 주도할 나라는 미국이고 터전은 아시아가 될 것이다. 위기는 산모의 고통과 같다. 아시아의 대위기는 세컨드 골디락스라는 기회를 낳기 위한 마지막 산통이다.

 한국과 중국, 일본을 비롯한 아시아의 발전과 아시아로의 세계 중심 이동은 단순한 유행이나 일시적 현상이 아니다. 아시아가 겪게 될 대위기 국면도 이런 흐름을 막을 수 없다. 중국이 미국을 추월하든 못하든 상관없다. 아시아의 부상을 막을 수는 없다. 미국과 유럽의 선전은 아시아의 시대를 조금 늦출 수 있을 뿐이다. 아시아 인구는 계속 증가하고 있다. 2020~2030년경이면 한중일의 인구 증가세는 멈출 것이다. 하지만 다른 아시아 지역의 인구 증가가 아시아를 세계 중심으로 끌어올리는 동력으로 작동할 것이다. 한중일 삼국은 성숙한 기술과 경제력으로 이들의 성장을 지원할 것이다. 21세기 말이 되면 세계 인구가 140억 명을 넘을 텐데 그중 60~70%는 아시아인일 것이다. 세계 경제 생산물의 60% 이상도 아시아에서 생산될 것이다. 2025년이면 세계의 부의 축이 아시아로 이동하는 과정이 완료될 것이다. 2050년경이면 아시아는 미래시장의 절반 이상을 갖게 될 것이다.

공간과 시간의 압축, 이동 속도와 지식 생산의 가속화는 세계를 더욱 빠르게 하나로 묶어갈 것이다. 좀 더 좁혀진 세상은 미국을 중심으로 형성된 기존 서구권의 권위와 힘의 장벽을 허물어뜨리고 아시아로 향하는 세계 중심축의 이동, 부와 기회의 대이동을 더욱 빠르게 할 것이다. 예전 기술과 산업은 한계에 도달했지만, 부의 대이동을 동반한 새로운 기술과 산업이 아시아 시장을 중심으로 전개될 것이다. 부의 규모가 한중일에서는 10년 안에 성장의 한계에 도달할 수 있지만, 아시아 전체로 보면 2050년까지 계속 증가할 것이다.

기회가 움직이고 있지만 지금은 실감하지 못할 수 있다. 위기도 한 차례 더 기다리고 있다. 하지만 곧 모두가 기회의 대이동을 체감하게 될 것이다. 2020년이 되기 전에 모두가 엄청난 변화를 온몸으로 확인하게 될 것이다. 그런데 그때는 '선점'의 효과는 사라져버린다. 기회가 모두의 것이 되어버리는 순간 나만의 기회는 사라져버린다. 다가오는 미래를 수동적으로 기다리기만 해서는 안 된다. 항해 중에 멀리 빙산이 보인다면, 물끄러미 바라보기간 해서는 안 된다. 도전하지 않으면 얻지 못한다. 자신이 만나고 싶은 미래를 향해 달려가야 한다. 기회가 최정점에 달할 때 위기를 대비해야 한다. 거꾸로 위기가 최정점에 달할 때 기회에 대비해야 한다. 위기 후 돈 기회가 온다.

최상의 행동은 아시아발 위기가 시작되기 전에 위기에 선제적으로 대비하여 리스크를 최소화하는 것이다. 리스크를 줄여 축적한 그 힘으로 위기가 시작될 때 기회를 선점할 준비를 시작해야 한다. 글로벌 경제의 패권을 노리는 전문 선수들은 이미 전쟁에 출전해 나름의 전공을 올리고 있다. 미래의 기회를 얻는 일은 미래가 다가오기를 준비하고 기다리는 것만으로는 부족하다. 미래 기회가 현실이 되기 전에 먼저 도전해야 한다. 머뭇거릴 시간이 없다. 대이동은 이미 시작되었다. 이동하는 세계 속에서 그 움직임을 읽고 이동하는 과녁을 겨누는 자들의 승리가 시작되었다. 지금이라도 당장 미래에 대한 믿음을 가지고 용감하게 발걸음을 옮기자.

그런데 위기든 기회든 그것을 볼 수 있는 눈이 있어야 보인다. 기회와 위기를 놓치지 않고 보려면 위기와 기회의 함수관계를 알고 있어야 한다. 기회를 보겠다고 애를 쓰면서도 위기를 보려는 노력을 하지 않으면 기회를 쉽게 볼 수 없다. 기회가 은밀하게 움직이는 데 비해 위기는 공개적으로 움직인다. 잘 보이지 않는 기회를 애써 들여다보는 것도 중요하지만, 보이는 위기를 놓치지 않는 것이 더욱 중요하다. 위기의 이동 경로를 추적하면 위기와 함께 움직이는 기회를 잡을 수 있다.

관점을 바꾼다는 것은 매우 중요하다. 미래를 보는 관점도 마찬가지다. 미래가 어떻게 만들어지는가를 알고 마인드셋mindset을 바꾸는 것만으로도 깜깜하고 막막하기만 하던 미래의 모습을 볼 수 있다. 흔히 미래를 알 수 없는 것으로 생각한다. 말 그대로 카오스chaos라고 생각한다. 그런데 카오스와 복잡계complex system는 다르다. 혼돈과 복잡함은 다르다. 만약 혼돈 속에서 질서를 발견할 수 있으면 그것은 복잡한 시스템일 뿐이다. 그래서 필자는 카오스를 무질서가 아니라 아직 질서가 발견되지 않은 거대한 문제로 본다. 그 질서를 찾으면 복잡한 시스템이 된다.

미래는 혼돈으로 보이나 어떻게 만들어질지 원리를 발견할 수 있다. 미래는 분명 미지의 영역이지만 또한 분명 물리적 영역에 있다. 그래서 물리적 법칙의 영향을 받는다. 더욱이 미래는 사람이, 사람의 선택이 만든다. 그리고 그 선택에는 적용되는 법칙이 있다. 위기와 기회의 이동도 마찬가지다. 원리를 먼저 이해하고 현상을 해석하는 눈을 갖추면 기회를 통찰할 수 있다.

미래절벽에서 피는 기회

THE EXODUS OF OPPORTUNITY

　필자는 2016~2020년쯤까지 대기업에게 미래산업절벽이 펼쳐질 것이라 예측했다. 미래산업이 시장을 만들어내기 시작했지만, 2016~2020년경까지는 대기업이 미래산업에서 의미 있는 매출이나 순이익을 만들기는 힘들다고 예측하기 때문이다.

　거꾸로 이 기간은 벤처기업들에게 최고의 기간이 될 것이다. 이미 3D 프린터, 드론, 인공지능, 줄기세포, 나노기술, 로봇 등 미래산업은 새로운 시장을 창출해내기 시작했다. 앞으로 5년 동안 매년 적게는 수십 퍼센트, 많게는 2~3배씩 시장 규모가 커질 것이다. 그럼에도 한 산업에서 적어도 수천억 원, 많게는 수조에서 수십조 원을 벌어들여야 하는 대기업은 미래산업에서 그 어떤 종목에 뛰어들든 상관없이 투자 대비 의미 있는 커다란 매출이나 순이익을 얻기 어렵다. 하지만 신생 벤처기업이나 자본금이 적은 중소기업들에게는 매년 폭발적인 성장률을 보일 수 있는 시기다. 미래절벽에서 피는 한 송이 꽃이라 할 만하다.

미래산업이 만들어내는 새로운 시장에서 대기업이 의미 있는 매출이나 순이익을 만드는 것은 2020년경에나 가능하다. 그 무렵부터 미래산업에서 국내외 대기업들의 본격적인 경쟁이 벌어질 것이다. 이 역시 벤처기업이나 중소형기업에게는 또 다른 기회다. 2020년 이후 본격적으로 벌어질 경쟁에서 대기업이 승리하려면 반드시 실력 있는 벤처기업이나 중소형기업을 인수합병해야 한다. 20세기보다 2~3배 이상 시장과 산업의 변화가 빠를 것으로 예측되는 21세기 산업전쟁에서 승리하려면 아무리 대기업이라도 제품을 생산하는 데 필요한 모든 기술을 직접 연구개발해서는 경쟁자를 이길 수 없다. 기술력이 부족해서가 아니라, 속도의 문제이기 때문이다. 치고 나는 속도, 후발주자를 견제하는 속도, 경쟁에서 우위를 유지하는 속도감을 계속 유지하려면 단계마다 실력 있는 벤처기업이나 중소형기업을 인수합병하면서 나아가야 한다. 그러지 않으면 경쟁자를 따돌리기도 힘들고, 시장의 변화를 따라가기 힘들다. 즉 2020년 전까지는 기존 산업에서 생존을 건 치킨게임이 벌어지면서 인수합병의 기회가 열린다면, 2020년 이후에는 미래산업을 선점하기 위한 인수합병의 장이 크게 열릴 것이다. 미래산업에 뛰어든 신생 벤처기업이나 중소기업들은 미래산업절벽에 피는 이 기회를 반드시 붙잡아야 한다.

기회의 산

THE EXODUS OF OPPORTUNITY

미래산업절벽에서 기회의 꽃이 핀 후, 2020년경부터는 본격적으로 미래산업이 넓은 들녘에서 무르익기 시작할 것이다. 지난 10~20년 동안 씨앗을 뿌리고, 물을 대고, 잡초를 뽑고, 정성을 들여 농사를 지었던 미래산업이 큰 수확물을 선물하기 시작할 것이다. 미래산업이 만드는 거대한 미래시장이 몰려올 것이다. 엄청나게 치솟는 기회의 산, 반드시 이 산에 올라야 한다.

필자는 《2030 더담한 도전》에서 거대하게 솟구치는 기회의 산의 모습이 얼마나 웅장한지를 '미래산업지도'로 예측해 발표했다. 미래산업이 만들어낼 미래시장과 기업들의 치열한 전쟁 양상, 미래기술의 전개 방향, 속도, 영향력에 대한 기초적 예측이었다. 예를 들어 2009년에 '스마트폰이 몰고 올 한국의 전자산업과 통신산업의 변화 예측'을 시작으로 다음과 같은 예측을 선제적으로 해서 기업과 개인의 변화를 자극했다.

필자는 4년 전 삼성그룹 전 임원들을 대상으로 하는 '삼성의 미래전략' 특강에서 아주 중요한 말을 했다. 스마트폰 하드웨어가 중요한 것이 아니다, 운영체제(OS)를 빼앗기면 미래자동차, 스마트홈 등 모든 것의 주도권을 빼앗기게 될 것이라고 했다. 스마트폰 하드웨어 지배력이 있을 때 OS를 밀어넣는 대담한 도전을 해야 한다고 했다. 그때가 마지막 기회였다. 이제는 늦었다.

2010년, 필자는 국내 한 자동차회사 임원 교육에서 이런 질문을 했다.

"자율주행자동차에 대한 회사의 준비는 어떻습니까?"

한 임원이 대답했다.

"우리도 관심을 가지고 있습니다!"

필자가 다시 질문했다.

"어느 정도 관심을 가지고 있습니까?"

임원이 대답했다.

"여러 가지 관심사 중의 하나입니다!"

필자는 이렇게 조언했다.

"여러 개 중 하나의 연구과제로 해서는 안 됩니다! 중심에 놓고 개발에 집중해야 합니다! 자율주행자동차 시대가 생각보다 빨리 도래할 것입니다!"

안타깝지만, 국내 자동차회사는 미래자동차의 핵심기술인 자율주행자동차 기술에 미국보다 5년 이상 뒤처지면서 우왕좌왕하고 있다.

몇 년 전, 필자는 한국의 IT기업과 자동차기업이 위기에 직면하기 전에 이런 조언도 했다.

"테슬라를 사십시오!"

삼성, LG, 현대기아차 중에서 한 기업이 테슬라를 샀으면 미래시장의 판도를 크게 바꿀 기회가 한국에도 찾아왔을 것이다. 테슬라를 사라는 말에 이런 질문이 던져졌다.

"일론 머스크Elon Musk가 테슬라를 팔까요?"

필자의 대답은 명확했다.

"팔 겁니다!"

실제로 일론 머스크는 몇 년 전에 테슬라를 팔려고 한국에도 왔었다. 삼성전자가 OS 안드로이드를 잡지 못했듯, 테슬라도 한국 기업에게 외면당했다. 이제 테슬라는 애플과 벤츠나 BMW가 노리는 기업이 되었다. 구글은 이미 포드 자동차와 자율주행자동차 양산 협력을 시작했다. 구글이 자율주행자동차를 일반에 판매하기 시작하면 테슬라의 몸값은 한 번 더 솟구칠 것이다. 구글과 테슬라, 애플보다 한 발 늦은 독일과 일본 자동차그룹은 마음이 급해질 것이다. 자율주행자동차 기술의 핵심 중 하나가 '3차원 지도'다. 얼마 전에 노키아Nokia의 지도서비스인 '히어here'가 시장에 매물로 나왔다. 독일 자동차회사들은 컨소시엄을 만들어 히어를 한화·3조 5,000억 원을 주고 인수했다. 내비게이션 지도 하나를 엄청난 돈을 주고 인수했다. 참고로 한국에서 인기를 끌었던 내비게이션 서비스인 '김기사'는 626억에 카카오에 매각되었다. 3조 5,000억 원이 말이 되는가? 독일 자동차회사들이 그렇게 한 이유는 무엇일까? 자사 자동차에 사용하려는 목적도 있다. 하지만 더욱 중요한 것은 경쟁에서 뒤처지지 않는 것이다. 히어를 구글이나 애플 혹은 테슬라가 인수하면 유럽의 미래자동차 시장을 통째로 그들에게 빼앗길 가능성이 커진다.

독일 자동차회사들의 다음 목표는 테슬라가 될 것이다. 테슬라의 시장가치는 이미 몇 년 전 한국을 방문했을 때와는 비교가 되지 않을 정도로 상승했다. 그래도 미래자동차 시장의 규모에 비해서는 아주 싼 가격이다. 필자의 예측으로는 한국 기업에게도 앞으로 한 번 정도 테슬라를 살 기회가 올 것이다. 테슬라 회장인 일론 머스크의 최종 목표는 우주산업이다. 우주산업은 엄청난 자본투자가 필요하다. 조달 방법은 하나, 테슬라를 최고의 가격까지 끌어올려 판다. 일론 머스크는 페이팔PayPal을 창업할 때도 비슷한 전략을 사용했다. 페이팔을 팔아 번 수익으로 태양광회사와 테슬라를 창업했다. 다음번 전략은 이 두 개를 다시 팔아 우주산업에 올인하는 것이다. 머지않은 시기에 테슬라가 팔린다는 소식을 뉴스를 통해 듣게 될 것이다. 그때가 미래자동차에 대한 진검승부의 정점일 것이다. 과연 그때는 한국 기업이 대담한 도전을 할 수 있을까?

2009년부터 시작한 필자의 미래산업 변화 예측 중에서 상당 부분은 이미 현실이 되었다. 그런 미래가 현실이 될 가능성을 보여주는 기술들이 속속 등장하고 있다. 그런데 필자의 예측과 조언에도 불구하고 머뭇거린 기업이 많다. 머뭇거린 개인이 많다. 물론 한국의 30대 기업 중 상당수가 필자의 예측을 참고하면서 미래 방향을 전환 중이다. 하지만 빠른 추격자 전략에 익숙했기 때문에 과감하고 대담한 도전을 하지 못했다. 그 결과는 컸다. 미래자동차, 로봇, 인공지능 등 몇 가지 산업은 선점의 기회를 놓쳤다. 부가가치는 선점한 자가 가장 크게 갖는다. 이미 5년 전부터 구글, IBM, 페이스북, MS, 애플 등은 인공지능 기술에 사활을 걸었다. 개발한 기술을 오픈 소스로 시장에 풀면서 이미 진입장벽을 치기 시작했다.

필자는 스티브 잡스Steve Jobs가 죽기 전에 미래자동차 산업 진입을 준비했을 것이라고 분석한 바 있다. 애플의 미래자동차 비즈니스 모델도 예측했다. 구글은 2020년 전에 상용화를 시작할 것이다. 테슬라는 미래자동차 기술 개방을 시작했다. 구글도 곧 그렇게 할 것이다. 그들이 개방하고 공개한 기술을 가지고 빠른 추격자가 되려 하는가? 내연기관 자동차는 빠른 추격자 전략이 통했지만, 미래자동차는 안 될 것이다. 게임의 방식이 다르기 때문이다. 한국 기업은 미래자동차 분야에서도 종속 회사가 될 것이다. 미래자동차와 인공지능처럼 로봇산업도 선진국은 비슷한 전략으로 시장 선점을 할 것이다. 참고로 로봇산업은 자동차산업을 능가할 것이다. 아니, 미래에는 자동차 자체가 로봇이 된다. 자동차산업은 로봇산업에 통합될 것이다. 그 변화도 이미 시작되었고, 선진국은 후발주자에 대한 진입장벽을 구축 중이다. 이들에게 정면으로 대응할 수 있는 나웨어러블 1억 대 판매 **2차 가상혁명**–가상과 현실 경계 파괴(Intelligence Augmentation 〉 Artificial Intelligence)

◆ 스마트폰 사용자 25억　　　　　　　◆ 스마트폰 사용자 55~60억
2015년, IoT 50억 연결　　　　　　　　loT 200억 개 이상 연결　　5G 통신(Ubi-Presense)
2016년, IoT 1조 4천억$　　　　　웨어러블, IoT, VR, HI, AI, 햅틱 서비스 확대(인간과 기계 연결, 스마트기계, 스마트공장,

데이터 테크놀로지, 클라우드, 블록체인 암호화 발전

웨어러블 디바이스 다양화 단계　　　　　　　　레벨3 자율주행차(Painted 태양광, 자동차 디스플레이)

운송산업 4조$　　　　　　　　　　　　　　　　　　　　　　　　　　스마트폰 디지털브레인화
전 세계 전력수요 2.5%씩, 아시아 신흥국 4.7%씩 증가　　◆ 1961년 대비, 지구온도 1도 상승(2040~50년대
에너지산업 8조$　　　　　　　　　　　　　　　　　　　　에너지 집적기술 가속화(소재혁명,
　　　　　　　　　　　플렉서블 디스플레이
리튬이온 배터리 1Kw/h 420$(매년 15% 하락, 2030년 30$)　　　　　새로 건설되는 발전소
– 테슬라 56Kw/h 400km주행　　　　　　　　　One Company Multi-Devices

2차 로봇혁명　　　　◆ 로봇시장 211억$　　◆ 드론시장 114억$　　생활서비스형 로봇시장 형성

◆ 운수, 물류 3~6%씩 증가　　　　　　　　　　　　　　　　　　건강하게 오래 사는 산업(유전자
　　　　　　　　　　　　게놈 분석–1시간 30$　　　　　　　　　1차 나노혁명, 바이오혁명

　　　　　　　　　　　◆ 줄기세포 1,100억$　　◆ 바이오시밀러 250~300억$(2014년 16억$)
　　　　　　　　　　　　　　　　　　　　　　◆ 물시장 1조
　　　　　　　　　　　　　　　　　　　　　　◆ 아프리카 식량생산량 50% 감소

◆ 게임시장 1,300억$
공유경제, 접속경제(일부만 소유), P2P경제(중개, 중앙집중형에서 벗어난 경제)
가상화폐, 핀테크 다양화　　　P2P금융(2025년경 핀테크 활성화로 은행 소비자금융수익 악화)
산업 경계 파괴(산업 vs.산업 대결)　　　　　**3차 산업혁명**(3D 프린팅 제조방식 혁명, IoT 초연결, IA, AI로 생산성
3D 프린터(공장 개인화, 개인 vs.기업 대결)
한국/중국 산업별 격차(2014년 초 기준)　　언어 경계 파괴 시작(2030년경 완성), 교육기관 경계
자동차(1.4년) 반도체(1.3) 로봇(1.0)
섬유의류(1.3) IT융합(1.0) 이동통신(0.9)　　G20 국가 고령화, 평균수명 100세 시기(일본, 한국,
바이오(0.7) 네트워크(0.6) 조선(1.7)
플랜트엔지니어링(1.1) 디스플레이(1.5)

2015　　　　　　　　　　　　　　**2020**　　　　　　　　　　　　　　**2025**
　　　　　　　한국 금융위기　　　　　　　　　　김정은 1차 위기(1차 통일 가능성)
　　　　　　　　　　　　　　　　　현대기아차그룹 위기
　　　　　　　중국 1차 금융위기　　　　　시진핑 임기종료(2022)
　　　3차 그렉시트 가능성　　　　　　　　중국 정치위기, 1차 민주화 가능성

신흥국 금융위기　　　　　　　유럽 경제 회복기간　　　　　　　　　　　　　신흥국,
중국 GDP 6% 시대　　　아시아 금융위기　　　일본 경제위기 가능성

　　　　　　　　　　　　　　　　　　　　　　　　　　　　　　　중국 GDP 4~5%시대,
　　　　　　　　　　　　미중전쟁
미국 경제 회복기간(양적완화 중자–금리 인상–보호무역주의–신산업 버블)　　**미국 제2 전성기**(미국은 2050년

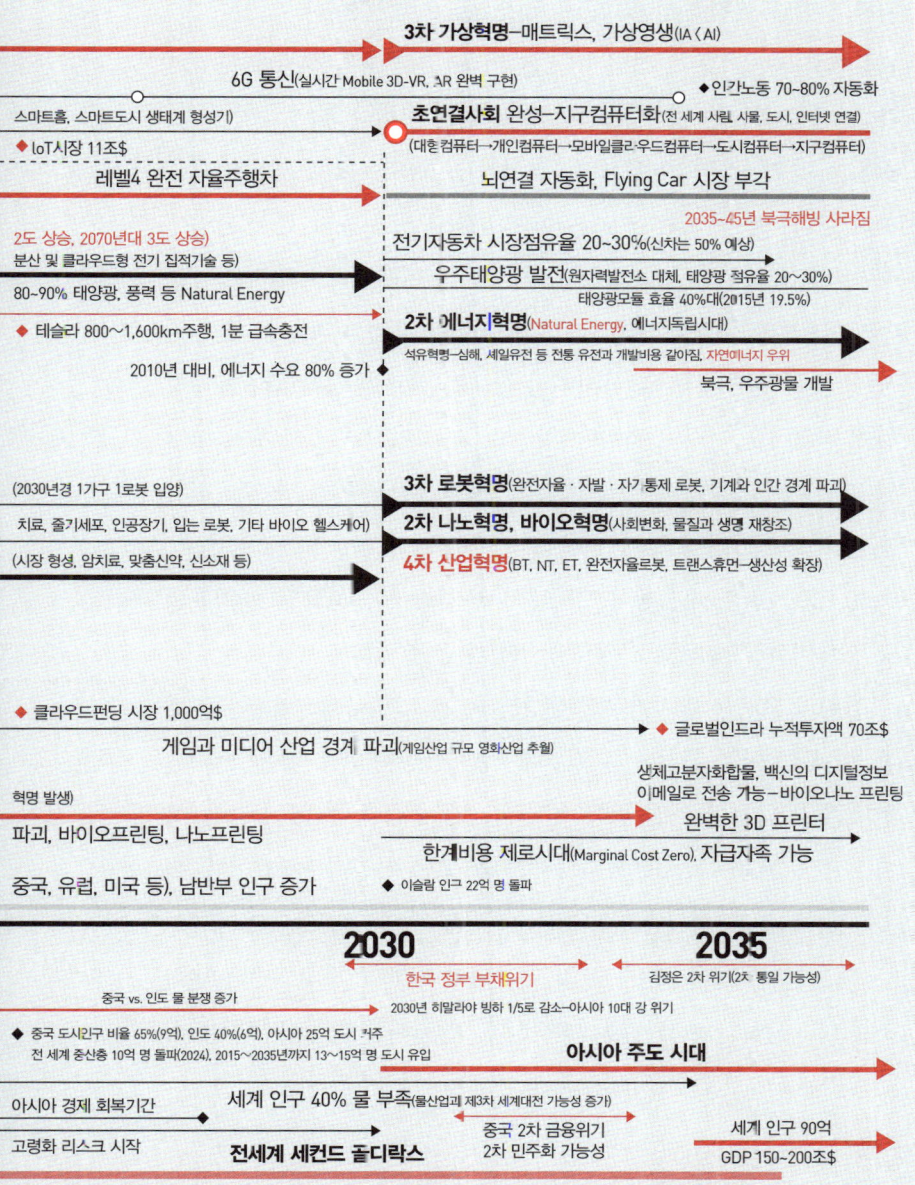

미래산업전쟁에 대한 미래지도

연도를 중심으로 각 구간별로 경계가 파괴되면서 변화하는 미래산업의 복잡한 관계와 예측되는 결과라는 중국뿐이다. 사회주의 국가의 정부주도 전략과 14억 시장을 무기 삼아 미국에 대응할 수 있다. 아쉽지만, 늦은 것은 과감하게 포기해야 한다. 과감하게 포기하는 것도 대담한 결정이다.

실망하기는 이르다. 지난 10년은 미래산업전쟁의 서막에 불과했다. 실망할 필요는 없다. 여전히 열려 있는 기회는 많다. 대담한 도전을 하면 쟁취할 영역은 많다. 필자는 그 영역들이 무엇인지 예측하려 한다. 할 수 있는 영역은 어떤 전략을 구사해야 한국 기업이 생존하고 승리할 수 있는지 예측하려 한다. 미래전략 예측이다.

2016~2020년은 미래산업전쟁의 승부를 가릴 대격돌을 위해 미국의 군대, 유럽의 군대, 아시아의 군대가 글로벌 시장이라는 대평원에 집결하는 기간일 것이다. 앞으로 30년 어떤 기업이 세계 산업의 패권을 손에 거머쥘지 결정짓는 한판 전쟁을 위해 마지막 전열을 정비하는 시간일 것이다. 출격 준비를 기다리는 시간일 것이다. 2020~2030년은 대전쟁이 시작된다. 진검승부가 시작된다. 최후의 승자는 역사상 가장 크고 위대한 부를 얻을 수 있다.

앞 쪽의 그림은 필자가 예측한 2035년까지의 미래산업전쟁에 대한 '미래지도futures timeline map'다. 하단에 있는 연도 밑은 2020년 전과 후로 나누어 보면 된다. 구간은 크게 3개다. 2016~2020년까지 1구간. 2020~2030년까지 2구간, 2030년 이상이 3구간이다. 필자는 미래산업전쟁의 진검승부는 2구간에서 벌어질 것으로 예측한다. 지도는 연도를 중심으로 각 구간별로 경계가 파괴되면서 변화하는 미래산업의 복잡한 관계와 예측되는 결과를 한눈에 보게 정리한 것이다. 상세하게 설명하면 아래와 같다.

1구간

- 2016~2020년, 제1차 3D 프린팅 혁명으로 공장 개인화 시대 시작
- 2016~2020년, 웨어러블 디바이스 다양화 단계
- 2016~2030년, 데이터 테크놀로지 시대, 블록체인 암호화 기술 발전 및 적용 시대
- 2016~2025년, 가상화폐, 핀테크, P2P금융의 다양화 시기
- 2016~2025년, 공유경제, 접속경제, P2P경제로 중개 및 중앙 집중형에서 벗어난 새로운 경제 시스템 형성
- 2016~2030년, 각종 IT기술이 진화하면서 가상과 현실의 경계가 파괴되는 제2차 가상혁명, 인간지능증강 Intelligence Augmentation(IA), 약한 인공지능 기술 등으로 후기정보화 시대 형성
- 2018~2023년, 플렉서블 디스플레이 flexible display 범용화
- 2018~2026년, 유비프레즌스 Ubi-Presense 사회 형성
- 2018~2030년, 웨어러블 디바이스, 사물인터넷, 가상현실, HI, 인공지능, 촉각 테크놀로지 haptic technology, 디스플레이 혁명이 만드는 미래
- 2018~2030년, 3D 프린팅, 사물인터넷, 인간지능증강, 약한 인공지능이 결합하여 제2차 산업혁명 발생
- 2018년, 줄기세포 세계시장 1,100억 달러 규모

2구간

- 2020년, 일반 컴퓨터보다 최대 1억 배 빠른 양자컴퓨터 보급 확대
- 2020년, 로봇 세계시장 211억 달러 규모
- 2020년, 게놈 분석 1시간 30달러 비용으로 가능
- 2020년, 바이오시밀러biosimilar 세계시장 250~300억 달러 규모
- 2020년, 아프리카 식량생산량 50% 감소
- 2020년, 스마트폰 사용자 55~60억 돌파, 사물인터넷 200억 개 이상 연결
- 2020~2025년, 레벨3 자율주행자동차 상용화
- 2020~2030년, 소재혁명, 분산 및 클라우드형 전기 집적기술로 에너지 집적기술 가속화 시대
- 2020~2030년, 생활서비스형 로봇시장 형성기, 로봇처럼 변해가는 인간시대 시작
- 2020~2030년, 줄기세포 의료서비스 및 유전자 분석 치료 대중화, 나노로봇, 인공근육 생산, 인공장기 배양기술 등이 가능한 제1차 나노 및 바이오 혁명 시기
- 2020~2030년, 선진국 중심으로 건강하게 오래 사는 산업시장 성장기
- 2020~2030년, 언어 경계 파괴, 교육기관 경계 파괴 시기
- 2022년, 드론 세계시장 114억 달러 규모
- 2022년, 기후조절산업 세계시장 5,000억 달러 규모
- 2022년, GMO 세계시장 4,500억 달러 규모

- 2022년, 1951년 대비 지구 평균온도 1도 상승(2040~2050년대 2도 상승, 2070년대 3도 상승 가능)
- 2025년, 스마트폰의 디지털브레인digital brain화
- 2025년, 옷처럼 입고 다니는 컴퓨터 대중화
- 2025년, 사물인터넷 세계시장 11조 달러 규모
- 2025년, 전기자동차 800~1,600킬로미터 주행 가능
- 2025년, 시속 1,000킬로미터 하이퍼루프hyperloop 기술 상용화 가능
- 2025~2035년, 게임과 미디어 산업 경계 파괴
- 2025년, 대체에너지 미국 시장 6,000억 달러 규모
- 2025년, 클라우드펀딩 시장 1,000억 달러 규모
- 2026년, 담수화산업 세계시장 4,500억 달러 규모
- 2026~2030년, 레벨 4 완전 자율주행자동차 상용화
- 2027년, 뇌 분석이 완료되어 뇌지도 커넥톰connectcme 완성
- 2027~2035년, 실시간 모바일 3D-가상현실 및 증강현실 기술 시대

3구간
- 2030년, 전기자동차 세계시장 점유율 20~30% 도달
- 2030년, 스마트홈 시대 완성
- 2030년, 가상과 현실의 경계 파괴 완성
- 2030년, 우주태양광 발전소 건설

- 2030년, 에너지 독립이 가능한 제2차 에너지혁명 시대 시작
- 2030년, 자연에너지가 화석에너지보다 경쟁우위 확보
- 2030년, 가상과 현실이 완전히 융합되는 매트릭스, 가상영생의 시대 시작
- 2030년, 뇌연결 자동차, 나는 자동차 flying car 상용화 시대
- 2030년, 전 세계 사람, 사물, 도시가 연결되는 초연결사회 완성과 지구 컴퓨터화 시대 진입
- 2030년, 제2차 3D 프린팅 혁명. 생체고분자화합물, 백신의 디지털정보를 이메일로 전송하는 바이오나노 프린팅 기술 가능
- 2030년, 제2차 나노 및 바이오 혁명으로 사회변화, 물질과 생명 재창조 시대 시작
- 2030년, 완전자율·자발·자기통제 로봇기술 가능, 인간처럼 변해가는 로봇시대 및 기계양육 시대 시작
- 2030년, 바이오공학, 나노공학, 환경공학, 완전자율로봇, 트랜스휴먼, 인공지능 가상사회가 결합하며 상호연결된 기술계 system of technology인 초기 테크늄 technium 시대 개막. 제4차 산업혁명 시작으로 환상사회 fantastic society 진입
- 2030년, 한계비용 제로시대의 시작
- 2030~2035년, 민간 우주여행산업 본격 개막 (저궤도 우주여행, 우주엘리베이터 여행 상업화 가능 시기)
- 2030년, 극초소음속 비행기로 전 세계 2시간 생활권 시대
- 2032년, 아기 유전자 디자인 가능

- 2033년, 북극 및 우주광물 개발시대
- 2035년, 인간 노동 70~80% 자동화
- 2035~2045년, 여름에 북극해 해빙이 완전히 사라지는 시기

이 책에서 앞에 언급한 미래산업의 양상을 모두 설명하지는 않을 것이다. 이 책은 미래입문서이기 때문에 개인에게 중요한 다양한 미래변화 중 몇 가지만 골라서 맛보기로 소개하려 한다. 미래산업에 대한 좀 더 폭넓고 다양한 예측을 듣고 싶은 독자는 《2030 대담한 미래 2》와 《2030 대담한 도전》을 참고하라.

정보의 의미와 가치가 변하고 있다

THE EXODUS OF OPPORTUNITY

 지금은 말 그대로 네트워크 시대다. 인터넷 사용자가 20억 명이 넘었다. 가입된 휴대전화도 60억 개가 넘었다. 10억 개 이상의 수많은 하드웨어 장치들이 광대한 실시간 다중 네트워크 안에서 통신하면서 인간활동의 모든 부분을 지원하고 있다. 사고방식과 정보, 기술이 수렴되어 이루어지는 새로운 형식의 문명이 세계 곳곳에서 나타난다.

 2025년이 되면 사실상 여과되지 않은 정보에 접근하지 못했던 전 세계인 대부분이 손바닥에 쏙 들어가는 기기를 갖고서 온 세상의 모든 정보에 접속할 수 있게 될 것이다. 지금과 같은 속도로 기술혁신이 이루어진다면 그때는 약 80억 명에 이를 것으로 추정되는 세계 인구 대부분이 온라인에서 활동할 것이다."[2]

지금 우리가 접속하고 있는 네트워크에는 엄청난 정보가 존재한다. 우리는 이미 빅데이터 시대를 살고 있다. 그런데 도대체 빅데이터가 무엇인가? 빅데이터는 데이터의 생성 양, 주기, 형식 등이 기존 데이터에 비해 너무 커 종래의 방법으로는 수집, 저장, 검색, 분석이 어려운 방대한 데이터를 말한다. 빅데이터는 각종 센서와 인터넷의 발달로 데이터가 늘어나면서 나타났다.

일부 학자들은 빅데이터를 통해 인류가 유사 이래 처음으로 인간 행동을 예측할 수 있는 세상이 열리고 있다고 주장하기도 한다. 컴퓨터 및 처리기술이 발달함에 따라 디지털 환경에서 생성되는 빅데이터를 기반으로 분석할 경우, 질병이나 사회현상의 변화에 관한 새로운 시각이나 법칙을 발견할 가능성이 커졌다. 미래가치로서 데이터의 소중함에 대한 인식의 큰 전환이 필요하다. 첨단 디지털의 빅데이터 시대에 걸맞게 효율적으로 수집-보관-관리하는 시스템의 구축이 시급히 요청되고 있다.

빅데이터는 초대용량의 데이터 양volume, 다양한 형태variety, 빠른 생성 속도velocity라는 뜻에서 3V라고도 불린다.[3] 여기에 네 번째 특징으로 가치value를 더해 4V라고 정의하기도 한다. 빅데이터에서 가치가 중요 특징으로 등장한 것은 엄청난 규모뿐 아니라 빅

[2] 에릭 슈미트·제러드 코언, 《새로운 디지털 시대》, 이진원 옮김(알키, 2013), 11쪽.
[3] 시로타 마코토, 《빅데이터의 충격》, 김성재 옮김, 한석주 감수(한빛미디어, 2013), 21~25쪽.

데이터 대부분은 비정형적인 텍스트와 이미지 등으로 이루어져 있고, 이러한 데이터들은 시간이 지나면서 매우 빠르게 전파하며 변함에 따라 그 전체를 파악하고 일정한 패턴을 발견하기가 어렵게 되면서 가치 창출의 중요성이 강조되었기 때문이다.

단순한 검색엔진을 사용해 검색한다면, 검색어와 최종 검색 결과의 연결 경로는 사람의 지능에 달려 있다. 어떤 검색어를 사용하느냐에 따라 다른 결과가 나오기 때문에 모든 사람이 검색어로부터 추출한 답에 만족하지는 않을 것이다. 하지만 인공지능이 도입되면 검색은 진화할 것이다. 인공지능은 시간이 지남에 따라 사람들의 누적된 생각을 기반으로 검색 결과를 더욱 진화시킬 수 있다. 컴퓨터에 키보드 입력만으로 검색하는 시대는 지났다. 여러 가지 정보, 예를 들어 사용자의 사회적 그래프, 검색과 검색 기록, 이미지와 영상을 시청한 시간, 구매 기록, 심지어 선호하는 음악 등이 결합하면서 우리가 어떤 사람인지 분류해준다. 컴퓨터가 사람의 마음을 읽을 수는 없다. 하지만 사용하는 정보와 반응, 관심도와 정보입력 결과를 주의 깊게 분석함으로써, 우리 마음이 다음에는 무엇을 원할지 예측해 그 정보를 더 정확하게 알려줄 수는 있다.

이전에는 과거의 행적에 불과하던 낱낱의 의미 없는 정보 조각들이 빅데이터라는 의미 덩어리가 되었다. 정보의 의미와 가치가 변했다. 지금은 의미 없는 정보가 사라진 시대라고 해도 지나치지 않을 것이다. 모든 정보가 나름의 의미를 가질 뿐 아니라 빅데이터로 모이면서 또 다른 의미를 만들어내는 세상이다.

이미 여러 곳에서 빅데이터를 활용하고 있다. 물론 가장 활발한 곳은 기업이다. 검색엔진과 전자상거래 기업은 말 그대로 방대한 big 고객정보를 분석해 다양한 마케팅 활동을 하고 있다. 구글의 자동번역 시스템, 아마존의 도서추천 시스템은 소비자에게도 이미 친숙해진 빅데이터 활용의 사례다. 구글의 자동번역 시스템은 컴퓨터에 문법을 가르치지 않고 사람이 이미 번역한 수억 개의 문서에서 패턴을 조사해 언어 간 번역 규칙을 스스로 발견하도록 한다. 문법은 예외가 많은 규칙이기에 참고할 문서가 많으면 많을수록 번역이 잘될 가능성이 높다. 아마존은 고객의 도서 구매정보를 분석해 특정 책을 구매한 사람이 추가로 구매할 것으로 예상하는 도서를 추천하면서 할인쿠폰을 지급한다. 말 그대로 빅데이터를 기반으로 하는 마케팅 활동이다.

공공 부문도 위험관리 시스템, 탈세 등 부정행위 방지 등에 빅데이터를 활용하기 위해 다양한 노력을 하고 있다. 미국 국세청은 빅데이터를 활용해 탈세 및 사기 범죄예방 시스템을 구축했다. 방대한 자료로부터 이상 징후를 찾아내고 예측 모델링을 통해 과거의 행동정보를 분석해 사기 패턴과 유사한 행동을 검출해낸다. 또한 소셜네트워크 분석을 통해 범죄네트워크도 찾아내고 있다. 계좌, 주소, 전화번호, 납세자 간의 연관관계를 분석하고, 페이스북이나 트위터를 통해 범죄자와 관련된 소셜네트워크를 분석해 범죄자 집단에 대한 감시 시스템을 마련했다. 이를 통해 연간 3,450억 달러에 달하는 세금 누락을 적발하고 불필요한 세금 환급을 절감하고 있다.

일본은 센서데이터를 활용한 지능형 교통안내 시스템을 구축했다. 교통상황과 관련된 데이터를 종합 분석해 실시간으로 출발지에서 목적지까지의 최적 경로를 안내한다. 택시 및 정보 제공에 동의한 내비게이터 사용자로부터 얻은 교통정보를 이용하고 있다. GPS로부터 자동차의 주행속도를 계산해 교통정보를 수집한다. 이로써 교통체증이 가져오는 불필요한 에너지 낭비를 방지해 에너지 효율을 증대하고 있다.

월마트Wal-Mart는 웹사이트에서 발생하는 거래 데이터를 이용한 재고예측 조사 시스템을 마련해 운영 중이다. 소셜미디어로 고객 소비패턴을 분석함으로써 유통 효율성을 제고한다. 시시각각 변화하는 소비자의 패턴을 분석해 적재적소에 필요한 물품을 빠르게 제공함으로써 불필요한 재고 낭비를 방지하고, 고객이 원하는 물품을 충분히 공급할 수 있기 때문에 점포당 고객만족도 향상으로 이어져 기업 발전에 선순환적인 역할을 하고 있다.

패스트 패션을 지향하는 패션 브랜드 자라Zara도 빅데이터를 활용하고 있다. 빠르게 변화하는 패션 트렌드를 포착해 신속하고 저렴하게 의류를 제공하기 위한 시스템을 구축했다. 전 세계 400여 개 도시에 진출한 각 매장의 판매 및 재고 데이터를 실시간으로 수집 분석해 최대 매출을 달성할 수 있는 재고 최적 분배 시스템을 개발, 운영하고 있다. 스페인에 있는 2개의 물류창고에서 주 2회, 세계 각국에 있는 1,500개의 점포로 직송하는 공급망을 구축했다. 점포 매니저가 요구하는 보충 수량, 과거 매상실적, 점포 진열 방침을 고려해 각 점포의 다음 주 개상을 예측하고, 다음 주 매상 예측을 근거로 전 점포의 매상이 최대가 되도록 물류창고에서 각 점포로 상품별 출하량을 산출한다. 이렇게 고객의 니즈를 실시간으로 반영함으로써 불필요한 재고의 효율적 분배가 가능해졌다.

이처럼 이미 웹은 사용자가 사이트에 올린 내용을 보여주기만 하는 시스템인 웹2.0에서 진보해, 웹3.0에서는 저장된 정보의 의미에 대한 지식을 가지고 정보가 필요한 이유를 분별할 수 있게 되었다. 컴퓨터와 네트워크의 발전은 개인적인 자선활동에서부터 조직적인 범죄에 이르기까지 폭넓은 인간행동을 반영하는 의식과 기술의 연속체를 만들고 있다. 데이비드 와인버거David Weinberger의 이야기가 현실이 된 지 오래다.

> 지금 당신이 무언가를 알고 싶다면 온라인으로 가면 된다. 또한 당신이 배운 것을 다른 사람들에게 널리 알리고 싶다면 그때도 온라인으로 가면 된다. 종이는 앞으로도 오랫동안 우리와 같이 있겠지만 그 영향력은 점점 줄어들 것이다. 대신 이제 새로운, 연결된 디지털 매체의 영향력은 더욱더 커질 것이다. 그러나 이것이 단순히 사각형 모양의 책 내지를 스크린 위에 띄워 보여주는 기술적 변화만을 의미하는 건 아니다. 이것은 우리가 가진 가장 오래되고 가장 기본적인 지식의 전략이 변화하고 있음을 의미한다. 이는 지식의 연결화, 즉 네트워크화를 말한다.[4]

컴퓨터 네트워크에 의해 형성되는 가상공간은 상업적인 경쟁, 사상적인 적들, 정부 및 극단주의자들이 허위정보를 퍼뜨리는 새로운 수단이 되고, 사이버 범죄자와 사법기관의 전쟁터가 되기도 한다. 지식을 탐구하는 이들에게는 전 세계에 퍼져 있는 자료들에 접근할 수 있게 해주는 지식인프라가 소수에게만 접근이 허용되는 지식인프라보다 분명 더 좋은 것으로 여겨질 것이다. 그러나 인프라의 확대가 장밋빛 미래만 약속하는 것은 아니다. 지식의 양이 많아진 만큼 예전보다 훨씬 더 많은 '거짓들untruths'을 접하게 될 가능성 또한 커졌기 때문이다.

인터넷은 우리에게 다양한 기회와 위기와 모델을 동시에 제공한다. 그러나 인터넷이 '다른 것'을 접하거나 그것과의 교류를 막는 장애물을 줄여준다는 사실은 누구도 부인할 수 없다. 만약 장애물이 남아 있다면 그것은 기술적 장애물이 아니라 우리 스스로가 만든 심리적 장애물일 가능성이 높다.

무선 전송을 기반으로 한 인터넷이 외딴 지역에 설치되고 있다. 인터넷에 연결되는 휴대전화가 저소득층을 위해서 교육과 업무용으로 설계된다. 그리고 가장 가난한 20억 명의 사람들을 발전된 문명의 신경체계에 연결시켜주는 혁신적인 프로그램도 만들어지고 있다. 이제 곧 우주에서도 인터넷을 사용할 수 있는 시대가 온다.

전 세계로 연결된 소셜네트워크 서비스들은 '아랍의 봄'에서 볼

---

4 데이비드 와인버거, 《지식의 미래》, 이진원 옮김(리더스북, 2014), 21쪽.

수 있었던 것처럼, 수억 경의 회원들을 새로운 종류의 인맥으로 연결하고 정치의식과 대중의 힘 키우기에 박차를 가하고 있다. 이런 의미에서 지그문트 바우만의 다음 이야기에 동의한다.

> 정보는 전자기기를 플러그에 꽂기만 하면 즉각적으로 전파된다. 전자매체를 무시하고 정보를 교환하려면 지역공동체는 정보와 수집과 교환을 위해 정통매체에 의존해야 하는데, 정통매체는 전파속도에 '자연적인 한계'가 있고 안 그래도 높은 비용은 점점 (적어도 전자매체와 비교해서) 증가하고 있다. 이러한 상황은 장소의 가치 절하라는 결과를 낳는다. 비가상적 소통이 일어나는 물리적, 비가상적 공간은 본질적으로 지역 외적인 가상공간에서 만들어진 정보가 배달되고 흡수되고 재활용되는 장소일 뿐이다. 가상공간에 접근하는 비용이 지역 내 전화요금과 같아지면서 공동체의 자율성은 종말을 고했다. 적어도 상징적으로는 공동체의 자율성은 매장되었다. 심지어 유선통신망과 플러그로부터 독립된 휴대전화는 물리적 근접성이 정신적인 동질성을 가져온다는 주장에 최후의 일격을 가했다.[5]

---

5 지그문트 바우만, 《방황하는 개인들의 사회》, 65~66쪽.

새로운 커뮤니케이션,
커뮤니케이션산업을 리셋하다

THE EXODUS OF OPPORTUNITY

정보의 의미와 가치, 그리고 정보 공유 및 커뮤니케이션 방법의 변화로 인해 새로운 커뮤니케이션 산업 등장이 시간문제가 되었다. 지금까지 커뮤니케이션 산업의 왕좌는 유무선 전화산업이 차지하고 있었다. 그러나 왕좌의 주인이 바뀌고 있다. 유무선 전화산업의 규모는 점점 줄어들고 있다. 상황이 이렇게 변화하고 있는데 이전처럼 앞으로도 KT나 SKT, LG유플러스 등 거대 통신기업이 유무선 전화서비스를 주력사업으로 이어간다면 어떻게 될까? 아마도 머지않아 생존을 걱정해야 하는 상황을 맞이하게 될 것이다. 전화산업의 핵심은 인구다. 인구가 줄어들면 규모가 함께 줄어들 수밖에 없다. 다른 산업이야 국외로 진출해 돌파구를 마련할 수도 있지만, 전화산업은 그것이 쉽지 않다. KT나 SKT, LG유플러스가 미국이나 중국 같은 거대시장에 가서 직접 사업을 전개하는 것은 불가능에 가깝다.

들고 다니는 전화라고 해서 휴대전화라고 부르기도 하지만 스마트폰은 엄밀히 말하면 전화가 아니다. 스마트폰은 언제 어디서나 커뮤니케이션할 수 있도록 돕는 '손안의 단말기'다. 스마트폰은 전통적인 전화방식 외에 다른 사람과 소통할 수 있게 하는 새로운 기능들로 가득하다. 자신을 돌아보고 주변 사람들을 살펴보라. 물론 여전히 전화번호를 찾아 누르는 방식의 전통적인 스타일로 소통하고 있다. 하지만 그보다 더욱 빈번히 문자, 이메일, 카카오톡, 페이스북, 카페, 라인, 밴드, 블로그, 트위터, 스카이프 등으로 소통하고 있다. 그뿐 아니다. 길거리에서 지도 검색과 웹서핑을 즐기는 모습이 일상화되었다.

이처럼 커뮤니케이션 기술은 기술혁신뿐만 아니라 문화혁신의 기회를 의미하기도 한다. 우리의 상호작용 방식, 우리가 우리 자신을 바라보는 방식은 계속해서 주위의 온라인 세계로부터 영향을 받고 그것에 주도될 것이다. 우리는 선별적 기억 성향으로 인해 새로운 습관을 재빨리 받아들이고, 과거에 했던 방식을 잊어버릴 것이다. 요즘 휴대전화 없이 산다는 건 상상하기 어렵다. 어디서나 누구나 스마트폰을 쓴다. 이는 감각에 대비해 보험을 든 것과 같다. 또한 우리는 온갖 아이디어를 접할 수 있다. 그렇게 할 수 있는 아주 유용한 방법을 찾기가 여전히 어렵긴 하지만, 우리에게는 항상 관심을 쏟을 무언가가 있다. 스마트폰은 말 그대로 '똑똑하다'.[6]

그런데 곧 현실이 될 미래에는 사람과 사람 사이의 소통만이 아니라 사람과 사물의 소통, 사물과 사물의 소통 등으로 그 영역이 확장된다. 사람과 로봇이 소통하고, 사람과 건물이 소통한다. 그뿐 아니라 건물과 건물이 소통하고 사람과 상품이 소통하는 지금까지와는 사뭇 다른 새로운 소통의 장이 열린다. 모든 사물이 소통의 대상, 통신의 대상이 된다고 해야 할까. 그런 미래가 다가오고 있다. 바로 이런 변화 속에서 새로운 비즈니스 기회가 만들어지고 있다. 사람과 사람 사이의 소통은 전통방식대로 전화를 사용하면 된다. 그런데 사람과 사물의 소통이나 사물과 사물의 소통은 다이얼을 누르는 전통방식으로는 불가능하다. 유무선 전화를 중심으로 한 기존 통신산업이 축소되는 것을 위험으로만 받아들인다면 말 그대로 위험한 미래가 곧 현실이 될 것이다. 하지만 변화가 만들어내는 새로운 기회를 주목하고 준비한다면 말 그대로 새로운 기회의 미래를 맞이하게 될 것이다.

잠시 과거로 돌아가보자. 인터넷이 가져온 변화는 어마어마한 것이었다. 우리가 사는 세상을 인터넷 이전과 이후로 구분할 정도다. 인터넷혁명이란 말이 어색하지 않다. 그런데 지금 일어나는 변화는 우리가 맞이했던 첫 번째 인터넷혁명의 파괴력을 훨씬 넘어서는 엄청난 위력을 지닌다. 지금 진행되고 있는 두 번째 인터넷혁명으로 만들어질 시장은 겉으로 보면 유선에서 무선으로 전환되는 정도로

---

6 에릭 슈미트·제러드 코언, 《새로운 디지털 시대》, 13쪽.

보일 수 있다. 하지만 실상은 그렇지 않다. 이전과는 완전히 차원이 다른 새로운 시장이 열릴 것이다.

첫 번째 인터넷혁명은 그전까지는 세상에 존재하지 않았던 가상의 세계를 만들어냈다. 그런데 우리에게 다가온 가상세계의 첫 모습은 텍스트text로 만들어져 있었다. 이후 가상세계는 '이미지image'라는 옷을 입으면서 엄청난 속도로 질주했다. 글자와 이미지로 구성된 가상세계는 현실세계의 사람들을 단박에 흡수해버렸다. 그 후 진화가 계속되었다. 정지되어 있던 이미지가 움직이기 시작했다. 얼마 지나지 않아 3차원 가상공간이 등장했다. 그렇게 3차원 가상공간이 만들어지자 엄청난 일들이 일어나기 시작했다. 아바타avatar라는 자신의 분신을 만들어 현실세계에서는 불가능했던 일들을 시작했다.

세컨드라이프secondlife.com라는 가상공간에 기업 연수원이 만들어지고 그곳에서 사원을 교육하는 기업이 나타났다. 연구기관도 만들어져 함께 모여 연구를 진행하고 있다. 특히 위험하고 비용이 많이 드는 작업을 현실세계와는 달리 쉽게 진행할 수 있다. 사람들은 그곳에서 자기만의 자동차를 타고 다니고, 자기만의 비행기를 타고 다닌다. 현실세계에서보다 더 많은 돈을 벌 수도 있다. 나이트클럽을 운영하기도 하고 부동산 개발업자가 될 수도 있다. 이뿐 아니다. 멋진 호수가 딸린 아름다운 별장을 지어 팔기도 한다.

아직 이 공간은 모니터 안에 갇혀 있다. 그런데 앞으로 이 놀라운 가상세계가 모니터 밖으로 나올 것이다. 머지않아 전통적인 데스크

톱 컴퓨터는 사라질 것이다. 그래핀 소재같이 마음대로 구부려지고 접히는 디스플레이가 활성화될 것이다. 이런 디스플레이와 더불어 홀로그램 모니터가 사용될 것이다. 이미 디지털 홀로그래피 기술은 활발하게 사용되고 있다. 지난 미국 대통령선거 기간에 CNN은 수천 킬로미터 떨어진 곳에 있는 여성 아나운서를 홀로그램으로 스튜디오로 불러들여 생방송을 진행했다. 디지털 홀로그래피 기술을 활용해 상품을 설명하는 것이 유행이 될 정도다. 디지털 홀로그래피 기술은 앞으로 문화, 예술, 디스플레이, 측정산업, 의료, 학술 등 여러 분야에 폭넓게 활용하고 응용할 수 있는 핵심 기반기술이다.

일본은 음성 합성 소프트웨어이자 캐릭터인 가수 하쓰네 미쿠初音ミク를 바로 이 디지털 홀로그래피 기술을 통해 실제 무대 위에 등장시켜 콘서트를 진행했다. 이 콘서트에 수만 명의 청중이 모였다. 그들의 모습은 여느 콘서트에서 보는 모습과 다르지 않았다. 형광봉을 흔들면서 열광했다. 그들에게는 가상과 현실을 굳이 구별해야 할 이유가 없었다.

증강현실은 이제 더 이상 어떻게 구현하는가의 기술적인 문제가 아니라, 일상적인 삶과 어떤 관계를 맺는가의 문제로 이해된다. 왜냐하면 증강현실은 이미 일정 수준으로 구현되었고, 더불어 대중화까지 되었기 때문이다. 이제 남은 것은 그렇게 실용화되고 대중화된 기술을 어떻게 사용할 것인가라는 콘텐츠의 문제와, 그것이 우리에게 어떤 영향을 미치고, 어떤 결과를 맺을 것인가라는

문화적인 문제이다.[7]

그런데 우리는 어떠한가. 이런 변화가 시작되는 출발점에서부터 밀리고 있다. 자타가 인정하는 정보기술산업 강국인데 상황이 영 아니다. 가상과 현실의 구별이 없어지는 세상의 첫 단계는 기존 산업과 정보기술의 융합이다. 1차 인터넷혁명에서 인터넷과 컴퓨터를 대표로 하는 정보기술은 여러 산업 중 하나의 산업으로 존재했다. 그러나 지금 진행되고 있는 2차 인터넷혁명에서 정보기술은 여러 산업 중 하나의 산업이 아니라, 다른 모든 산업의 인프라가 된다. 정보기술을 융합하지 않으면 그 어떤 산업도 제2차 진화를 할 수 없다. 현재 진행 중인 내용을 살펴보자. 영국은 정보기술을 의료 부문에 적용하고 있다. 언제 어디서나 병원의 병상 상태를 확인할 수 있다. 병원 예약은 물론 처방전마저 인공지능이 대신하는 실험을 하고 있다. 이런 시도를 통해 영국은 국가 예산을 연간 5,500만 파운드(약 1,900억 원)나 절약했다. 미국은 3차원 가상공간을 활용해 환자가 의료상담 및 진료 서비스를 받을 수 있도록 하는 실험을 진행하고 있다.

그뿐 아니다. 인터넷 등 가상공간 접속이 유선에서 모바일로 급속하게 전환되고 있다. 언제 어디에서든 가상세계와 현실이 만나고 융합되는 시대가 오고 있다. 유무선 통신망과 정보기술을 기반으

---

[7] 이종관·박승억·김종규·임형택, 《디지털 철학》(성균관대학교출판부, 2013, 126쪽.

로 하는 융복합 아이템들로 인해 전 세계 사람들이 사무실과 거리 등 어느 곳에서든 도망갈 수 없을 정도로 굳건하게 연결되는 단계가 완료되면 드디어 가상공간이 24시간 나의 몸에 밀착되어 존재하는 기본적인 환경이 마련된 셈이다. 그러면 세 번째 단계인 이런 환경 위에 스마트모바일, 증강현실, 홀로그램, 3차원 입체, 초고속 3차원 네트워크 기술, 위치추적 기술, 인공지능, 클라우딩 컴퓨팅 기술 등이 빠르게 결합하고 확장되면서 가상이 현실로 튀어나오는 것이 가능하게 된다. 그리고 개인이 더 이상 정보를 스스로 찾는 것이 아니라 똑똑한 정보가 나를 알아서 찾아오는 시대가 된다. 즉 시시각각 변하는 나의 목적들에 최적화된 정보 just-in-purpose를 최적의 시간 just-in-time에 자동으로 받아볼 수 있는 일명 '프리미엄 날리지 premium knowledge'의 시대가 오게 된다. 이런 환경이 구축되면 기존의 포털, 스마트폰, 검색이 사라지고 대신 수많은 창의적 산업이 새로 태동하게 될 것이다.

디지털기술의 발전은 현실세계와 가상세계의 경계를 기술적으로 극복해냄으로써, 사실상 현실세계라는 개념의 의미 역시 소거시켜 버린다. 디지털기술은 제약된 현실을 뛰어넘는 과잉 현실들을 산출해낸다. 현실과 가상 사이의 경계가 무너짐으로써 이제까지 발견되지 않았던 광대한 대륙이 나타난다. 부인할 수 없는 현실은 인터넷을 통해 구축된 새로운 세계가 새로운 직업, 새로운 상품, 새로운 시장이라는 것이다. 사람들은 기꺼이 자신을 분할해서 이중적인 정체성을 가질 수도 있다. 디지털화된 공간은 일종의 자기분열적 향유의 공간이기도 하다. 즉 자유자재로 자신의 정체성을 변신시킬 수 있는 공간이다. 더욱이 그 공간은 실제 세계에 영향을 전혀 미치지 못한 채 그저 머릿속 상상의 세계로 남는 게 아니라, 어느덧 우리의 실제 삶을 지배하는 세계가 되고 있다. 자신을 치장하기 위해 돈을 쓰는 것만이 아니라, 자신의 아바타를 치장하기 위해 기꺼이 돈을 쓰고자 한다. 자기 생활의 편의를 위해 자동차를 구매하는 것이 아니라, 온라인 게임 카트라이더의 내 차를 업그레이드하기 위해서도 기꺼이 돈을 지불한다.[8]

---

[8] 이종관·박승억·김종규·임형택, 《디지털 철학》, 60~61쪽.

가상국가,
현실국가를 리셋하다

THE EXODUS OF OPPORTUNITY

새로운 커뮤니케이션 기술이 더욱더 폭넓게 이용되면, 이것은 거버넌스governance(국가경영 혹은 공공경영)에 양날의 검이 될 것이다. 정보통신기술로 무장한 개인과 네트워크, 그리고 전통적인 정치 구조 사이에서 충돌이 일어날 것이다. 북아프리카와 중동에서 확인했듯이 국민들은 소셜네트워크를 통해 단결함으로써 정부에 도전할 수 있고, 정부는 그런 기술을 이용해 국민을 감시할 것이다. 그래서 현실세계에서는 실체가 없는 온라인상의 사이트를 현실세계의 국가처럼 분석하고 이야기하는 학자들이 있다. 바로 페이스북에 관한 이야기다. 템플대학교 법학과 데이비드 포스트David Post 교수는 "페이스북은 근대 민족국가와 비슷하게 사람이 모이게 하고 스스로 운명을 결정하도록 하는 역할을 한다"고 분석했다. 정치학자 베네

딕트 앤더슨 Benedict Anderson 역시 "페이스북은 상상 속 공동체"라면서 "사람들은 그 속에서 수백만 명의 익명 동료·시민과 유대감을 느끼고 있다"고 지적했다.

가입자 10억 명을 돌파한 이 거대한 인터넷사이트는 인구 규모로 보면 중국이나 인도에 견줄 만한 큰 국가다. 미국과 유럽은 전체 인구의 50% 정도가 페이스북 계정을 보유하고 있을 정도다. 물론 규모에서만 영향력을 발휘하고 있는 것은 아니다. 페이스북 크레디트 facebook credit는 국가별 통화 차이로 일어날 수 있는 제약을 뛰어넘어 자유로운 상거래를 가능하게 했다. 그뿐 아니라 거래마다 '세금'까지 징수하고 있다. 온라인 포럼을 통해 의견을 수렴하고 약관을 변경하는 등 일정 수준의 정치체제도 갖추고 있다. 이런 모습은 페이스북만의 것은 아니다. 마이스페이스 MySpace 같은 다양한 소셜 네트워크 사이트, 전 세계는 물론 우주와 사람의 신체까지 가상공간에 모두 스캐닝하려는 구글, 미국 버락 오바마 Barack Obama 대통령을 당선시키는 데 일조하며 가상세계의 새로운 정치권력으로 떠오른 트위터 등 초기 국가와 유사한 기능을 하는 인터넷사이트들이 움직이고 있다.

앞으로 10년간 가상세계에 거주하는 인구는 지구상에 실제 거주하는 인구를 넘어설 것이다. 사람들은 온라인에서 다양한 방식으로 모습을 드러낼 것이다. 특히 세상을 반영하고 우리를 풍요롭게 만들어줄 역동적인 이해관계들이 뒤섞인 다양한 커뮤니티를 창조할 것이다. 이 모든 연결은 대량의 데이터를 창조하고, 과거 상상해보

지 못한 방식으로 시민에게 권력을 부여한다.[9]

　가상국가의 힘이 세지면서 현실국가와 가상국가 간 갈등이 커지고 있다. 가상국가와 현실국가 사이의 전쟁이 시작되었다. 첫 번째 전쟁은 현실국가의 승리로 끝났다. 2010년 초 구글은 중국의 사전검열에 대한 반발로 중국 정부와 첨예한 갈등을 벌였다. 처음에는 구글이 중국에서 철수한다는 초강경수를 두며 검색서비스를 일시 중단한 바 있다. 대신 홍콩을 거쳐 서비스를 제공하는 우회 전략을 사용했다. 중국 이용자들을 대상으로 검색단어 경고 시스템을 가동했다. 이 시스템은 이용자들이 중국 정부가 검열하는 특정 단어를 검색하면 이를 '하이라이트' 방식으로 강조해 알려주고 다른 단어로 우회해 검색할 수 있도록 돕는다. 예를 들어 이용자가 반정부 콘텐츠 등을 검색해 해당 결과물을 누르면 '페이지가 없다'고 메시지가 뜬다. 하지만 이 시스템은 구글 엔지니어들이 직접 35만 개의 검색단어를 뒤져 찾아낸 우회 단어를 기반으로 만들었기 때문에 검열을 피하면서 해당 내용을 찾을 수 있다.[10] 그러나 중국 정부가 약속 위반을 거론하며 강하게 압박하자, 개인정보 보호를 위해 사전검열을 거부했던 구글의 원칙을 포기하면서 중국 정부의 요구를 수용하고 말았다.

　정치 영역뿐 아니라, 경제 영역에서도 현실국가와 가상국가가 충돌하고 있다. 2010년 프랑스 의회는 2011년 7월부터 온라인 광고

---

[9] 에릭 슈미트·제러드 코언, 《새로운 디지털 시대》.
[10] "구글 검색, 중국 정부 검열 단어 '경고' 시스템 철수", 〈전자신문〉, 2013년 1월 8일자.

에 세금을 물리는 이른바 '구글세'를 도입하기로 했다. 자국 기업이 온라인 광고를 할 때 광고비용의 1%를 세금으로 부과하겠다는 내용이었다. 인터넷 검색엔진이 온라인 광고시장에서 막대한 수익을 올리고 있음에도 정작 세금은 본사가 있는 국가에만 내고 있다고 지적하면서 다국적 온라인 기업의 광고수입에 세금 징수를 결정한 것이다. 이것은 구글, 페이스북 등 가상국가를 대상으로 현실국가인 프랑스가 선전포고를 한 것이었다.

현실국가와 가상국가의 두 번째 전쟁은 2010년 위키리크스 Wikileaks 사건으로 시작되었다. 위키리크스의 설립자 줄리언 어산지 Julian Assange는 2010년 7월 미군의 아프가니스탄전 기밀문서 7만 7,000여 건에 이어 이라크전 문서 40만 건을 공개했다. 11월에는 미 국무부의 외교전문 25만 건을 공개했다. 공개된 외교문서는 미국의 245개 재외공관과 미 국무부 사이에 송수신된 1966년 12월 28일부터 2010년 2월 28일까지의 외교전문이었다. 한국을 비롯해 일본, 호주, 싱가포르 등 다수 국가의 외교전문이 공개됐으며 이란, 아프가니스탄 등 반미감정이 강한 국가들도 포함됐다. 공개된 전문 중 제보자의 실명을 확인할 수 있는 전문은 1,000건이 넘는다. 또한 '내부고발자'로 언급된 150명 이상의 실명도 드러났다.[11] 가상국가가 현실국가의 비리를 폭로한 것이다.

물론 현실국가가 그냥 당하고 있지는 않았다. 그들은 현실세계

11　"위키리크스, 편집 없이 25만 건 외교문서 공개 파문", 〈머니투데이〉, 2011년 9월 3일자.

에서 사용할 수 있는 능력을 활용해 가상국가의 대표인 어산지를 체포했다. 그러자 위키리크스를 지지하는 네티즌들이 현실국가의 사이트를 공격했다. 결국 줄리언 어산지는 보석으로 풀려났다. 그런데 그는 만약 차후에 자신이 살해되거나 장기 구금된다면 모든 비밀 문건을 폭로하겠다고 했다. 영화에서 보았던 장면보다 더 영화 같은 일들이 현실에서 벌어졌다. 이런 상황에서 핵티비스트hacktivist가 등장했다. 집단 해커hacker와 정치적 행동주의자activist를 합성한 이 용어는 해킹을 투쟁수단으로 사용하는 새로운 형태의 행동주의자들을 가리킨다. 이들은 위키리크스 규제에 나섰던 페이팔, 마스터카드 등을 대상으로 보복 차원의 사이버테러를 자행했다. 게다가 위키리크스와 직접 관련이 없는 맥도날드 같은 현실세계의 유명 기업까지 무차별적으로 사이버 공격을 감행했다. 마치 가상국가를 보호하는 군대 같은 역할을 한 것이다. 현실국가와 가상국가의 두 번째 전쟁에서는 가상국가가 승리한 셈이다.

앞으로 현실국가와 가상국가의 충돌은 정치, 경제, 사회 분야에 다양한 변화를 가져올 것이다. 이런 변화 속에서 다가오는 기회가 무엇인지 주목해야 한다. 지금까지는 현실의 정치인들이 가상공간의 지원을 받아 선거에 승리하는 일들이 벌어졌다. 네티즌의 적극적 지지에 불리했던 상황을 역전하고 대통령이 된 노무현, 트위터와 유튜브의 힘을 빌려 미국 최초의 흑인 대통령이 된 버락 오바마…… 하지만 앞으로는 가상국가가 현실국가의 정치인들을 돕는 수준을 넘어 가상국가가 단독으로 대통령 후보와 국회의원 후보를 내놓을 수도 있다. 네티즌들이 현실 정당의 공천을 믿지 못하겠다고 선언하고 자신들이 직접 후보를 선정하고 지지할 수 있다. 물론 이렇게 되면 현실국가는 현실의 법을 사용해 규제할 것이다.

가상국가 시민들의 힘이 강해지면 강해질수록 현실세계의 정치도 변화할 수밖에 없다. 무엇보다 정치인의 정치적 역량만이 아니라 도덕적 자질이 중요한 잣대로 자리 잡을 것이다. 선거 때마다 등장하던 거짓 공약도 줄어들 것이다. 가상국가의 시민들은 정치인들의 과거 언행이나 공약에 대해 적극적으로 검증하고 관련 내용을 페이스북이나 트위터 등을 통해 전파할 것이다.

가상국가의 힘이 정치 영역에만 집중되는 것은 아니다. 거대 언론의 영향력이 예전만 못하다는 것은 새삼 강조할 필요가 없다. 정보가 무엇보다 중요한 세상이 되었다. 그런데 은밀한 정보는 점점 사라지고 있다. 정보를 독점하는 것만으로도 강력한 힘을 발휘할 수 있었던 시절이 있었지만, 지금은 그때와는 상황이 다르다. 특정 사건의 의도적 은폐나 왜곡, 시간 끌기 등으로 여론을 조작하던 일이 이제는 불가능에 가깝다. 숨기고 속이기에는 정보가 너무 많은 세상이다. 정부기관과 거대 기업 그리고 거대 언론이라는 골리앗들이 가상국가의 다윗들의 진격에 무너지고 있다.

이런 변화 속에서 만들어질 기회는 무엇일까? 미래는 갑자기 나타나지 않는다. 징후를 보이면서 다가온다. 현재 진행 중인 변화를 주목해보자. 2005년 아리아나 허핑턴 Arianna Huffington에 의해 설립된 〈허핑턴 포스트〉는 현재 미국에서 가장 영향력 있는 뉴스 디디어로 인정받고 있다. 뉴스 전파력은 〈뉴욕타임스〉의 10배로 평가받는다. 〈뉴욕타임스〉는 1851년 창간된 세계적인 규모의 전통 깊은 유력지이다. 반면 〈허핑턴 포스트〉는 원고료를 지급하지도 않고 기자도 없다. 블로거들이 자발적으로 글을 올리며, 마감도 없고, 내용도 자유롭고, 다른 데서 사용한 글도 게재할 수도 있다. 기존의 뉴스 미디어와는 전혀 다른 DNA를 가지고 있는 이 묘한 가상국가의 뉴스 미디어가 현실국가의 뉴스 미디어를 이겼다. 도대체 무슨 일이 일어난 것일까? 이런 변화가 가져올 기회가 무엇일까?

앞으로 주류 언론은 뉴스 보도에서 점차 뒤처질 것이다. 주류 언론의 기자들이나 비상근 통신원들이 아무리 유능하고 많은 소식통을 확보해놨더라도, 네트워크 시대에는 충분히 빨리 움직일 수 없다. 트위터처럼 순식간에 누구나 쉽게 접근할 수 있는 개방형 네트워크 플랫폼으로부터 계속해서 뉴스 속보가 쏟아질 것이다. 세상 모든 사람이 데이터 사용이 가능한 전화기를 이용할 수 있게 된다면, 파키스탄 아보타바드에서 살던 한 민간인이 무심코 미군의 오사마 빈 라덴Osama Bin Laden 은신처 공격과 그의 사망 사건을 트위터에 생중계한 것처럼, 누구나 속보를 보도할 수 있게 될 것이다.[12]

물론 정보통신기술로 유능해진 개인 및 거대 네트워크들과 전통적 정치 구조 사이에서 어떤 일이 벌어질지에 대해서는 전문가들마다 의견이 분분하다. 정치학자들은 정보통신기술로 가능해진 대안

---

[12] 에릭 슈미트·제러드 코언, 《새로운 디지털 시대》.

들이 세계 경제를 대체할지에 대해 회의적이다. 기술자들은 정보통신기술을 세계적인 혁명으로 보고 앞으로 20년 내에 국가 및 오래된 기구들의 영향력이 감소할 것이라고 생각한다. 하지만 이미 현실이 되고 있듯이 정보통신기술로 가능해진 네트워크 방식의 운등은 체제를 붕괴시킬 수 있다. 또한 정치적, 사회적 변화 필요성에 세계의 관심을 빠르게 끌어당기고 있다. 정보통신기술의 사용을 통해 개인은 가상세계에서 공유된 아이디어를 중심으로 단체를 조직하고 지속적인 행동을 취할 수 있다. 앞으로 소셜네트워크는 더욱 강력한 정치적 무기가 될 것이다. 동시에 당파심과 국수주의를 부추기는 등 부정적인 영향도 강하게 미칠 수 있을 것이다.

3D 프린터, 산업을 리셋하다

THE EXODUS OF OPPORTUNITY

사무실이나 집 안의 책상 위로 프린터가 찾아왔을 때 우리가 경험했던 변화는 적지 않았다. 데스크톱 컴퓨터에 연결된 프린터는 마치 작은 개인용 인쇄소와 같았다. 프린터는 말 그대로 글자와 그림을 종이라는 평면에 잉크로 찍는 기계다. 그런데 3D 프린터는 물건을 3차원으로 찍어내는 기계다. 글이나 그림을 프린터로 출력하듯 사물을 3차원으로 출력한다. 사실 출력보다는 제조나 제작이라는 말이 어울린다. 그래서 3D 프린터가 새로운 산업혁명의 중심이 될 것이라고 말하는 이들이 많다. 덴마크 출신의 세계적인 미래학자 롤프 옌센Rolf Jensen은 핀란드 출신의 경제학자 미카 알토넨Mika Aaltonen과 함께 쓴《르네상스 소사이어티The Renaissance Society》에서 다음과 같이 말하고 있다.

첫 번째 산업혁명은 영국에서 시작됐다. 증기의 힘으로 가동되는 공장이 그 중심에 있었다. 두 번째 산업혁명은 조립 라인의 등장과 함께 미국에서 발생했다. 포드자동차의 생산 라인에서 비롯된 포디즘이 대표적이다. 그리고 제3차 산업혁명이 앞으로 10년 안에 일어날 것이다. 그 바탕에는 나노기술과 3차원 인쇄가 가능한 3D 프린터가 있다.

3D 프린터를 이용하면 세상 어디에도 없는 제품, 한정된 수의 복제품을 아주 낮은 비용으로 생산할 수 있다. 개인화 시대에 완벽하게 들어맞는 기술이다. 이런 프린터를 여러 대 갖춘 1인 공장은 야망이 넘치는 젊은 기업가들에게 꿈만 같은 공간이 될 것이다. 예술작품에서 시작해 자전거에서 심지어 헬리콥터까지 만들 수 있다.

제3차 산업혁명은 세 차례의 혁명 중 가장 거대한 변화상을 수반할 것이다. 많은 사람들이 공장에서 일하길 그만두고 자기 사업을 시작할 것이다. 당신의 시선이 연장된 현재에 근거하고 있다면 이런 흐름을 놓칠 수 없을 것이다. 하지만 그간 해왔던 대로 단기적 시선에만 머무른다면 중앙집중과 자동화라는 포디즘 수준의 패러다임에 영원히 갇히고 말 것이다.[13]

3D 프린팅은 3차원 설계도에 따라 한 층씩 소재를 쌓아올려 입

---

[13] 롤프 옌센·미카 알토넨, 《르네상스 소사이어티》, 박종윤 옮김(내인생의책, 2014), 28쪽.

체 형태의 제품을 만드는 기술이다. 3D 프린팅을 이용하면 제품의 맞춤형 제조가 가능해진다. 아주 얇은 막(레이어)이 한 층씩 쌓이며 물건이 완성된다. 그래서 손으로 만들기 어렵거나 매우 불규칙하고 복잡한 모양도 한 번에 출력할 수 있다. 이미 3D 프린터는 여러 분야에서 사용되고 있다. 각종 기업체와 연구소에서 시제품을 만드는 용도로 활용하고 있다. 일본에서는 로봇개발업체 스기우라杉浦가 3D 프린터를 이용해 로봇 팔을 생산하고 있다.

정보화 사회가 정보의 개인화라는 혁명적인 변화를 만들어낸 것처럼, 3D 프린팅 기술은 제조업의 개인화, 공장의 개인화라는 또 다른 혁명적 삶의 변화를 불러올 것이다. 3D 프린터는 제조업의 디지털화를 앞당겨 3차혁명을 가져올 수도 있다. 버락 오바마 미국 대통령은 "거의 모든 것의 제조 방법을 혁명적으로 바꿀 잠재력을 가졌다"며 3D 프린터에 큰 기대를 걸고 있다. 3D 프린팅 기술 하나만으로서 제3차 산업혁명을 일으킬 수 있다고 자신할 정도다.

지금까지 우리는 컨베이어벨트로 상징되는 대량생산의 세상에서 살아왔다. 가령 새로운 안경이 필요해 안경점에 갔다고 하자. 거기에는 이미 수백여 개의 안경테가 진열되어 있다. 우리는 그렇게 이미 만들어져 있는 것 중에서 가장 좋은 것을 선택한다. 하지만 3D 프린팅 기술이 보편화되면 이런 풍경은 사라질 것이다. 미리 만들어진 안경테를 선택하는 것이 아니라 개인에게 최적화된 맞춤형 안경테를 3D 프린터로 제작하게 될 것이다. 의류산업도 마찬가지다. 지금처럼 이런저런 디자인의 옷을 사이즈에 따라 진열해놓을 필요가 없다. 지금처럼 구간별로 정해져 있는 사이즈라는 개념이 사라질 것이다. 개인에게 최적화된 옷을 바로 그 자리에서 선택하고 제작하면 되니까 기성복이니 맞춤복이니 하는 구분도 사라질 것이다. 이렇게 되면 의류산업은 제조업과 유통업이 결합된 형태에서 소비자 개인을 대상으로 의상 스타일을 컨설팅하는 서비스업으로 전환될 것이다.

3D 프린터가 만들어낼 변화가 무엇인지 상상해보라. 미래의 상점은 제조와 판매를 겸하며 고객 개인별로 완벽한 맞춤형 제품과 서비스를 제공하는 창조의 공간이 될 것이다. 이런 변화 속에서 우리에게 어떤 기회가 다가올까? 3D 프린팅은 기존의 프린터가 종이에 잉크를 분사해 글자나 그림을 찍는 것처럼, 제품의 원료를 층층이 분사해 실제의 물건을 생산해주는 기술이다. 만약 나만의 물건을 가지고 싶다면 마음에 드는 디자인 파일을 인터넷상에서 구해 다운로드받은 후 직접 생산할 수 있다. 반대로 3D 프린팅 전문업체에 파일을 보내 프린트한 후에 배달받을 수도 있다.

나아가 3D 프린터는 바이오 프린터로 더욱 발전할 것이다. 고령화, 수명 연장으로 인한 피부나 장기의 수요가 늘어남에 따라 피부는 물론 심장이나 방광 등의 장기를 프린트하는 기술이 급속도로 부상하고 발전하고 있다. 실제로 3D 프린터를 통해 폴리머로 특수 제작된 두개골로 한 남자의 두개골 75%를 바꾸는 수술이 2013년 3월 4일 진행되었다.[14] 3D 프린터로 유아용 기도 장치를 만들어 어린아이의 생명을 살리기도 했다. 연구진은 디지털 사진을 바탕으로 맞춤식 기도 부목을 만들었는데, 레이저를 기반으로 한 3D 프린터를 사용했기에 가능한 일이었다.

3D 프린터는 우주산업에도 획기적 변화를 일으킬 것이다. 국제우주정거장에 필요한 부품, 고장 난 기계의 일부나 전체를 프린트해서 사용할 수 있다면, 무거운 물건이나 필요한 소모품을 우주선에 담아서 가지고 갈 필요가 없다. 중요한 부품이 고장 나서 우주인들이 생사의 갈림길에 서게 되었을 때 그들의 목숨을 구할 수 있는 중요한 기술이다.

상상해보자. 기업과 개인이 자신의 3D 프린터로 필요한 제품을 스스로 제조해 사용하는 상황이 보편화되면 어떤 변화가 일어날까? 우선, 해당 제품의 설계에 대한 값을 치르고 직접 프린터해서 사용하게 되면 물류창고가 필요 없다. 제품 생산 과정에 들어가는 비용이 내려가기 때문에 '값싼 노동력'을 찾아 기업이 이동하는 일도 없어질 것이다. 택배나 운수, 국가 간의 선적, 컨테이너 등 물자 운송과 관련된 일들도 줄어들 것이다. 국제교역이 필요 없는 세상이 될 수도 있다. 이렇게 되면 물건을 잘 만드는 숙련된 노동력의 가치는 현저히 떨어질 것이다. 새로운 것을 만들어내는 능력, 즉 창의력이 가장 중요해지는 시대가 될 것이다.

---

14 "3D 프린터로 프린트한 플라스틱 두개골 임플란트가 가능해졌다", 〈인데일리〉, 2013년 3월 19일자.

미래자동차,
자동차산업을 리셋하다

THE EXODUS OF OPPORTUNITY

    2020~2025년에 가장 많은 변화를 일으킬 산업 분야는 미래자동차다. 미래자동차는 몇 단계를 거치면서 2030~2040년경에는 하늘을 나는 자동차로까지 발전할 것이다. 아마도 이 책을 읽는 독자들은 비교적 저렴한 가격의 비행자동차를 경험하게 될 것이다. 이런 변화 과정에서 자동차산업은 계속 새로운 부를 창출할 것이다. 그런데 기존의 자동차기업이 아닌 새로운 기업이 이런 변화를 주도할 것이다. 현재 시점에서 전망하면 구글, 애플, 테슬라 등의 정보통신기업이나 전기자동차 전문 기업이 될 가능성이 크다.

    현재 휘발유나 경유처럼 화석연료를 사용하는 자동차는 하이브리드 자동차 단계를 거쳐 전기자동차로 진화하고 있다. 수소를 연료로 사용하는 자동차도 곧 상용화될 것이다. 이런 변화가 속도를 높여 전기자동차가 보편화되면 자동차산업에는 엄청난 변화가 일어날 수밖에 없다. 현재 화석연료를 기반으로 한 자동차를 제작하는 데는 2만 개 정도의 부품이 필요하다. 그런데 전기자동차로 전환되면 이 중 1만 5,000개의 부품은 쓸모가 없어진다. 그리고 새로운 5,000개의 부품이 필요하다. 기존 자동차에만 필요했던 1만 5,000개의 부품과 관련된 기업은 어떤 모습이든 변화를 경험해야만 한다. 새로운 5,000개의 부품과 관련된 기업 또한 새로운 기회를 맞이하게 될 것이다.

겉보기에는 똑같이 자동차, 자동차산업이지만 속을 들여다보면 달라지는 것이 많다. 형태로 보면 기존 자동차와 큰 차이가 없지만, 기술적인 면에서 전기자동차는 모터로 움직이는 전자장치로 봐야 한다. 바퀴가 달려서 스스로 이동할 수 있는 컴퓨터로 봐야 한다. 지금까지 자동차산업은 기계산업으로 분류되었던 데 반해, 전기자동차가 중심이 되면 자동차산업은 정보통신기술을 기반으로 한 전자산업으로 분류될 것이다.

전기자동차가 처음 개발된 것은 1835년이다. 1900년대 초반에는 전기로 움직이는 자동차가 화석연료로 움직이는 자동차보다 많았다. 그런데 대량생산 공정과 싼 가격 때문에 화석연료 자동차에 자리를 내어주면서 전기자동차는 사라졌다.

그 후 100년이라는 시간이 지났다. 상황이 변했다. 1996년 전통적인 자동차산업의 대표 기업인 GM이 EV1이라는 전기자동차를 판매하기 시작했다. 캘리포니아 주정부가 심각한 공해를 막기 위해 자동차기업마다 전체 판매량의 10~20% 정도는 배기가스가 나오지 않는 자동차를 강제로 판매하도록 하는 '배기가스 제로법'을 만들자, 이에 부응해 전기자동차를 판매한 것이다. 기존의 자동차를 계속 판매하려면 어쩔 수 없이 전기자동차를 판매해야만 했다. 그런데 상황 때문에 어쩔 수 없이 판매한 전기자동차의 성능이 예상과는 다르게 놀라웠다. 완전히 충전하는 데 4시간밖에 걸리지 않는 EV1은 한 번 충전으로 160킬로미터를 주행할 수 있었다. 배기가스도 없고, 소음도 없고, 시속 130킬로미터로 달릴 수 있었다. 놀라운 성능에 빠르게 입소문이 나면서 EV1을 구입하려는 신청자들이 쇄도했다.

전혀 예상하지 못했던 상황이 펼쳐지자 GM은 다급해졌다. 기존 화석연료 자동차의 판매가 위협받을 수 있다는 분위기가 형성되었다. 전기자동차의 특성을 고려하면 기존 자동차 관련 생태계 전체에 큰 타격이 될 수 있었다. 우선 자동차 부품을 만드는 기업이 타격을 받을 것이 뻔했다. 오일필터나 엔진오일 교환도 필요 없기 때문에 자동차 수리 점도 타격을 받을 수밖에 없었다. 전기로 달리기 때문에 정유업계도 타격을 받게 된다. 이뿐 아니라 전기자동차가 많아지면 휘발유 소비가 줄어들고, 그렇게 되면 세금이 줄어들어 정부도 타격을 받을 수밖에 없었다.

GM은 FBI까지 동원해 전기자동차를 수거해 사막 한가운데서 모두 폐차시켰다. 그러고는 전기자동차에 대한 이런저런 루머들이 퍼지기 시작했다. 2003년에는 전기자동차의 배터리 문제, 높은 가격 부담 등 억지 문제들을 근거로 배기가스 제로법이 폐기되었다. 픽션이 아니다. 영화에서나 나올 법한 장면이지만 이 모든 일이 실제로 일어났다. EV1에 대한 이야기는 〈전기자동차를 누가 죽였나?Who Killed the Electric Car?〉라는 2006년작 다큐멘터리 영화에서 상세히 다루어졌다.[15]

그리고 다시 시간이 흘렀다. 이전과는 비교할 수 없을 만큼 짧은 시간이 흘렀다. 그런데 또다시 상황이 급변했다. 금융위기가 오고 환경 문제가 발생하자, 토요타Toyota 자동차는 '프리우스'라는 양산형 하이브리드 자동차를 내놓았다. 환경, 금융, 에너지, 소비, 빚 등 갖가지 문제 때문에 좀 더 작은 차, 연비가 좋은 차를 원하는 소비자들의 욕구를 겨냥한 것이었다. 프리우스는 200만 대가 넘게 판매되었다. 미국 입장에서는 전혀 예상하지 못한 프리우스라는 변수가 등장한 것이다.

하이브리드 자동차는 전기자동차로 가는 브리지 기술에 불과하다. 하지만 자동차를 새로 구매하면 짧게는 3~4년, 길게는 10년 이상 사용한다. 결국 하이브리드 자동차를 구입하면 전기자동차를 구매하는 시점이 늦어질 수밖에 없다. 어쩌면 전기자동차마저 미국이 먼저 양산하고서도 차세대 자동차산업의 주도권을 일본에 내어줄 수도 있는 문제가 발생한 것이다. 전략의 수정이 필요했다. 수정된 미국의 전략은 하이브리드 자동차의 수명을 최대한 짧게 하

---

[15] 네이버 블로그-거리의 영화다이어리, "EV1을 아세요?-전기자동차를 누가 죽였나?" / SNE Research 홈페이지, "비운의 전기자동차, EV1이야기".

고, 가능한 한 빨리 전기자동차로 넘어가게 하는 것이다. 이를 위해 2009년 미국은 휘발유 하이브리드 자동차인 프리우스를 의회와 언론을 총동원해 격렬하게 공격했다.

현재 미국이 판매하는 전기자동차의 주력 모델은 '테슬라S'다. 정지 상태에서 시속 100킬로미터로 가속되기까지 걸리는 시간, 즉 제로백이 5.5초이고 한 번 충전으로 483킬로미터까지 주행할 수 있다. 17인치 터치스크린으로 라디오, 오디오 공조장치를 조정할 수 있고 3D 접속도 가능하다. 가격은 정부의 지원을 받으면 4만 9,900달러에 불과하다. 테슬라 본사는 실리콘밸리에 자리 잡고 있다. 앞서 말했듯 전기자동차는 움직이는 컴퓨터 장치인 만큼, 전자산업의 메카인 실리콘밸리에서 전기자동차 기술이 가장 빠르게 발전하고 있는 셈이다.

앞으로 자동차와 관련된 변화가 계속 진행될 것이다. 하지만 형태나 소재, 관련 기술의 변화가 엄청난 속도와 규모로 일어난다고 해도 자동차 자체가 사라지는 일은 없을 것이다. 이런 변화 속에서 우리에게 다가오는 새로운 기회는 어떤 모습일까? 화석연료를 사용하고 엔진으로 움직이던 자동차가 전기를 사용하고 모터로 움직이기 시작할 때 우리가 주목하고 잡아야 할 기회는 무엇일까? 더 나아가 무인자동차가 대중화되면 어떤 변화가 일어날지 생각해보라. 구글뿐 아니라 BMW, 볼보, 폭스바겐, 아우디 등도 이미 무인자동차를 내놓았다. 2013년 1월 라스베이거스에서 개최된 국제전자제품 박람회에서 실험을 거친 무인자동차를 전시했다.

단순히 기술의 변화에만 주목해서는 안 된다. 자동차에 관한 정의 자체가 변화하고 있다. 미래의 자동차는 현재의 자동차와 여러 가지 의미에서 다르다. 우리가 생각하는 것보다 훨씬 빠른 속도로 변화가 진행되고 있다. 우선 사람이 운전을 할 필요가 없다는 점에서 획기적인 변화가 이루어질 것이다. 자동차가 대중화되면 시각장애인들이나 고령인구도 운전이 가능해진다. 음주운전을 금지하고 단속하는 일도 사라질 것이다. 지금이야 운전자가 전후방과 양 측면 모두를 잘 볼 수 있도록 디자인해야 하지만 무인자동차야 그럴 필요가 없으니 디자인에도 획기적인 변화가 올 것이다. 그뿐 아니다. 이미 구축된 시스템에 따라 움직이는 무인자동차이기에 사람이 직접 운전할 때 이루어지던 운전자들 간의 소통과는 다른 방식으로 차량들 간 소통이 이루어질 것이다. 도로표지판의 기능이나 역할도 변화될 것이다. 무인자동차와 도로표지판은 필요한 정보를 끊임없이 주고받을 것이다.

바이오기술, 의료산업을 리셋하다

THE EXODUS OF OPPORTUNITY

미래기술과 산업은 인간의 몸 밖 환경만 바꾸지 않는다. 인간의 몸 자체도 변화시킬 것이다. 20세기 의료는 치료에 중점을 두었다. 21세기는 치료를 넘어 산업의 모습을 전면에 내세우게 될 것이다. 미래 의료산업은 나이팅게일이나 슈바이처, 장기려 박사처럼 사랑의 천사나 의술봉사라는 틀을 넘어 21세기 고부가가치를 창출하는 핵심산업 중 하나가 될 것이다. 21세기 미래 의료산업과 기술은 인간의 질병을 치료하는 것을 넘어 인간을 초超인간으로 증강시키는 강력한 도구로 사용될 것이기 때문이다.

체세포 복제, 유전자 분석, DNA 합성기술 등 새로운 바이오기술의 등장으로 의료산업은 엄청난 속도로 발전할 준비를 끝냈다. 이 중 우리나라는 DNA 합성기술이 세계적 수준에 도달해 있다. DNA

기술은 매년 유전자 정보의 양이 2배씩 늘고 있다. 반도체기술보다 발전 속도가 더 빠르다. 이런 추세라면 앞으로 10년 후면 100만 종 이상의 생명체에 대한 유전자 염기서열 정보를 축적하게 될 것이다. 지구상에 존재하는 대부분의 생물체 DNA 정보를 유전자 데이터베이스에서 검색할 수 있다. 이렇게 되면 유전자 설계를 기반으로 인공 생명체를 만드는 첨단산업이 출현할 것이다. 지금까지는 전혀 없었던 새롭고 막대한 규모의 미래형 신산업이다.

이렇게 유전체 정보 시스템이 구축되면 질병 및 건강 문제를 빠르게 식별, 진단하고 치료할 수 있다. 정보의 광범위한 스펙트럼을 이용해 의과대학과 의료자재 공급자는 환자에 대한 전문가적인 판단으로 최상의 치료법을 개발하고 신약을 연구할 수 있다. 앞으로 의료산업은 치료가 아니라 예방에 집중하게 된다. 고령사회가 됨에 따라 암 같은 큰 병에 걸리는 환자가 늘어나면 그 치료비와 유가족의 생계를 국가가 책임질 수밖에 없다. 그만큼 국가의 예산 부담이 커진다. 질병의 증상이 나타난 후가 아니라 발병하기 전에 예방하거나 아주 초반에 치료하면 더 많은 생명을 지킬 수 있다. 이렇게 되면 관련된 국가 예산도 절감할 수 있다.

의료 검진기술의 발달은 검진을 위해 따로 시간을 내어 병원에 방문하지 않아도 상시적으로 정확하고 개인화된 진단을 가능하게 할 것이다. 스마트폰이나 클라우딩 컴퓨팅에 연결된 센서로 암, 혈액 속 포도당과 산소 농도, 심전도, 호흡 등을 체크할 수 있다. 심장마비와 뇌졸중 전도 등을 점검하기 위한 화학적 지표 검사도 상시적으로 할 수 있다. 이렇게 매일 체크하는 검진정보는 개인용 의료 데이터베이스에 기록되고 만약 이상이 발견되면 자동으로 담당의사에게 그 내용이 전달되어 상담과 치료가 진행될 것이다. 물론 이 데이터를 기준으로 보험 가입도 이루어질 것이다. 건강보험도 이 데이터를 기준으로 금액이 적용될 것이다.

새로운 바이오기술과 관련한 논란이 많다. 인공복제, 줄기세포, 맞춤형 유전자 조작 및 맞춤형 아기 등에 대해 윤리적 논쟁이 일어나고 있다. 다른 산업과 달리 인간의 생명을 직접 다루는 분야인 만큼 심도 깊게 고민해야 하는 것이 정상이다. 그렇다고 해서 연구의 속도를 늦추거나 주저해서는 안 된다.

예를 들어 미국은 줄기세포 기술이 상당히 발달되어 있었지만, 그동안 윤리적 문제로 부시George W. Bush 전 대통령 때까지는 공식적으로 연방정부가 줄기세포 산업에 대한 지원을 하지 않았다. 하지만 오바마 대통령 때는 연방정부가 직접적으로 지원하기로 했다. 이유는 첫째로 오바마 대통령의 선거공약이었기 때문이고, 둘째로 바이오산업의 큰 부가가치 때문에 더 이상 민간에만 맡겨놓아서는 글로벌 경쟁에서 뒤처질 수 있다는 판단 때문이었다. 미래 비즈니스는 절대적으로 산업이 완성되기 전까지 국가가 적극적인 지원을 해주느냐 안 해주느냐에 따라 성공의 수준이 결정된다.

우리나라에서도 줄기세포, 바이오기술 부문 연구가 상당 부분 진행되고 있다. 2009년 우리나라 연구팀이 세계에서 네 번째로 유전자 게놈 지도를 분석했다. 당시 총책임자는 현재의 기술로 미루어볼 때 개인도 100만 원 정도의 비용으로 얼마든지 자신의 유전자 분석 지도를 가질 수 있는 시대가 5년 안에 도래할 것으로 예측했다.[16] 유전자 지도를 분석하면 현재 인간이 걸릴 수 있는 질병의 6,000가지에 접근할 수 있기에 이 부분의 성과는 미래 비즈니스와 연관해 아주 중요하다. 분석된 유전자를 기반으로 예방의학 혹은 유전자 조작을 통해 병에 걸리지 않도록 하는 획기적인 계기를 마련할 수 있기 때문이다. 예를 들어 어떤 사람의 유전자 지도를 분석해보니 앞으로 40대가 되면 암에 걸릴 확률이 높다는 진단이 나왔다고 하자. 이런 정보를 알면 첫째 예방을 할 수 있다. 체질을 바꾸든지, 면역력을 높이든지, 식이요법을 하든지 해서 유전자 구조 자체를 바꿀 수 있다는 것이다. 이를 통해 발병 확률을 낮추거나 시기를 늦추거나 병이 커지기 전에 완전히 치료할 수 있다.

물론 유전자 배열 구조를 바꿈으로써 질병의 발생 확률을 근본적으로 낮출 수도 있다. 개인적으로는 아마도 이런 기술이 5년 후에 100만 원 정도가 된다면, 국가나 보험회사가 의무적으로 이용을 권장하리라고 본다. 왜냐면 보험회사로서는 병이 발생하는 경우보다 예방하는 편이 비용이 훨씬 절감될 것이기 때문이다. 보험회사나 보험공단이 가입자에게 의무적으로 유전자 분석을 실시하거나, 유전자 분석에 응하지 않은 경우 보험료를 더 많이 부과하는 식으로 시행을 유도할 것이다. 조만간 이런 가능성을 활용한 의학적 비

---

[16] "1,000달러면 개인 게놈 분석… 120개국에 고객", 〈문화일보〉, 2013년 7월 24일자.

즈니스가 생길 것이고, 사이보그기술 등과 결합해 새로운 스타일의 의료관광산업을 태동시킬 수도 있다.

최근에는 바이오프린팅과 나노프린팅 기술을 융합하기 시작했다. 바이오프린팅은 세포나 성장인자를 출력해 3차원의 조직이나 장기를 만들어내는 기술이다. 3D 나노프린팅 기술은 컴퓨터에 설치된 프로그램을 통해 매우 정밀한 입체적인 피사처를 만들어내는 기술이다. 두 기술을 융합한 바이오-나노프린팅 시대가 열리고 있다. 2030년까지 바이오-나노프린팅은 2세대 맞춤의학 시대를 맞아 크게 성장할 것이다. 바이오-나노프린팅으로 개개인의 특성에 따른 의약품을 소량생산할 수 있다. 따라서 저소득층의 희귀병도 적은 비용으로 치료할 수 있을 것이다. 의사들이 컴퓨터 프로그램을 통해 처방약을 선택하면 바이오-나노프린터가 알아서 알약이나 주사액을 만들어주는 시대가 오고 있다.

이뿐 아니다. 최근 구글은 혈당 측정 기능을 갖춘 '스마트 콘택트렌즈'를 개발하고 애플은 스마트시계 '아이워치'를 이용해 헬스케어 서비스를 추진하고 있다. 사물인터넷 기술이 발달하면서 광대역 통신망과 모바일 기기를 통해 심장박동, 혈압, 호흡, 뇌파 심지어 기분까지, 삶의 유지와 관련된 거의 모든 데이터를 24시간 원격 수집하고 관리하는 서비스가 가시화되고 있다. 바이오산업이 IT를 비롯한 다른 기술과 융합되면서 그 발전 속도가 더욱 빨라지고 있다.[17]

---

[17] "바이오 메가융합, 신시장 주도권 경쟁 뜨겁다", 〈디지털타임스〉, 2014년 4월 29일자.

잘 늙지도 죽지도 않는 몸과 정신을 가진 인간

THE EXODUS OF OPPORTUNITY

평균수명이 늘어나는 추세는 나라를 막론하고 인류에 공통된 현상이다. 의학과 생명공학의 발전에 힘입어 인간의 평균수명은 해마다 기록을 경신하고 있다. 저소득 국가일수록 수명 연장과 고령화 속도가 빠르다. 대부분의 질병은 그 치료법이 나와 있으며 병균과 바이러스의 진화에 맞춰 신약 또한 속속 개발되고 있다. 불과 십수 년 전만 해도 불치병으로 분류되었던 질병이 완치 가능한 수준에 도달했다. 조기 발견과 조기 치료만 보장된다면 현대의학은 사실상 암마저 정복했다. 의학의 발달과 함께 예방의학과 의료복지는 인류를 질병으로부터 더욱 자유롭게 할 것이다. 과거 인류의 평균수명을 단축했던 전쟁으로 인한 사망과 기아와 질병으로 인한 사망이 여전히 존재하지만, 그 규모는 갈수록 줄어들 것이다.

수명 연장과 함께 항노화antiaging의 혁신도 진행되고 있다. 수명이 늘어나는 것과는 반대로 노화의 속도는 점점 느려지고 있다. 현재는 피부 주름을 제거하는 등 노화를 막아주는 성형외과 시술이 인기를 끌고 있는 수준이지만, 미래에는 더욱 고차원적인 기술이 항노화에 적용될 것이다. 지금처럼 노화된 피부를 젊게 하는 것이 아니라 피부가 노화되지 않도록 예방하는 연구가 진행 중이다. 가장 흔하게 이용될 줄기세포 기술은, 세포 수준에서 노화를 방지하고 고령 질환을 낮추는 기술이다. 손상된 유전자를 정상 유전자로 대체함으로써 발병 원인을 제거하는 유전자 치료도 항노화에 적용될 것이다. 유전자 교체를 통한 피부색 전환, 노화 지연 등 미용, 항노화 산업이 부상할 것이다.

이렇듯 '영생'과 '회춘'까지는 아니어도, 과거와 비교하면 인류의 몸은 잘 죽지도 늙지도 않게 되어가고 있다. 지금과 같은 속도로 변화가 진행되면 머지않은 미래에 평균수명이 120세에 이르고 최고령자는 150세를 돌파할 것이다. '40대 중년'이라는 말은 사라질 것이고 '50대 청년'이란 말이 보편화될 것이다. 이러한 상황의 변화에 따라 '인생'과 '나이 듦'의 의미도 변화하고 있다. '은퇴'의 의미도 달라지고 있다. 이처럼 수명 연장은 단순히 생존의 시간이 길어짐을 의미하지 않는다. 수명 연장은 삶의 의미와 같은 질적인 면에서의 변화를 일으키고 있다.

이뿐만이 아니다. 앞으로는 우리 몸이 아픈 건지 고장 난 건지 모호한 상황이 다가올 것이다. 몸이 아픈 게 아니라 몸에 달린 인공장기 등이 고장 나는 시대가 오고 있다. 질병일 때와 고장일 때는 여러 가지가 다를 수밖에 없다. 병원에 간다고 해야 할까, 서비스센터에 간다고 해야 할까? 지금보다 인공장기 관련 기술이 더 발전하고 보편화된다고 생각해보라. 우리 몸의 어느 정도를 바꾸면 인간이고 인간이 아닐까? 30%? 50%? 80%? 그리고 어느 부분을 인공장기로 바꾸면 인간이고 인간이 아닐까? 심장? 혈관? 뇌? 이처럼 몸의 경계와 관련된 문제가 발생할 것이다. C. S 루이스C. S. Lewis는 그의 소설에서 반대로 기계에 뇌를 이식했다. 그럴 때는 인간이라고 할 수 있을까?

몸뿐 아니라 정신에 관한 연구도 엄청난 속도로 진행되고 있다. 고령사회가 되면서 점점 더 큰 문제로 자리 잡은 치매나 이런저런 이유로 점점 더 심각한 사회적 문제가 되어가고 있는 정신분열 같은 문제도 머지않은 미래에 정복될 것이다. 현재 뇌신경 지도를 그리고 분석하는 연구가 진행 중이다.

사실 예전에는 치매가 지금처럼 그렇게 큰 문제가 아니었다. 치매에 걸릴 만큼 오래 사는 이들이 적었다. 평균수명이 늘어난 지금은, 그리고 지금보다 평균수명이 더 늘어날 미래에는 치매가 큰 문제일 수밖에 없다. 잘 늙지도 않고 죽지도 않는 몸을 갖게 되는 만큼 정신의 수명도 연장되어야 하고 건강도 확보되어야 한다. 그래서 지금 세계가 인간의 정신에 대해 끊임없이 연구하고 있다.

이미 빛을 이용한 뇌지도 영상화 기술로 뇌 장소정보 습득 과정이 밝혀졌다. 독일과 캐나다 공동연구팀이 기존보다 50배나 정밀한

'3D 뇌지도'를 완성했다. 독일 율리히 신경의학연구소 카트린 아문츠Katrin Amunts 박사 팀은 '빅브레인big brain'이라는 3D 뇌지도를 제작했다. 빅브레인은 800억 개의 신경세포(뉴런)를 분석해 10년 만에 완성한 매우 세밀한 뇌 해부도로 자기공명영상(MRI)보다 10만 배 많은 데이터를 포함하고 있다. 연구자들은 뇌질환이나 정신질환을 앓은 적이 없는 사망한 65세 여성의 뇌를 세포 구조가 잘 보이게 파라핀으로 염색한 다음 '마이크로톰microtome(절단기)'이라 불리는 특수 장비로 뇌를 0.02밀리미터 두께의 7,400개 단면 조각으로 자르고 미세 현미경으로 단층촬영했다. 이를 통해 총 6,572장의 사진을 모아 입체적인 정밀 뇌 해부도를 완성한 것이다.

이렇게 완성된 빅브레인은 뇌 조직을 1마이크로미터(1,000분의 1밀리미터) 단위까지 볼 수 있다. 기존 MRI와 비교해 50배 세밀하다는 점에서 초정밀 뇌지도인 셈이다. 빅브레인은 건강하거나 병에 걸린 뇌에 대한 새로운 지식을 제공하고 있다. 마치 구글어스로 지형을 찾는 것처럼 뇌 구조를 찾아볼 수 있게 된 것이다. 사실 인간의 대뇌피질은 매우 주름져 MRI나 fMRI 등의 영상기술로는 판독에 한계가 있었다. 빅브레인은 알츠하이머, 파킨슨병 등 피질 두께의 변화와 깊은 관련이 있는 뇌질환 연구에 활용도가 클 것이다.

이 연구 결과는 23개국 80개 이상의 신경과학 연구기관에 무료로 제공되어 전체 두뇌 영역의 상호작용과 분자 수준의 뇌 영역 연구에 활용되고 있다. 고령화가 빠르게 진행되고 있는 지구촌에서 치매는 사실 연간 10조 원 이상의 사회적 비용을 유발하고 있다. 국민

삶의 질에도 심각한 영향을 미치고 있다. 치매를 앓는 당사자나 가족의 고통은 말로 표현하기 힘들 정도다. 그런데 빅브레인을 활용하면 바로 그 치매의 발병을 사전에 예측하고 진단할 수 있는 뇌지도를 구축할 수 있다. 한국도 한국인의 특성에 맞춰 치매 발병을 예측하고 조기에 진단할 수 있는 '한국인 표준 치매예측 뇌지도'를 2017년까지 구축할 계획이다. 이 뇌지도를 이용해 2017년부터 65세 이상 고령자들을 대상으로 치매예측 조기진단 서비스를 제공하게 된다. 60대에서 80대까지 3,000명을 대상으로 뇌 MRI를 촬영해 정상인과 치매 직전 환자, 치매 환자의 뇌 구조를 60, 70, 80대로 나눠 확보하고, 같은 연령의 500명을 대상으로 양전자단층촬영(PET) 이미지를 확보해 한국형 치매예측 뇌지도를 완성할 계획이다.

이처럼 치매뿐 아니라 정신과 관련한 질환을 정복하기 위한 연구가 진행되고 있다. 앞으로는 몸뿐 아니라 정신도 잘 늙지 않고 죽지 않게 될 것이다. 미래학자인 미치오 카쿠Michio Kaku는 600페이지가 넘는 저서 《미래의 물리학The Physics of the Future》을 '서기 2100년의 어느 하루'라는 가상 일기로 마무리한다.[18] 그 내용을 보면, 2100년에는 새롭게 개발된 약 덕분에 모든 인간이 젊음을 유지하며 살아간다. 자신의 삶에 매우 열정적인 두 남녀가 만나 결혼을 결심한다. 그때 남자가 자기는 사실 여든이라고 고백한다. 여자는 예순이라며 괜찮다고 한다. 둘 다 20대 후반의 외모다. 그들에게 육

---

[18] 미치오 카쿠, 《미래의 물리학》, 박병철 옮김(김영사, 2012), 565~589쪽.

체 나이는 걱정할 게 아니다. 그들의 걱정은 스스로 죽기를 선택하지 않는 한 죽을 수 없는 몸을 가졌다는 것이다. 이 정도까지는 아닐지라도 지금과 그리 큰 간격이 없는 머지않은 미래에 우리는 지금까지와는 몸과 정신 양쪽 모두에서 무언가 다른 인류를 만나게 될 것이다. 도대체 무엇이 사람이고, 사람은 무엇일까?

21세기의 인간은 근본적으로 '사이보그'다. 이 말은 더 이상 우리를 위협하지 않는다. 사이보그는 결코 사이언스픽션에나 등장하는 낯설고 이질적인 '기계인간'이 아니다. 어느 누가 질병과 노화가 불러오는 고통에서 벗어나고 싶지 않겠는가? 건강한 몸과 예리한 정신을 가지고 오랫동안 살고 싶어하지 않는 사람은 없을 것이며, 이 모든 것을 바라는 사람은 과학과 기술의 도움을 받지 않을 수 없다. 사이보그가 과학기술의 힘을 빌려 긴 수명과 건강, 신체적·인지적 능력, 감정의 통제에서 '강화된 인간'이라고 한다면, 우리 모두는 이미 사이보그나 마찬가지다.[19]

---

[19] 이진우, 《테크노 인문학》(책세상, 2013).

가상인간과 함께
거리를 걷다

THE EXODUS OF OPPORTUNITY

    2013년 6월 미국 뉴욕의 링컨센터에서 열린 '글로벌 퓨처 2045 회의'에서 학자들은 신체수명이 다한 후에도 인간의 정신이 살아남을 수 있는 방안을 논의했다. 참석자들은 인간의 두뇌 속 데이터를 컴퓨터로 전송해 홀로그램 상태의 가상신체를 만드는 프로젝트에 관한 견해를 나누었다. 이 회의를 주도한 러시아의 억만장자 드미트리 이츠코프Dmitry Itskov는 이 프로젝트를 통해 2045년까지 인간 불멸의 길을 열 수 있을 것으로 보고 있다.

    이시구로 히로시石黑浩 박사는 가상신체의 한 모델을 선보였다. 2045년을 목표로 한 이 프로젝트가 완성되면 시한부 환자와 중증 장애인에게 우선 적용될 수 있으며, 수명이 다한 사람의 정신을 가상신체로 옮겨 생명 연장의 꿈도 실현할 수 있다. 인간의 정신을 가상의 대상물에 옮겨 수명을 연장하려는 이러한 시도는 윤리적 논란을 예고하고 있다. 심장 수축으로 혈관에 피가 흐르고 외부 침입에 민감하게 반응하는 세포조직을 갖춘 가상인간도 출현할 것이다. 인체 구조적·생리적·기능적 특성을 수치화해 컴퓨터 가상공간에 그대로 재현한 일종의 사이버 인간이다.

2016년쯤에는 심장과 대동맥을 결합한 컴퓨터 모델이 구현될 것이다. 가상인간 연구는 인류의 질환을 보다 효과적으로 치료하고 예방하기 위해 시작됐다. 가상인간을 활용하면 실제 심장 수술에 앞서 최적 수술 부위와 경로를 선택할 수 있는 가상 시뮬레이터나 심혈관질환 치료 후 예후 측정 등이 가능하다. 신약과 의료기기 개발에 이용되는 동물실험과 임상시험을 대신해 윤리적 문제점도 없애고 개발비용도 획기적으로 줄일 수 있다. 이를 응용해 전자, 자동차 등 전통 제조업 분야에서도 유용하게 활용할 수 있다. 앞으로 가상인간 연구가 미래 첨단과학기술 분야 블루오션으로 떠오를 수 있다.

과거의 기능을 가져와 설명할 수도 있고, 만나서 이야기할 수도 있는 가상인간을 상상해보라. 가상인간 기술이 로봇이나 홀로그램과 연결되면 어떤 일이 벌어질까? 사람에게 싫증이 난 사람이 로봇과 결혼할 수도 있다. 사람보다 더 편한 반려자가 될 수 있다. 2000년 초반 일본에서 히트한 TV 시리즈에 나온 내용이다. 소개팅에서 매번 퇴짜 맞던 남자가 홈쇼핑을 통해 여자를 렌트한다. 물론 살아 있는 여자는 아니다. 가상여자다. 그런데 그 가상여자와 사랑에 빠진다. 기간이 끝나고 돌려보내야 할 시기가 왔는데 돌려보낼 수 없어 영구 구매를 한다. 헤어지지 않고 영원히 같이 살 수 있으니까 좋을 줄 알았는데, 그때부터 문제가 발생한다. 가상여자에게 기술적 문제가 생긴 것이다.

1999년 발표된 크리스 콜럼버스Chris Columbus 감독의 영화 〈바이센테니얼 맨〉에서는 인간은 점점 로봇을 닮아가고 로봇은 점점 인간을 닮아간다. 로빈 윌리엄스Robin Williams가 연기한 '앤드루 마틴'이라는 이름을 가진 로봇은 점점 인간을 닮아가다 결국에는 인간과 완전히 똑같아져서 최후에는 법적으로도 완전한 인간이라는 인정을 받아낸다. 그러고는 그토록 원하던 행복한 죽음을 맞이한다. 처음에는 주인이었고 평생 사랑했던 부인과 함께 말이다. 그 시점에서는 기술이 발전해 죽지 않고도 살 수 있는데 죽음을 선택한다. 학자들은 인간이 반려동물을 사랑하듯 그 대상이 로봇이라고 해도 사랑할 수 있다고 말한다. 남아 있는 숙제는, 인간이 인간을 사랑하듯 로봇이 그렇게 인간을 사랑할 수 있는 존재가 될 수 있느냐는 것이다. 인공지능이 인간의 감정까지 완벽히 재현할 수 있을 만큼 발전한다면 가능한 일이다.

미래학자인 레이 커즈와일Ray Kurzweil은 인간 지능보다 뛰어난 존재에 의해 인류 역사의 구조를 단절시킬 수 있는 사건, 즉 특이점이 발생할 것이라고 주장했다. 특이점을 뒷받침할 세 가지 혁명으로 유전학genetics, 나노기술nanotechnology, 로봇공학robotics을 말한다. 이 중 로봇을 가장 심원한 혁명으로 이야기한다. 인간의 지능을 뛰어넘는 강력한 인공지능이 세계에 영향을 미치기 위해서는 물리적 실체가 절대적으로 필요한데 바로 로봇공학이 그것을 제공할 것이기 때문이다. 다음은 레이 커즈와일이 그의 책 《특이점이 온다 The Singularity Is Near》에서 인공지능과 로봇에 관해 이야기한 내용이다.

> 특이점을 뒷받침할 세 가지 주된 혁명들(G, N, R) 중에서도 R(로봇공학)은 가장 심원한 혁명이다. 이것은 평범한 인간을 뛰어넘는 비생물학적 지능의 탄생을 뜻한다. 좀 더 지능적인 사고 과정이 탄생한다면 덜 지능적인 존재는 결국 뒤처질 것이고, 지능은 우주에서 가장 강력한 힘이 될 것이다.
> GNR이라고 할 때 R은 로봇공학을 의미하지만 진짜 문제가 되는 것은 강력한 AI(인간 지능을 뛰어넘는 인공지능)다. 그런데 로봇공학을 강조하는 이유는 지능이 세계에 영향을 미치기 위해서는 육체, 즉 물리적 실체가 필요하기 때문이다. 사실 나는 물리적 존재를 강조하고 싶진 않다. 나는 핵심을 오로지 지능이라고 본다. 지능은 속성상 반드시 세상에 영향을 미칠 방법을 찾아 나설 텐데, 그 방법 중 한 가지로 물리적 존재인 육체가 있을 뿐이다. 우리는 물리적 기술마저도 기본적으로 지능에 포함된 것으로 볼 수 있다. 가령 인간 뇌 중 상단 부분(뉴런의 절반 정도를 차지하는 소뇌)은 물리적 기술과 근육을 조정하는 데 쓰인다. 인간 수준의 인공지능이 탄생한다면 그것은 언젠가 인공지능을 초월할 수밖에 없다. 이유는 여러 가지가 있다. 앞서도 말했듯 기계들은 쉽게 지식을 공유한다. 반

면 평범한 인간들은 우리의 학습, 지식, 기술을 이루는 개재뉴런 연결과 신경전달물질 농도 패턴을 남들과 쉽게 공유하지 못한다. 언어에 바탕을 둔 느린 소통수단이 전부다. 물론 언어라는 수단은 매우 유용했다. 덕분에 인간은 다른 동물들과 다르게 되었고 기술도 창조할 수 있었다. (…)

기계는 사람과 달리 자원을 쉽게 공유한다. 사람도 여럿이 모이면 개인이 불가능한 물리적, 정신적 성취를 이뤄낼 수 있지만, 기계들은 그보다 더 쉽고 빠르게 서로의 연산, 기억, 통신 자원을 나눈다. 인터넷이 그 예다. 인터넷은 전 세계적 연산 자원의 망으로 진화하고 있으며 순식간에 거대한 슈퍼컴퓨터처럼 사용될 수 있다. 또 기계의 기억은 정확하다. 현재 컴퓨터는 수십억 가지의 사실을 정확하게 간직할 수 있는데, 그 용량은 매년 2배로 증가하고 있다. 연산의 속도와 가격대 성능비도 매년 2배씩 늘고 있으며, 증가하는 속도 자체도 가속하는 형편이다.

인간의 지식이 점차 웹에 옮겨지고 있으므로 기계는 곧 모든 인간-기계 정보를 읽고, 이해하고, 종합할 수 있을 것이다. 반면 한 생물학적 인간이 세상 모든 과학 지식을 이해하는 일은 수백 년 전이면 모를까 지금은 불가능하다.

기계 지능의 또 다른 장점은 최고의 기술을 늘 최고의 수준으로 수행할 수 있다는 것이다. 사람은 누군가는 작곡을 정복하고 누군가는 트랜지스터 설계를 섭렵할 수 있겠지만 뇌 구조에 한계가 있으므로 모든 전문 분야에 대해 최고 수준의 기술을 습득하고 활용할 용량은(또는 시간은) 없다. 인간의 기술은 또 수준이 천차만별이다. 인간 수준으로 음악을 작곡한다고 하면, 베토벤의 수준인가 평범한 인간의 수준인가? 비생물학적 지능은 모든 분야에서 인간 기술에 동등하거나 넘어설 것이다.[20]

로봇의 지능이 높아지고 자율성이 확대되면 인간과 로봇의 관계에도 변화가 일어날 것이다. 지금까지 로봇은 주인 혹은 사용자인 인간에게 종속되어 있었다. 앞으로는 점차 수평적 성격이 강화될 것이다. 로봇의 자율성이 아주 높아져서 스스로 학습하고 진화하는 단계에 도달하면 인간이 통제하기 힘들 것이라는 우려도 있다. 도대체 로봇에게 얼마나 높은 수준의 자율성을 부여해야 하는지가 지능형 로봇 개발에서 중요한 쟁점이 되고 있다.

---

20 레이 커즈와일, 《특이점이 온다》, 장시형·김명남 옮김(김영사, 2007), 356~357쪽.

사람 닮은 로봇,
사람을 리셋하다

THE EXODUS OF OPPORTUNITY

　미래를 주제로 한 영화 중에 로봇이 인간을 지배하는 미래를 그리는 영화가 적지 않다. 따지고 보면 기계에 불과한 로봇이 인간을 지배하다니 상상만 해도 끔찍하다. 여하튼 인간은 로봇이 가져다주는 편리함과 혜택을 누리면서 동시에 두려움을 느끼며 경계한다. 그런데 도대체 로봇이 무엇이기에 이러는 것일까?

　생각해보자. 미래의 로봇은 인간에게 해가 될까, 득이 될까? 당분간은 걱정하지 않아도 될 것 같다. 로봇이 인간을 정복하는 데는 최소 100년 이상의 시간이 걸릴 것으로 보인다. 그것도 로봇이 진화를 거듭하고 계획을 추진하는 동안 인간이 아무런 통제를 하지 않을 때를 기준으로 한 것이다. 당분간 로봇은 인간의 능력을 극대화하는 데 유용한 도구가 될 것이다. 로봇의 능력이 향상될 때마다 인간은 로봇을 적절하게 제어할 통제력을 터득할 것이다.

그러니 로봇과 관련한 질문을 바꾸어야 한다. '로봇이 인간을 지배하게 될까?'라고 질문하기보다 '앞으로 로봇은 어떤 모습으로 어떤 기능을 가지고 어떤 역할을 할까?'라고 질문해야 한다. 분명 로봇산업은 가까운 시일 내에 큰 산업으로 성장할 것이다. 자동차산업을 능가하는 규모로 성장할 것이다. 이런 변화 속에서 다가올 새로운 기회를 찾아야 한다

사실 우리는 오래전부터 로봇시대를 경험해왔다. 공장에 가면 엄청나게 많은 로봇이 있다 우리 가정에도 로봇이 많다. 로봇은 사람의 일을 대신해주는 기계를 일컫는 말이다. 넓은 의미에서 보면 냉장고, 세탁기도 로봇이다. 이런 로봇을 기계식 로봇이라고 부를 수 있다. 그런데 미래에는 이런 기계식 로봇이 사람을 닮은 로봇으로 진화한다. 겉으로 보이는 모습만으로는 인간인지 로봇인지 구분할 수 없는 상황까지 진화할 것이다. 모든 연구의 최종 목표는 사람을 닮은 로봇을 만드는 것이다. 겉모습뿐 아니라 사고 능력까지 사람을 닮은 로봇이다. 현재의 로봇은 명령에 따라 단순작업을 반복하지만, 수학적 연산의 답을 인간보다 빨리 내놓는 수준의 계산 능력을 갖췄다.

최근 인간처럼 생각하고 세상을 이해할 수 있는 시스템을 갖춘 로봇이 나왔다. 인지로봇이다. 미국 엔지니어링회사 앱티마Aptima의 연구팀이 로봇의 인지 시스템을 개발하고 있다. 시스템의 기본은 로봇에 내장된 데이터베이스다. 이 로봇은 내장된 데이터베이스

를 기반으로 한 인지 시스템에 따라 물건을 인식하고 세상에 대한 지식을 쌓는다. 다양한 데이터를 분석해 모양을 인지하고 어떤 용도인지 찾는 것이다. 로봇은 상대적으로 제한된 감각을 지니고 있지만 많은 자료를 단시간에 분석할 수 있다. 전체 개체를 완전히 인식할 수 없을 때는 기본 구성요소를 파악하고 비슷하게 맞출 수 있다. 데이터베이스를 통해 이러한 구성요소의 조합을 실행하면 로봇이 그 물건을 인지하거나 상황을 인지할 수 있다.

로봇만 인간을 닮아가는 것이 아니다. 인간이 로봇을 닮기도 한다. 로봇의 일부 기능을 활용해 자신의 핸디캡을 극복하면서 점점 로봇을 닮아가고 있다. 로봇의 일부 기능을 사람에게 이식하거나 로봇을 착용하게 해서 인간의 물리적, 신체적 한계를 극복시키는 산업을 사이보그산업이라고 한다. 고령사회 진입과 더불어 급속히 수요가 늘어나고 있는 분야다. 사람의 몸은 노화와 함께 신체의 기능이 저하된다. 하지만 사이보그기술을 활용하면 젊을 때보다 더 나은 신체적 능력을 발휘할 수 있다.

인공 망막이나 인공 눈 기술을 활용하면 시력을 완전히 상실한 사람도 세상을 다시 볼 수 있다. 인간이 사물을 본다는 것은 안구를 통해 들어오는 정보를 후두엽에 있는 시각을 담당하는 피질로 전달해서 사물을 인식하는 것이다. 이제 머지않아 나이가 들어 돋보기 안경을 끼는 것이나 시야가 침침해지는 것을 당연시하지 않아도 된다. 백내장 수술을 하는 정도의 비용과 노력만 기울이면 인공 눈을 가질 수 있다.

인공 와우 기술을 활용하면 청력을 완전히 상실한 사람도 다시 들을 수 있다. 소리를 들으려면 1만 개가 넘는 육모세포가 필요하다. 그런데 18가 정도의 인공 와우만을 가지고도 청력을 회복할 수 있다. 아직은 3~5세 이내에 수술을 받아야만 완전한 청력을 회복할 수 있다. 5세가 넘어가면 효율이 확연하게 떨어진다. 앞으로 관련 기술이 발달하면 시술이 가능한 연령대가 높아질 것이다. 이 외에도 인공 팔, 인공 다리 등이 등장하고 있다.

또한 입는 로봇이라는 새로운 형태의 사이보그도 가능하다. 현재 일본과 미국에서 적극적으로 개발하고 있는 입는 로봇의 경우, 최대 인간의 200배의 힘을 발휘할 수 있는 수준까지 연구가 진행되었다. 사이보그기술을 통해 뇌를 조정할 수도 있다. 뇌심부자극술이라는 치료법이 그것이다. 가슴 부위에 작은 컴퓨터를 달고 컴퓨터에 연결된 전선을 뇌에 이식하여 이를 통해 뇌를 자극하고 조절하는 기술이다. 파킨슨병 환자에게 시술되고 있는 사이보그기술이다. 미국에서만 2만여 명 이상이 시술을 받았고, 치료 후 걷고 달리고 춤까지 출 수 있다. 아직은 초기 수준이라 대상의 한계가 분명하다는 단점이 있다. 하지만 중요한 것은 인간이 뇌의 영역까지 통제할 수 있는 계기를 마련했다는 사실이다.

현재 과학자들은 사이보그기술을 통해 인간의 지능을 향상하는 데까지 관심이 있다. 미국의 과학자들은 쥐의 해마를 1밀리미터 두께로 얇게 자른 후, 여기에 전기신호를 보내 해마의 작동기능을 분석하는 연구를 시행 중이다. 이렇게 분석한 해마의 기능을 컴퓨터

칩으로 복원한다. 일련의 칩들을 다시 하나의 칩으로 합치면 해마의 기능을 대신할 수 있는 인공 해마를 완성할 수 있다는 논리다. 실제로 미국의 연구진들은 쥐 실험에서 이 원리를 구현하는 데 일부분 성공했다. 쥐의 해마를 분리해서 복원한 칩을 다시 쥐의 해마에 이식한 결과 쥐의 기억력이 50% 향상된 것이다. 물론 인간의 뇌 기능 전체 혹은 일부분이라도 완벽하게 복원하는 기술은 상당히 먼 미래에나 가능할 것이다. 로봇이 완벽하게 인간처럼 움직이거나 인간의 뇌 전부 혹은 일부분을 완벽하게 복원하려면 앞으로 100년 이상 걸릴 수 있다. 그런데 인공 와우나 인공 눈에서 보듯이 신체 일부분만 사이보그기술로 대체되더라도 기존의 다른 기능이나 영역과 결합해 탁월한 능력을 발휘할 수 있다.

미래형 서비스 로봇산업을 둘러싼 치열한 전쟁은 이미 시작되었다. 미국의 경우 10년 이내에 무기의 33%를 로봇으로 대체하면서 미래형 군수산업의 새로운 지평을 열 준비를 하고 있다. 자동차산업을 능가하는 초대형 산업이 될 이 산업에서 승리하려면 미국처럼 군사용 로봇기술의 발달이 필수적이다. 우리나라도 2010년 초 미래형 로봇 개발의 로드맵을 발표했다. 우리나라는 2018년까지 농업, 의료, 문화, 홈서비스, 교육, 해양, 건설, 교통, 사회안전 등 8대 분야에서 미래형 로봇을 출시하겠다는 계획을 발표하고 본격적인 로봇산업전쟁에 뛰어들 준비를 하고 있다.

로드맵에 따르면 농업 분야에서는 제초·시비 로봇(2013년 상용화), 이앙 로봇(2013), 벼수확 로봇(2018), 육묘생산 로봇(2011), 과수

수확 로봇(2018), 축산분뇨처리 로봇(2016) 등이 제시됐다. 의료 분야에서는 치료용 캡슐 로봇(2015), 나노치료 로봇(2018), 심장수술 로봇(2016), 실시간 원격진단 로봇(2012), 가정용 장애인지원 로봇(2018), 간호보조 로봇(2018) 등의 시장 창출과 개발에 유력한 로봇으로 제시됐다. 문화 분야에서는 분신형 아바타 로봇(2013), 타악기 연주 로봇(2012), 휴머노이드 연기자 로봇(2018) 등이 제시됐고, 홈서비스 분야에서는 집사 로봇(2015), 심부름·정리정돈 로봇(2018), 노인생활보조 로봇(2016), 가정교사 로봇(2015), 친구 로봇(2018) 등이 제시됐다.

이 밖에 해양 건설·교통 분야에서는 무인 어군탐지 로봇(2015), 해저자원 탐사 로봇(2014), 자율주행버스 로봇(2017), 도로청소 로봇(2017), 터널굴착 로봇(2018) 등이, 교육 분야에서는 교과목별 시뮬레이션 로봇(2012), 체육보조 로봇(2018) 등이, 사회안전 분야에서는 소방 로봇(2012), 산불진화 로봇(2018), 침입감지 경비 로봇(2018), 무인교통단속 로봇(2018), 송유관 유출 탐지 로봇(2015) 등이 제안됐다.[21]

공장에서 사람의 일자리를 빼앗아간 기계들을 생각해보자. 우리가 고용 없는 성장시대를 살아가는 이유 중 하나가 기계화·자동화다. 기계화·자동화가 가장 잘된 나라가 일본인데, 로봇 한 대가 도입되면 3~4명의 일자리를 대체한다는 통계가 있다. 로봇은 이미 지난 30년간 타이피스트, 티켓 판매원 등 인간이 하는 상당수의 일을 대체했다. 이런 변화는 앞으로 점점 빨라질 것이라는 게 전문가들

---

21 "미래형 로봇 개발 로드맵 나왔다", 〈디지털타임스〉, 2010년 1월 17일자.

의 분석이다. 칼 프레이Carl Frey 옥스퍼드대 교수는 "회계사, 비행기 조종사 등 현재 직업의 47%가 20년 내 사라질 가능성이 높다"고 전망했다.[22]

그런데 우리의 일자리를 빼앗아가고 우리를 위기로 몰아넣은 그 기계들은 인간 근력의 일정 부분을 대체한 것에 불과하다. 그 기계들의 기능을 살펴보면 인간이 근력과 신체를 사용해 할 수 있는 수많은 기능의 천분의 일, 만분의 일밖에 되지 않는다. 앞으로도 마찬가지다. 근력을 대체하는 기계든 사이보그기술이든 인공지능 기술이든 산업현장에 적용될 때는 인간의 능력만큼 완벽해진 후에 적용되는 것이 아니다. 완벽한 인간처럼 할 수 있느냐, 없느냐가 중요한 것이 아니다.

GM이 협력해 만든 나사의 로보노트Robonaut 2는 최신 안드로이드 기술의 집합체다. 광범위한 센서와 정교한 다섯 손가락이 달린 손을 갖추고 있으며, 우주정거장을 청소하거나 인간의 우주 작업을 돕는 보조 역할을 수행하고 있다. 군용 로봇도 이미 다양한 활용 방법이 제시되고 있다. 특히 험한 지형이나 위험한 곳에 장비를 운반할 때 군인 대신 자동무인항공기를 보내거나 자동전투기를 보내며, 다양한 스파이 미션에 로봇을 사용하고 있다. 이처럼 위험도가 높은 업종부터 로봇으로 대체될 것이다. 로봇은 사람이 접근할 수 없는 지역에도 들어갈 수 있으며, 자연재해를 입은 사람들에게 결정

---

22 "로봇의 습격… 20년 내 현재 직업 47% 사라진다", 〈한국경제〉, 2014년 2월 5일자.

적인 도움을 줄 수도 있다.

로봇이 일자리에 미칠 영향을 연구해온 전문가들은, 일반적인 예상과 달리 육체적 영역에서도 당분간 인간이 우세할 것으로 전망하고 있다. 그렇게 전망하는 근거는 육체적 일의 대부분이 고도로 발달한 정신 능력이 있어야 하기 때문이다. 음식점 점원, 하수도 배관공, 간호사의 경우 직업 특성상 매우 복잡한 패턴 인식, 수시로 발생하는 다양한 문제 해결, 주변 인물과의 끊임없는 소통이 이루어져야 하는데 인공지능은 아직 제대로 처리하지 못한다는 것이다. 하지만 육체적 노동이든 지식 노동이든 업무 패턴이 정형화되기 쉬운 작업은 지능형 로봇으로 대체될 것이다. 안내·비서 업무, 은행 출납 업무, 단순 판매 업무의 상당한 비중은 이미 콜센터의 자동안내 시스템, 은행의 자동화기기, 티켓 자동판매 시스템 등으로 대체되었다. 앞으로는 기자라는 직업도 위협을 받을 가능성이 있다. 일부 언론이 양산하는 단순한 사실 중심의 정형화된 전개 구조를 가진 스포츠, 자연재해 관련 기사는 기사 작성 전문 로봇에게 맡겨도 충분할 것이라는 인식이 퍼지고 있다.

지난 2014년 3월 17일 LA에서 발생한 지진 뉴스를 〈LA 타임스〉에서 가장 먼저 작성, 배포한 기자는 사람이 아닌 로봇이었다. 지진이 발생한 것은 아침 6시 25분. 기사는 8분 뒤에 웹사이트에 올라왔다. 이 기사 말미는 "이 정보는 미국 지질조사국(USGS) 지진경보 서비스를 통해서 왔으며 이 포스트는 저자가 만든 알고리즘에 의해 작성되었다"라고 되어 있었다. 무슨 의미인가? 이 기사를 사람이 아닌 소프트웨어가 자동으로 작성했다는 뜻이다. 〈LA 타임스〉가 소프트웨어 로봇을 이용해 기사를 작성한 것은 이것이 처음은 아니다. 이미 2013년 2월 1일에 진도 3.2의 지진이 샌시미언에서 발생했다는 기사가 나왔다. 당시에도 필진을 밝히는 바이라인에 나타난 이름은 켄 슈웽크Ken Schwencke였다. 켄은 〈LA 타임스〉의 디지털 편집자이고 알고리즘을 작성한 사람이다.[23] 내러티브 사이언스Narrative Science라는 회사가 최초로 만든 기사 작성 로봇은 2010년부터 스포츠 기사 작성에 사용되었고, 지금은 기업 실적 보고서 등으로 점차 활동 범위를 넓히고 있다. 물론 이 경우에도 분석 기사 등 직관과 창의성이 필수적인 업무는 여전히 인간 기자의 영역으로 남을 것으로 예상한다.

많은 사람이 앞으로 기계가 인간의 일자리를 뺏어갈 것이라고 한다. 정말 그럴까? 산업혁명이 일어났을 때 증기기관이 널리 이용되기 시작했다. 하지만 노동자의 수는 줄어들지 않았다. 달라진 환경에서 노동자들은 체력이 아닌 손기술, 협동, 통찰력, 창의력 등을 요구받았다. 지난 200년 동안 기술은 과거의 일자리를 없애는 동시에 새로운 일자리를 만들어왔다. 로봇산업이 인간의 일자리를 뺏고 있다. 동시에 로봇산업이 새로운 일자리를 만들고 있다. 아주 단순히 생각해보라. 로봇 디자이너, 로봇 엔지니어, 로봇 수리 전문가들이 점점 더 많이 필요한 시대가 되어가고 있다. 기억하자. 미래는 사

---

[23] "로봇은 언제 퓰리처상을 받을 것인가", 〈아이뉴스24〉, 2014년 3월 25일자.

람과 로봇이 공존하는 사회가 아니다. '사람을 닮은 로봇'과 '로봇을 닮은 사람'이 함께 어우러져 사는 세상이 될 것이다.

PART FOUR

어떻게
기회의 산에
오를 것인가?

미래를 주도하는 법

거대한 기회의 산, 미지의 산에 오르는
대담한 도전을 시작하라.

판이 이동하면서 거대한 기회의 산이 솟아오르고 있다.
당신이 서 있는 현재 자리에서 보면 고정된 과녁이 아니다.
어떻게 활을 쏘아 움직이는 과녁을 맞힐 것인가?
남들이 만들어놓은 길을 따라가려 하지 마라.
그 길을 따라 걸으면 언제나 따라가는 사람이 될 수밖에 없다.
준비하고 이끌고 앞서나가야 한다. 길을 열고 깃발을 꽂아야 한다.
급변의 시기에는, 새로운 길이 만들어지는 시기에는
먼저 그 길을 걸어간 사람이 원조가 되고 전문가가 된다.

변화와 대이동의
큰 그림을 이해하라

THE EXODUS OF OPPORTUNITY

1부에서는 판의 이동을, 2부에서는 판의 이동과 기회의 산 사이에 있는 쓰나미와 미래절벽을, 3부에서는 거대한 기회의 산을 이야기했다. 다음 쪽의 그림은 이런 것들이 서로 연관되어 있음을 보여준다. 필자만 변화와 기회의 이동을 이야기하는 것이 아니다. 변화와 기회의 이동에 관한 이야기는 날마다 넘쳐난다. 새로운 정보가 나올 때마다 변화와 기회의 이동에 관한 여러 이야기가 만들어진다. 그런데 그렇게 넘쳐나는 정보를 꿰어 변화와 이동의 방향과 구조에 관한 큰 그림을 제시하는 경우는 많지 않다. 구슬이 서 말이라도 꿰어야 보배라고 했다. 각각의 정보를 정확히 아는 것과 동시에 큰 그림을 이해하는 것이 중요하다. 그래야 자신에게 진짜 필요한 정보가 무엇이고, 계속 집중해서 추적해야 할 변화의 영역이 무엇

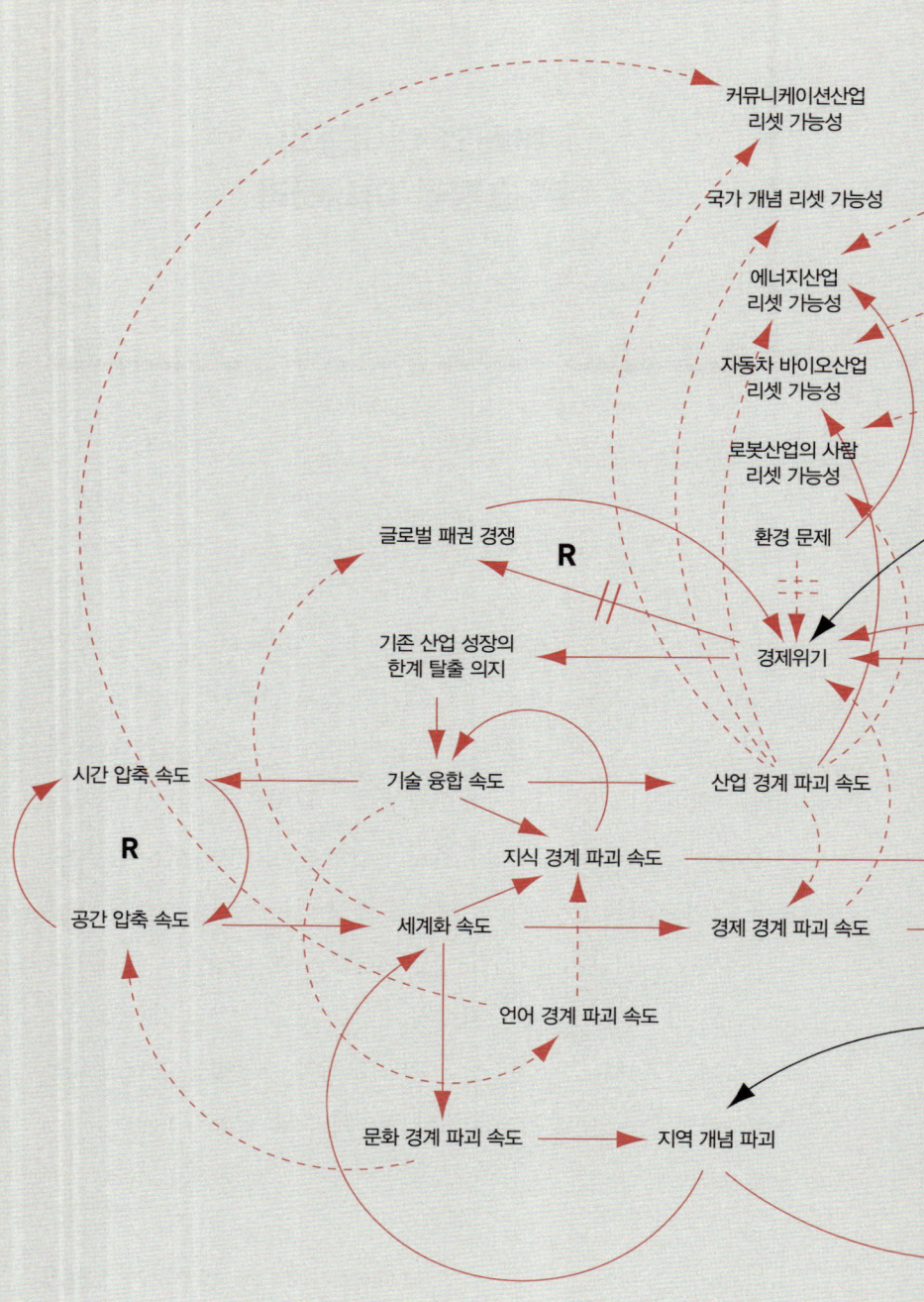

변화와 이동의 방향과 구조

정보를 정확히 아는 것과 동시에 큰 그림을 이해하는 것이 중요하다. 그래야 자신에게 진짜 필요한 정보가 무엇이고, 집중해서 추적해야 할 변화의 영역이 무엇인지 알 수 있다.

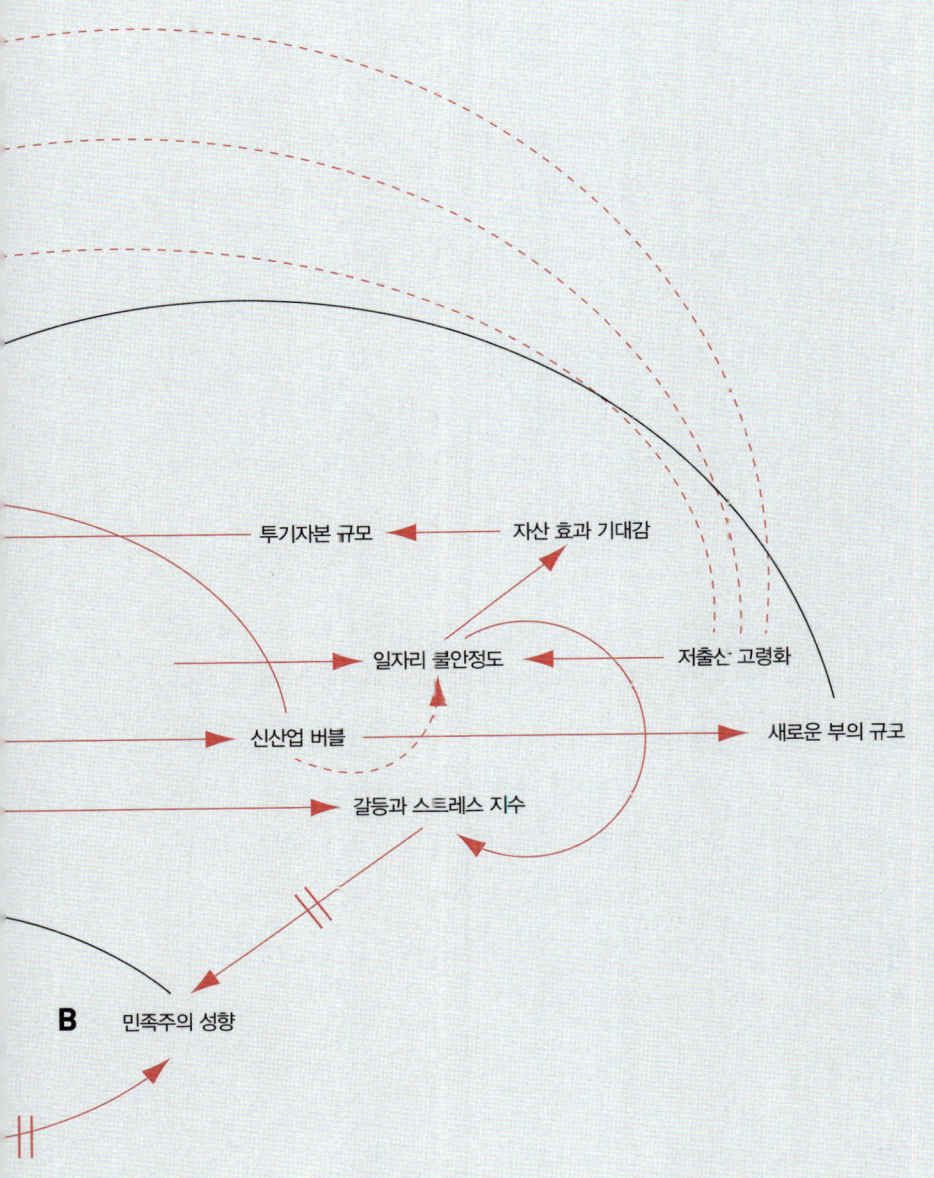

인지 알 수 있다. 또한 큰 그림을 알아야 줄기와 가지를 구분할 수 있다. 새로운 정보, 새로운 기술이라고 해서 변화와 이동을 만들어내는 데 똑같은 영향력을 나타내는 것은 아니다.

'도대체 무슨 일이 일어나고 있는가?'에 대한 큰 그림을 이해한 후에 '그것은 나에게 어떤 영향을 미칠 것인가?'라는 질문을 반드시 던져야 한다. 그런데 '어떻게 대비해야 하는가? 무엇을 준비해야 하는가?'라는 질문을 던지지 않으면 앞의 두 가지 질문은 의미를 잃고 만다. 남들이 만들어놓은 길을 따라가려 하지 마라. 그 길을 따라 걸으면 언제나 따라가는 사람이 될 수밖에 없다. 준비하고 이끌고 앞서 나가야 한다. 그렇게 해야만 기회를 맞을 수 있다. 길을 열고 깃발을 꽂아야 한다. 급변의 시기에는, 새로운 환경이 만들어지는 시기에는, 새로운 길이 만들어지는 시기에는 먼저 그 길을 걸어간 사람이 원조가 되고 전문가가 된다.

나그네쥐(레밍 쥐lemming mouse)에 관한 이야기를 알고 있을 것이다. 노르웨이 등지에 사는 이 설치류는 3~4년마다 한 번씩 대이동을 한다. 포식자 없이 고립된 환경에서 개체 수가 엄청나게 불어나면 새로운 서식지를 찾아 돌아다니는 것이다. 가장 심한 압박감을 느낀 무리가 움직이기 시작하면 다른 쥐들도 우르르 따라 나선다. 그런데 그렇게 줄지은 쥐떼는 바닷가에 도달하고, 눈앞의 거대한 바다를 제대로 보지 못하고 쉽게 건널 수 있는 강으로 착각해 바다에 뛰어들어 죽고 만다. 뒤를 따르던 쥐들은 앞장선 쥐들이 죽는 것을 보면서도 똑같은 행동을 따라한다.

참 슬픈 일이다. 그런데 숨을 쉴 수 없을 만큼 조여오는 압박감을 경험하는 것은 나그네쥐들만은 아니다. 바로 우리의 이야기이기도 하다. 점점 더 강해지는 압박에 어찌해야 할지 모를 때 우리는 주변을 살피게 된다. 그러다보면 주변의 큰 흐름을 따라 움직일 때가 있다. 이렇게 나그네쥐처럼 별 의식 없이 타인을 따라 움직이는 것을 '레밍효과 lemming effect'라고 한다.[1]

---

1 알 리스·로라 리스, 《브랜딩 불변의 법칙》, 배현 옮김(비즈니스맵, 2008), 277쪽.

위기에서 움직이는
기회의 과녁 맞히기

THE EXODUS OF OPPORTUNITY

기회의 산이 솟아오르고 있다. 지금 이 순간 솟아오르고 있는 기회의 산에 오르기 위해서는 무엇에 집중해야 하는지를 질문해야 한다. 어떻게 이동하는 기회를 잡을 것인가? 어떻게 활을 쏘아 움직이는 과녁을 맞힐 것인가?

첫 번째 전략은 예측하고 쏘기다. 가만히 한곳에 머물러 있는 새가 아니라 창공을 날고 있는 새가 우리의 표적이다. 새로운 곳에서 솟아나고 있는 거대한 기회의 산은 새처럼 움직이는 표적이다. 이 표적을 정확히 맞히려면 어떻게 해야 할까? 그 자리에 머물러 표적을 맞힐 때와는 다르게 접근해야 한다. 무엇보다 예측하고 조준해야 한다. 움직임의 방향과 속도를 확인해야 한다. 그러려면 그 새가 어떤 종류의 새인지 알아야 한다. 지금의 나의 능력과 상황에서 잡을 수 있는 새인지 확인해야 한다. 새의 생태, 현재 상태에서 보이는 고도, 방향, 속도, 나와 목표의 거리 등을 확인해야 한다. 관찰하는 순간 새의 위치도 중요하지만, 더욱 중요한 것은 화살과 새가 만나는 순간의 새의 위치다. 그렇다. 현재를 기반으로 미래를 예측해야 한다. 새의 특성을 이해하고 더불어 나의 역량도 분석해야 한다. 내가 가진 활의 성능, 기술, 능력, 당시의 컨디션까지 분석해야 한다. 그래야 새와 화살이 만나는 바로 그 지점을 계산할 수 있다.

두 번째는 따라붙기다. 기회가 이동하는데 도저히 예측이 되지 않을 때 구사하는 전략이다. 미래학자들도 현재 가까운 미래에 가능할 것들에 따라붙는 방식을 취하는 경우가 있다. 조심스레 변화의 방향을 따라 같이 움직이면서 기회를 엿보아야 한다. 당장 활을 쏘지는 않더라도 제자리에 머물러 있지는 않아야 한다. 움직이면서 변화를 분석하라. 그리고 기회를 엿보라. 우두커니 그 자리에 앉아 있는 것보다는 훨씬 낫다. 첫 번째는 내가 원하는 미래의 타깃이 예측 범위에 들어왔을 때 구사할 수 있는 전략이라면, 두 번째는 움직이는 과녁이 가시거리에 들어오지 않았거나 활시위를 당기는 것이 시기상조일 때 유용한 전략이다.

마지막 세 번째는 더 예측하기 힘든 상황에 사용하는 전략이다. 미래가 도저히 보이지 않고 통찰할 수 없다면 발상을 거꾸로 해야 한다. 미래를 예측하지 말고, 먼저 가서 스스로 길을 만드는 것이다. 이 전략은 데이터 분석이나 예측보다 용기와 모험심, 개척정신이 요구되는 전략이다. 기회의 이동 축을 내 쪽으로 아예 맞춰가는 것이다.

　신궁이 되는 비결을 찾아 이곳저곳을 열심히 돌아다니는 궁수가 있었다. 어느 산에 신궁이 있다는 소문을 듣고 찾아갔더니 소문대로 표시된 과녁마다 예외 없이 명중되어 있었다. 신궁에게 비결을 물었다. "먼저 쏘아라. 그런 다음 붓으로 과녁을 그려넣으면 된다." 순간 귀를 의심할 수밖에 없었지만, 그것이 사실이었다. 먼저 쏘고 과녁을 그렸다.

　판이 이동하면서 새로운 장소에서 거대한 산이 솟아오르고 있다. 당신이 서 있는 현재 자리에서 보면 고정된 과녁이 아니다. 이동하는 과녁이다. 확실한 것은 아직 없다. 불확실성이 지배하는 시대라고 해서 의심하고 불안해하고 표류하고 방황해야만 할까? 아니다. 이것이 답이 아니라는 것은 자명하다. 그러면 어떻게 해야 할까? 지금까지 우리가 알고 있던 것들이 흔들리고 있다. 열심히 익히고 배우고 채워왔던 것들이 흔들리고 있다. 어떻게 해야 할까? 앞에서 제시한 세 가지 전략을 자주 사용해서 한시라도 빨리 변화에 적응하는 법을 익혀라. 더 큰 파도가 오기 전에 파도를 즐겁게 탈 수 있는 법을 익혀라. 익히는 과정에서 실수와 실패도 경험할 것이다. 나쁘지 않다. 실패하지 않고 얻을 수 있는 것은 없다. 실패해야 세 가지 전략을 몸에 익힐 수 있다. 실패를 통해서도 얻을 수 있는 것이 많다. 실패를 통해서만 배울 수 있는 것이 있다. 그래서 어른들은 한결같이 이렇게 말한다. "실패를 빨리 할수록 좋다!" "나이 들어서 실패하면 재기하기 힘들다!"

그렇다. 세 가지 전략을 알아도 미래를 탐험하는 과정에서 다양한 실패를 할 것이다. 그때마다 기억하라. 실패는 뒤로 물러나는 것이 아니다. 판이 움직이는 때는 그 자리에 있는 것이야말로 뒷걸음질 치는 것이다. 대담한 도전 과정에서 겪는 실패는 두세 걸음 갈 것을 한 걸음이나 반걸음밖에 못 간 것이다. 실패를 두려워해서는 절대로 반걸음도 앞으로 못 나간다. 미래가 두렵기는 모두가 마찬가지다. 미래가 짙은 안개 속에 있는 것도 모두가 마찬가지다. 당신이나 다른 사람 모두가 같은 조건이다. 그래서 용기가 필요하다. 거대한 기회의 산, 미지의 산에 오르는 대담한 도전을 시작하라.

> # 한 발 먼저 피하고
> # 투자기회를 잡으라
>
> **THE EXODUS OF OPPORTUNITY**

대담한 도전의 첫 번째 발걸음은 이것이다. 다가오는 아시아 대위기, 한국의 위기, 중국의 위기라는 쓰나미를 예측해 한 발 먼저 피하고, 큰 흔들림 속에서 피어나는 투자기회를 잡는 혜안과 도전이다. 쓰나미 속에서 투자기회가 어떻게 전개될지, 투자전략은 무엇인지 등에 대한 자세한 설명과 예측은 필자의 저서 《2030 대담한 도전》을 참고하라. 여기서는 그 내용의 일부만을 발췌하여 다시 소개한다.

1929년 10월 24일, 뉴욕 주식시장이 대폭락했다. 공포의 '검은 목요일'은 경제공황을 미국을 넘어 전 세계로 확산시켰다. 이른바 '대공황'의 시작이었다. 1920년 이후 제1차 세계대전에서 승리한 미국의 경제는 빠른 속도로 성장했다. 제1차 세계대전 승전국인 미국의 경제상황은 전시 이득을 기반으로 과잉 자본과 과잉 생산기로 접어들었다. 과잉 자본과 과잉 생산의 부작용은 실물시장뿐만 아니라, 주식과 부동산 등의 자산시장에 더 빠르게 침투했다. 하지만 시간이 지나면서 급증한 생산성 증가를 감당할 만한 수요 증대가 부족했다. 결국 1926년 이후로 전 세계에서 상품 가격과 구매력이 지속적으로 하락하는 상황이 발생했고, 여기에 금융안정성마저 무너지면서 1929년 주식시장을 시작으로 대폭락이 발생한 것이다. 1930년 12월 11일 뉴욕에서 유나이티드 스테이츠 은행Bank of the United States이 파산하면서 50만 명이 예금을 잃은 것을 시작으로 1931년 한 해에만 미국에서 2,300개의 은행이 파산했다. 미국과 세계에서 건설, 철강, 자동차 시장이 위축되었고, 생산 축소, 기업 도산, 실업자 수가 증가했다. 1931년 5월 오스트리아 최대 은행인 크레디트안슈탈트Creditansalt가 파산하면서 대공황의 여파가 유럽으로 번졌다. 오스트리아를 강타한 대침체는 독일, 영국으로 빠르게 퍼지면서 글로벌 금융위기와 대침체로 전환되었다.

하지만 패닉과 공포가 전 세계를 휘감고 있는 상황에서도 엄청난 기회를 잡은 이들이 있었다. 대표적으로 J. P. 모건이 그랬다. 수많은 은행과 기업이 파산하고, 주식과 부동산이 대폭락을 할 때 J. P. 모건은 미국 기업의 40%를 장악한다. J. P. 모건 그룹도 초기에는 미국 경제가 무너지면서 3년 정도는 법인세를 납부하지 못했을 정도로 대공황의 여파를 피하지 못했다. 하지만 대공황 발발 이후 최대의 현금을 보유했던 J. P. 모건은 미국과 세계의 구세주로 우뚝 서면서 대공황으로 쓰러진 수많은 기업과 은행들을 주워 담기 시작했다. 단 한 번의 대위기를 기회로 전환시킨 J. P. 모건은 자산 규모가 1억 달러 이상이던 초대형 기업인 퍼스트내셔널 은행First National Bank 등 은행 14개, 생명보험회사 4개, GE와 ATT 등 전기·전화·가스 관련 공기업 8개, 철도회사 4개, US스틸United States Steel Corporation 등 자동차·철강 제조업체 12개사를 손에 쥐었다. 그 외에 대공황을 견디지 못하고 매물로 나온 중견기업까지 합하면 440개 회사를 흡수합병했다. 자산총액으로 따지면 770억 달러에 달했다. 미국 상장기업 200개사의 자산총액 가운데 40%였다.[2]

2008년 시작된 글로벌 경제위기는 거의 100년 만에 한 번 오는 대재앙이자 대기회이기도 하다. 현명한 사람은 위기 속에서 서서히 피어나는 기회를 발견할 줄 안다. 위기와 기회는 상생한다는 진리를 붙잡았다. 대공황은 투자자들 속에서도 두각을 나타내고 큰 성공을 거둘 사람을 가려내는 기회의 시간이었다. 사업과 투자의 새로운 토대를 튼튼히 닦는 기회였다. 새로운 부의 기회, 성공의 전략적 기회를 발판으로 그들은 40~50년 사이에 엄청난 부를 축적했다.[3] 큰 성공을 거두었다. 세계 경제를 주도하는 위치에 올라섰다. 새로운 질서의 중심에 섰다.

모건 같은 사람들만 투자와 사업에서 큰 기회를 붙잡았을까? 그렇지 않다. 기회는 모두에게 열려 있었다. 단, 준비하지 못했기에 기

---

[2] 위키백과, '대공황'.
[3] CCTV 다큐멘터리 월스트리트, 《월스트리트》, 홍순도 옮김(KBS Media 미르북스, 2011), 316쪽.

회를 잡지 못했을 뿐이다. 지금도 마찬가지다. 대공황의 시대를 살았던 벤저민 로스Benjamin Roth라는 변호사의 일기 속에 현재 우리가 처한 상황을 통찰하는 내용이 있다. 1894년 오하이오 영타운에서 태어난 벤저민 로스는 1931년부터 1941년까지 일기를 썼다. 80여 년이 지난 후, 로스의 일기는 2008년 글로벌 금융위기 이후 공포와 패닉이 시장을 휩쓸 때 통찰력을 주기 위해, 아들인 대니얼 로스Daniel Roth에 의해 《대침체: 일기 The Great Depression: A Diary》라는 제목으로 2009년에 출판되었다. 일기에 쓰인 내용은 이런 것들이다.[4]

> 온갖 신문과 잡지들은 지금처럼 할인된 가격에 주식, 부동산을 살 기회가 흔치 않다는 기사들로 도배되어 있다. (…) 문제는, 지금은 아무도 돈이 없다는 것이다. (1931년 7월)

> 나는 평상시에 여유자금을 모아놓는 것이 얼마나 중요한지 이제야 깨달았다. 만약 2,500달러 정도의 돈을 이번 불황기 동안 현명하게 투자했다면, 내 인생의 나머지를 위한 아주 훌륭한 보험이 되었을 것이다. (1931년 8월)

> 만약 이번 불황기에 초우량 주식에 투자해서 2~3년 동안 보유할

---

[4] Benjamin Roth, *The Great Depression: A Diary* (PublicAffairs, 2010).

수 있는 사람이 있다면, 그는 1935년경에는 큰 부자가 되어 있을 것이라는 말이 마음에 절실하게 와 닿는다. (1932년 9월)

1달러짜리 주식을 10센트에 살 수 있는 행운은 이미 지나갔다. 그리고 그런 행운을 붙잡을 수 없었다는 것이 슬프기만 하다. (1933년 6월)

경기침체 기간 동안 계속해서 행운의 여신은 기회를 가져다주었다. 하지만 여유자금을 준비해두지 못한 사람들에게 그런 기회는 전혀 쓸모없는 것이 되고 말았다. (1933년 7월)

큰 재산을 모을 수 있는 일생일대 최대의 기회는 사라져버렸다. 아마도 다시 오지는 않을 것 같다. (1937년 5월)

1929~1932년까지 다우존스는 89.2% 하락했지만, 그 후로 1937년까지 최대의 상승 랠리 장이었다. 몇몇 우량주는 10~20배나 폭등했다(참고로, 1939년 9월 1일에 제2차 세계대전이 발발하자 다우지수는 다시 52.6% 폭락했다). 1937년 연준의 긴축통화 정책과 경기회복 지연으로 주식시장은 다시 한 번 급락했다.

1997년 한국에서 외환위기가 발발했을 때도 마찬가지였다. 1996년 1,000포인트였던 코스피 주가는 277포인트까지 하락했다. 거의 70% 이상 폭락했다. 하지만 곧바로 반등하면서 1999년 말에

경제위기 전후 미국의 다우지수

대공황기를 제외하면 주가 조정은 -50% 전후

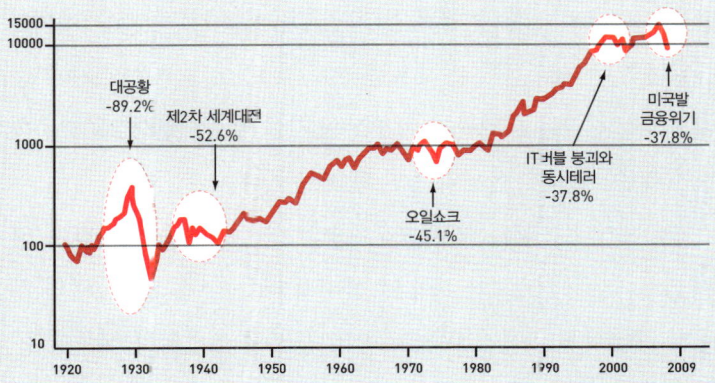

자료: 일본 다이와종합연구소

경제위기 전후 한국의 코스피지수

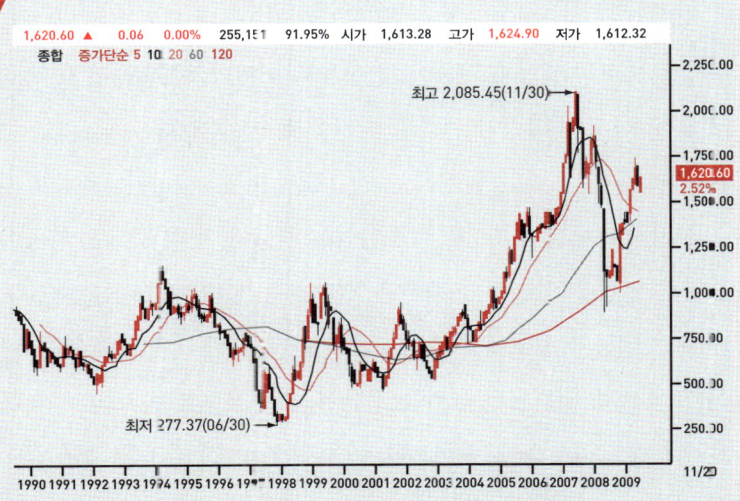

는 1,000포인트를 완전히 회복했다. 몇몇 우량주는 10배 이상 폭등했고, 투자 지식이 높고 대담한 투자자들은 1,000~2,000%의 수익률을 기록하기도 했다. 물론 1939년 다우존스가 제2차 세계대전이 발발하면서 다시 폭락한 것처럼, 한국의 코스피 주가도 2000년 초 미국의 닷컴버블 붕괴라는 외부적 요인이 발생하면서 2001년 말까지 500포인트대로 반토막이 난 후 반등했다.

금융위기와 불황의 역사는 신기술의 역사와 맥을 같이한다. 불황의 그늘 속에서 새로운 도전이 꽃피기 때문이다. 절체절명의 생존 위기 앞에서 포기하지 않는 인간의 도전과 응전의식 때문이다. 위기를 극복하는 필사즉생 과정에서 혁신적 아이디어와 기술이 탄생한다. 금융위기 발발 이후, 고통스러운 부채 디레버리징과 경기침체의 시간이 지난 후 혁신적 아이디어와 신기술이 장기간 경기호황과 신용 팽창으로 가는 견인차 역할을 했다.

전병서의 《중국의 대전환, 한국의 대기회》라는 책에는 대위기 후 나타난 새로운 산업과 기술이 잘 분류되어 있다. 예를 들어 1870년대 불황 이후 에디슨이 전화를 발명했고, 카네기Andrew Carnegie는 철강산업을 일으켰고, 록펠러John Davison Rockefeller는 석유정제 기술을 시작하여 본격적으로 석유산업을 열었다. 헨리 포드는 자동차 산업에 혁신을 일으키며 새로운 경기호황 시대의 토대를 다졌다. 1929년 대공황 이후에도 폴라로이드 카메라, 레이더, 제트엔진, 나일론, 복사기, 헬리콥터 등의 신기술이 대거 등장했다. 1970년대 불황 이후에도 개인용 프린터, 셀룰러폰, 비디오 게임기, 워크맨, 고어

텍스, 포스트잇, VCR, 시험관아기 기술 등이 등장했다. 1990년대 불황 이후에도 IT산업이 등장하면서 금융위기와 불황 이후에 새로운 기회의 시기라는 공식을 유지해갔다.[5] 2008년 글로벌 금융위기도 같은 패턴으로 진행되어가고 있다.

---

5 전병서, 《중국의 대전환, 한국의 대기회》(참돌, 2015), 285쪽.

트랜스휴먼, 인간이 바뀐다

THE EXODUS OF OPPORTUNITY

미래는 어떤 인재를 필요로 할까라는 질문을 많이 받는다. 아무래도 미래 인재로서 준비가 잘된 사람이 거대한 기회의 산에 잘 오를 가능성이 크기 때문이다. 미래 인재의 조건들을 예측하기 전에 미래 인간의 모습은 어떻게 변해갈지를 알아보는 것이 우선이다. 미래 인재의 조건을 예측해보려면 미래 상황과 미래 인간의 정신적, 생물학적 역량 발전의 예측이 동시에 필요하다.

인간의 미래는 어떻게 될까? 미래학자들은 대체로 인간이 21세기 중반에 트랜스휴먼transhuman으로 진화하고, 21세기 말에는 포스트휴먼posthuman이라는 새로운 종이 출현할 가능성이 크다고 예측한다.

미래학자이며 인공지능 연구의 대가인 레이 커즈와일 박사 등은 인공지능, 사물인터넷, 웨어러블 컴퓨터, 가상혁신, 바이오기술 및 나노기술 등의 발전으로 21세기 중반이면 현재 인간의 존재방식, 정신적 활동 수준, 생물학적 한계를 뛰어넘는 획기적 진화가 일어날 것으로 예측한다. 필자도 이런 예측에 동의한다. 다양한 기술이 인간의 정신적, 생물학적 능력을 증강시켜 현실공간과 가상공간 안에서 20세기까지는 상상에 불과했던 일을 하게 될 것이다. 그리고 필자의 예측으로는 21세기 말이면 로봇과 인간의 경계가 깨지고 현실과 가상이 하나로 통합되는 제3차 가상혁명이 성숙 단계에 진입하면서, 현실의 인간존재와 가상의 인간존재 간 경계 또한 무너져 포스트휴먼이라는 새로운 인간 종이 출현하게 될 것이다.

1960년대 말부터 연구되기 시작한 신경망neural network 이론은 2016년 놀라운 성과를 냈다. 2016년 3월 9~15일까지 구글 딥마인드DeepMind의 알파고가 바둑 세계챔피언 한국의 이세돌 9단을 4승 1패로 이겼다. 앞서 1997년 체스 세계챔피언을 꺾었던 IBM의 슈퍼컴퓨터 딥블루처럼, 알파고도 바둑을 두었지만 바둑을 이해한 것은 아니었다. 그러나 알파고가 딥블루와 다른 것은 인간의 직관을 흉내 내기 시작했다는 점이다. 인간 뇌의 일부 기능을 흉내 낼 정도로 놀라운 발전이었다. 일하는 기계만 가지고 있던 인간이 드디어 생각하는 기계를 갖게 된 최초의 사건이다. 인공지능 연구는 그다음 단계를 지향하기 시작했다. 인간보다 더 뛰어난 인식과 판단 능력을 가진 강한 인공지능을 거쳐, 인간의 뇌 전체를 업로드하여 인간과 컴퓨터의 통합을 이룬다는 목표다.

물론 인간 뇌 전체를 업로드하여 시뮬레이션하는 것은 이론적 제안만 있고 아직은 먼 미래의 일이다. 인간의 뇌는 대량의 피질하 백질을 가진다. 백질 속에는 이리저리 뻗은 수많은 축삭軸索 연결이 있다. 피질에 있는 하나의 세포는 5,000~1만 개 세포들과 연결되어 있다. 현재 실리콘 제조기술로는 이런 수준의 배선을 만들기 힘들다고 한다.[6] 뇌신경망 연결지도를 그리고는 있지만, 아직도 뇌가 일을 어떻게 하는지를 정확하게 설명해주는 전체적인 이론이나 틀도 만들어지지 않았다. 하지만 이 부분도 시간이 갈수록 신비가 속속 밝혀질 것이다. 예를 들어 MIT 연구진은 예쁜꼬마선충에 형광빛을 내는 유전자를 주입하여 신경세포가 작동할 때 빛을 내게 했다. 연구진은 이 기술과 새로운 영상기법을 활용해서 신경세포망 전체의 실시간 움직임을 3D지도로 만들었다. 모든 신경세포를 동시에 볼 수 있고, 특정 부위의 신경세포가 활성화되는 과정도 파악할 수 있고, 입력된 정보가 어디서 처리되고 있는지도 추적할 수 있고, 시간에 따른 뇌신경망 전체 활동과 변화를 입체적으로 들여다볼 수도 있게 되어 뇌 전체의 순차적 작동 원리를 파악하는 길이 열린 것이다. 이 기술은 뇌신경망의 특정 부위나 특정 시냅스가 무슨 활동을 하고 무슨 의미가 있는지를 파악하게 해줄 수 있다. 마치 유전자 하나하나의 의미를 알아가듯이 신경세포 하나하나의 의미를 알게 되면 뇌질병 치료에 큰 도움이 된다.

---

[6] 샌드라 블레이크슬리·제프 호킨스, 《생각하는 뇌, 생각하는 기계》, 이한음 옮김(멘토르, 2010), 320쪽.

양자컴퓨터 등이 발전해 뇌 전체를 시뮬레이션할 수 있는 성능을 갖추는 것은 21세기 중반이면 가능해진다. 물론 그런 성능을 가진 컴퓨터에 뇌신경계 전체를 업로드하고 시뮬레이션하려면 뉴런 모델과 뇌지도, 이른바 커넥톰이 필요하지만, 인간 커넥톰의 완성도 21세기 중반이면 가능할 수 있다. 뉴런 모델도 마찬가지다.

또 다른 장벽도 있다. 업로드된 커넥톰 시뮬레이션이 제대로 작동하려면 4R도 작동해야 한다. 즉 신경 간 연결의 세기를 강화 혹은 약화하는 재조정reweight, 연결을 새로이 하거나 끊는 재연결reconnect, 신경가지가 자라거나 줄어드는 재배선rewire, 오래된 신경은 죽고 새 신경이 생기는 재생regeneration 과정을 통해 뇌 속 지도를 바꿔나간다. 그런데 새로운 기억을 재조정하거나 재조합하는 작용이 일어나지 않으면 업로드된 자아는 옛 자아 그 상태에 머물 뿐이다. 일단 이 모든 기술이 21세기 말이면 가능해질 것으로 예측된다.

21세기 중반이면 초연결사회가 된다. 로봇도 활성화된다. 업로드된 뇌는 초연결사회의 네트워크를 타고 어디든 갈 수 있다. 원하는 사물, 원하는 디바이스, 로봇, 심지어 새로운 생물학적 인공 몸을 가질 수도 있다. 뇌 시뮬레이션이 가능할 정도의 기술력이라면 입출력도 조절할 수 있을 것이다. 인간의 생물학적 눈의 기능을 뛰어넘는 기계시각에 들어가면 천리안을 가질 수 있다. 동물의 후각 능력을 뛰어넘는 센서가 달린 사물에 접속하면 아름다운 꽃향기는 물론이고 마약까지도 탐지할 수 있다. 시뮬레이션된 다른 뇌와 교제할 수도 있다. 논리적으로는 충분한 가능성이다.[7] 물질세계에서 사는 것보다 더 나은 삶이 될 수 있지 않을까?

뇌의 신비가 더 풀린다면 인간이 어떻게 생각하고, 기억하고, 행동하는지를 더 잘 알게 된다. 내면에서 일어나는 깊은 성찰의 신비, 찰나에 이루어지는 외부세계와의 상호작용의 신비를 벗겨낼 수 있게 된다. 인간의 생각, 기억, 행동 메커니즘, 정신의 심연, 외부와의 상호작용을 컴퓨터가 연산할 수 있게 한다면 '사람다운' 인공지능을 설계할 수 있을 것이다. 사람다운 인공지능은 인간을 위협하는 칼이 될 수 있지만, 인간의 물리적 한계를 넘게 해주는 확장 도구가 될 수도 있다. 인간의 정신이 딱딱한 뇌 껍질의 속박에서 벗어나 세상을 인지하고 세상과 교감하는 새로운 길을 열 수 있다. 인간의 인지기능, 감각기능, 운동기능의 확장을 넘어 새로운 인류를 창조할 수 있을 것이다.

뇌와 정신세계뿐만 아니라 인간 몸의 생물학적 능력을 증강하려는 시도도 진행되고 있다. 인간은 DNA 안을 들여다보는 데 성공했다. 하지만 아직 DNA 설계설명서는 손에 넣지 못했다. 인류 역사를 송두리째 바꿀 엄청난 혁명을 일으킬 사상 최대의 기술적 돌파구가 아직 열리지 않았다. 그런데 벌침의 독소인 멜리틴melittin과 동일한 속성의 단백질을 설계하는 성과를 얻거나 일부 유전자 정보를 해독해 표적 치료제를 만들 정도로 기술이 조금씩 진보하고 있다.[8]

---

[7] 승현준, 《커넥톰, 뇌의 지도》(김영사, 2014), 401~430쪽.
[8] 에릭 드렉슬러, 《창조의 엔진》, 40쪽.

인류는 물체 단위 안에서 생명체 복제도 성공했다. 인간은 자기 뼈보다 수백 배 강한 탄소나노튜브를 만들었고, 뇌신경망보다 빠른 정보처리기술도 가지고 있다. 자기 발보다 빠른 자동차, 자기 근육의 200배 넘는 힘을 발휘하는 입는 로봇을 만들었다. 이런 인간의 능력과 나노기술의 이론적 가능성으로 볼 때 천연 단백질 기계를 뛰어넘어 몸 안에서 자기 복제가 가능한 인공 나노기계를 만들 수 있는 날이 언젠가는 온다. 인공 나노기계가 현재 컴퓨터보다 수천 배 빠른 나노컴퓨터(분자컴퓨터)와 연동되어 우리 몸속을 누비고 다닐 날이 반드시 올 것이다.

필자의 예측으로는 21세기 중후반쯤이면 미래의 나노공학자들과 생화학자들은 단백질 분자들을 모터와 베어링, 가동부로 이용해서 개별 분자를 다룰 수 있는 로봇 팔을 만들거나 산업용 기계 시스템 같은 거대한 천연 나노기계 시스템을 만들 수 있을 것이다. 21세기 말이면 나노컴퓨터와 나노기계가 연동될 것이다. 유전자공학, 생화학기술이 향상될수록 그 가능성은 현실이 될 것이다. 여기에 'DNA 설계설명서' '커넥톰 설계설명서'와 함께 '원자 설계설명서'까지 갖게 되면 22세기에는 심원한 변화가 시작될 것이다. 심원한 변화의 핵심은 신과 인간의 경계가 완전히 파괴되는 변화다. 자연과 인간의 구조가 근본적으로 바뀌는 엄청난 변화다. 22세기에는 에덴동산에서 선악과를 따먹고 신의 능력을 갖고자 했던 인간의 소망이 실현되는 길이 열릴지도 모르겠다.

필자는 'DNA 설계설명서' '커넥톰 설계설명서' '원자 설계설명서'를 자연과 인간의 구조를 근본적으로 바꾸면서 포스트휴먼 혁명을 이끌 위대한 세 가지 설계설명서로 주목하고 있다. 만약 먼 미래에 이 설명서들을 인간이 갖게 되고, 나노 스케일에서 물질의 구조를 완벽하게 제어하면서 제조와 생산을 하는 '원자 정밀제조 atomically precise manufacturing(APM)'가 가능해지면 탁월한 신뢰성과 내구성을 가진 제품을 생산하고, 살아 있는 세포보다 뛰어난 인공 세포 로봇을 만드는 것은 물론, 인간이 자신과 자연과 생명체 전체를 자유자재로 통제하고 새롭게 제조하는 능력을 갖는 포스트휴먼 시대가 열릴 수도 있다.

인재의 정의가 바뀌고 있다

THE EXODUS OF OPPORTUNITY

엄청난 변화가 진행되고 있는 시대를 우리는 살아간다. 이런 상황에서 미래에는 누가 인재가 될 것인가 하는 질문은 중요하다. 당신은 20세기형 인재인가, 아니면 21세기형 새로운 인재상을 준비하고 있는가?

21세기 인재의 정의를 20세기 인재상과 비교해보자. 앞으로 시간이 갈수록 '스펙'은 변별력을 상실하게 될 것이다.[9] 세계화의 가속화로 언어장벽이 사라진 상황에서 외국어 능력은 경쟁력이 없어진다. 구글번역기 같은 언어소통 솔루션의 발달은 언어학습의 필요성을 획기적으로 떨어뜨릴 것이다. 기술지식 역시 그다지 중요한 경쟁력

---

[9] 오쿠야마 노리아키・이노우에 겐지치로, 《스펙이라는 거짓말》, 김정환 옮김(새로운현재, 2013).

이 되지 못할 것이다. 대부분의 기술은 공개되었고, 공개되지 않은 기술은 돈을 주고 구입할 수 있게 된다. 명문대 공대생이 4년 동안 배운 내용의 90% 이상이 이미 기업에서 컴퓨팅과 프로그래밍으로 가능한 것들이다. 기술은 굳이 배우지 않아도 되고 배운 것을 써먹을 기회조차 없어진다.

　기업은 이제 대학 졸업장을 원하지 않는다. 대신 학사 혹은 그 이상의 학위에 상관없이 제대로 된 기술과 지식을 갖춘 인재를 원한다. 이러한 수요는 사무실, 생산공장, 병원, 로펌 등을 포함해 거의 모든 사업장의 직업군을 관통한다. 세계에서 가장 큰 노동력을 보유한 세 국가인 미국, 중국, 인도에서 실제로 이러한 일이 벌어지고 있다.[10] 우리가 알고 있는 지식이라는 것들은 갈수록 가치가 떨어질 것이다. 굳이 습득하거나 외우지 않아도 언제 어디서든 검색하고 활용할 수 있기 때문이다.

　언어구사보다는 의사소통이, 지식보다는 지혜가, 암기력보다는 이해력이, 매뉴얼보다는 창의력이 경쟁력 있는 스펙이 될 것이다. 인재상도 많이 달라질 것이다. 제품을 팔기 위해서는 제품도 잘 알아야 하지만, 제품을 구매할 사람을 잘 이해해야 경쟁력을 가지게 될 것이다. 사람을 이해한다는 것은 사람의 심리, 사람의 역사, 사람의 철학, 사람의 성향, 사람의 정서와 감정, 감성까지 잘 이해한다는 뜻이다. 결국 인문학적 소양이 매우 중요한 스펙이 될 수 있다. 이해

10　〈트렌즈〉지 특별취재팀, 《10년 후 일의 미래》, 권춘오 옮김(일상이상, 2013), 22~29쪽.

력과 추진력 및 판단력, 성숙한 인성 등의 인문학적 소양은 소수의 대학생에게서만 찾을 수 있다. 즉 대다수의 대학 졸업자는 대학 교육을 받지 않은 사람보다 그다지 탁월하지 않다.[11]

미래는 소비자시민의 파워가 극대화할 것이다. 인터넷과 SNS는 기존 미디어와는 비교할 수 없을 정도의 파급력을 확보하게 될 것이다. 익명의 1인 소비자의 불만은 주요 언론사나 소비자단체의 공식적인 보도나 고발보다 훨씬 큰 파괴력을 미칠 것이다. 거대 기업의 홍보실은 능수능란하게 매스미디어를 관리하고 통제할 수 있을지는 몰라도 언제 어디서 출현할지 모르는 네티즌, 블로거, 트위터리언들에게는 속수무책일 수밖에 없다. 신문 지면이나 방송 카메라는 차라리 안전한 관리대상일지 모른다. 수십 년 동안 쌓아온 기업의 운명을 하루아침에 바꾸어놓는 것은 기술력이 아니라 명성과 이미지다. 기업의 사운은 최고경영자나 중역들이 아니라 고객과 거래처와 일상적으로 접촉하는 불특정 다수의 개별 직원들에게 달렸으며, 이들의 사소한 실수나 불간이 걷잡을 수 없는 화를 부를 수 있다.

결국 인성이 능력이 되는 시대가 올 것이다. 인성은 인공지능과 로봇이 빠르게 발전하면서 인간과 경쟁하는 시대에 인간이 내세울 수 있는 강력한 차별점 중 하나다. 그래서 미래에는 친절, 인내, 이해심, 책임감, 윤리의식이 중요한 인재의 조건으로 재정립될 것이다. 기업은 그런 인재를 선택하고 그런 기준에 따라 교육할 것이다.

---

[11] 〈트렌즈〉지 특별취재팀, 《10년 후 일의 미래》, 22~29쪽.

그런 기업만이 미래를 약속할 수 있다. 다시 강조하지만, 사람을 알아야 이긴다. '사람 전문가'가 필요하다.

사실 인문학의 위기를 말해온 지는 오래다. 대학에서 인문학 관련 학과가 사라지고, 인문학보다는 실용적인 학문을 가르치고 배우는 학과가 인기를 끌었다. 그런데 이제 그 어느 때보다 인문학이 필요한 시대가 온다. 사람을 연구하는 학문, 인문기술이 떠오르고 있다. 인문학은 인생에 대한 물음과 해답을 시도하는 것이자 개인과 공동체의 삶을 이해함으로써 인간의 자기 이해를 풍요롭게 하는 학문이다.[12] 사람들은 인문과 기술을 다른 것으로 생각하지만 그렇지 않다. 기술 역시 사람으로 시작해서 사람으로 마무리된다. 사람을 무시하는 기술은 사람을 향한 기술을 이길 수 없다.

스티브 잡스는 "애플은 인문학과 기술의 교차점에 있다"는 이야기를 한 적이 있다. 이 말은 기술뿐 아니라 인간 지향적인 애플의 문화와 가치관을 이야기해주는 부분이다. 잡스는 늘 자신이 기술과 인문학의 중간에 있으며, "애플의 DNA에는 기술뿐만 아니라, 인문학이 녹아 있다"고 강조했다. 대학을 중퇴하기는 했지만, 철학을 전공한 철학도답게 "소크라테스와 한나절을 보낼 수 있다면 애플이 가진 모든 기술을 내놓겠다"고 공언할 정도로, 인문학에 자신과 애플의 모든 것을 걸겠다는 의지를 보였다. 이런 그가 보여준 결과물 중 대표적인 사례가 '아이튠스'다. 사람들은 '뮤직 플레이어' 안에

---

[12] 강양구·서동욱·우찬제 외, 《싸우는 인문학》(반비, 2013).

'뮤직 라이브러리'가 있어야 한다고 생각한다. 가방 안에 책이 있고, 컴퓨터 안에 파일이 있듯이 뮤직 플레이어 안에 뮤직 라이브러리가 있어야 한다는 생각은 당연하다. 문제는 인간의 소유 욕망이다. 결국 이러한 인간의 소유 심리가 불법복제라는 인터넷 사생아를 낳았다. 이에 맞서 잡스는 아이튠스를 내놓았다. 그는 불법복제를 하는 사람의 마음, 심리, 그 행동의 원리와 경쟁하고자 했다. IT 엔지니어가 인문학을 만나서 사람을 알기 시작하고 사람의 마음속에 들어가자 관점의 틀이 달라졌다. 처벌과 양심이라는 단순적인 틀에서 벗어나 더 나은 환경의 제공이라는 새로운 인식의 틀을 만들어낸 것이다. 결국 '합법적인 다운로드 시장'이라는 새로운 시장이 창출되었다. 잡스가 꿰뚫어보았듯이 이처럼 경제 논리든 IT 논리든 모든 것은 사람의 심리와 관련되어 있다.[13]

인문학적 통찰력과 예술적 감수성이 그 어느 때보다 중요한 시대가 되고 있다. 인문적 소양을 갖춘 '사람 전문가'가 주목받는 시대가 오고 있다. 사람에 대한 관찰과 탐구, 그리고 관심과 애정이 있는 사람이 거의 모든 분야에서 경쟁력을 확보하게 될 것이다. '마음을 쓰는 서비스'가 '더리를 쓰는 서비스'를 뛰어넘어 가장 자연스럽고 가장 필요한 서비스로 기억과 고객과 직원이 모두 행복한 상황을 만들게 될 것이다.[14]

서비스의 핵심은 한 고객이 가진 '그'만의 정체성을 확인해주는

---

[13] 이남훈, 《CEO 스티브 잡스가 인문학자 스티브 잡스를 말하다》(팬덤북스, 2011).
[14] 정진홍, 《인문의 숲에서 경영을 만나다》(21세기북스, 2007).

과정이다. 고객이 가장 중요하게 생각하는 것, 가장 인정받고 싶어 하는 것을 파악해 고객만의 고유한 영역을 느끼게 해주는 서비스가 필요하다. 고객의 상황을 진심으로 이해해야 한다. 고객의 신뢰를 얻는 것 또한 매우 중요한 일이다. 시간을 지킨다든지, 입이 무겁다든지, 아니면 자신의 실수를 인정하고 고친다든지 하는 작은 부분에서 출발할 것이다. '그 사람은 항상 내 편에서 일한다'는 느낌을 줘야 한다. 고객의 욕구를 꿰뚫어보는 능력이 있다면 고객을 더 빨리 이해하고 가장 정확한 해결책을 내놓을 수 있다. 따뜻한 인성으로 고객의 마음을 읽어야 매뉴얼에 나오는 서비스가 아니라 그 사람에게 맞는 서비스를 찾아 제공할 수 있다.

새로운 시대는 '소비자 전문가' '사람 전문가'의 시대가 될 것이다. 스마트폰 시장을 양분하고 있는 아이폰과 갤럭시의 차이가 무엇일까? 겉으로 보이지 않는 기술적 차이가 분명 존재할 것이다. 그런데 그보다 더 중요한 것은 사용의 편의성이다. 아이폰이 제공하는 매뉴얼은 달랑 한 장이다. 반면 갤럭시의 매뉴얼은 수십 페이지가 넘는다. 이것이 아이폰과 갤럭시의 차이다. 직관적으로, 매뉴얼 없이 사용할 수 있어야 한다. 이것이 새로운 시대가 요구하는 기준이자 기술이다. 사용자의 눈높이에 맞춘 기술, 기준이 요구되는 시대이다. 사용자에게 새로운 기술을 익히라고 강요하는 시대는 종말을 맞이하고 있다. 사실 이것은 매킨토시Macintosh 방식과 도스DOS 방식의 차이이기도 했다. 애플을 베껴 만든 것이 윈도Window다.

산업주의 시대 패러다임은 대량생산이었다. 하지만 정보산업 시대, 민주화 시대의 코드는 일대일 맞춤형 소품종 다량생산이다. 앞으로 이런 현상은 더더욱 강화될 것이다. 상황이 이렇다보니 기술 전문가보다는 사람 전문가를 찾는 기업이 점점 더 많아질 것이다.

> 아무리 부대상황이 바뀔지라도 인간이 원하는 기본적 욕구는 본질적으로 똑같다는 사실은 과거, 현재, 미래를 관통하는 매혹적인 특징이다.
> 심리학자 매슬로 Abraham Maslow가 오래전에 설명했듯 인간은 자신과 사랑하는 사람들의 안전을 원한다. 그리고 자신이 사는 공동체에서 존재감, 소속감을 느끼고자 하며 성취감과 성공적인 결과물을 얻고 싶어한다. 어떤 사람은 '자아실현'을 이루고 싶어한다. 이런 기본적 욕구는 개인, 가족 그리고 공동체의 삶을 결정한다. 바뀌는 것은 부대상황이다. 기술과 연결성, 주위를 둘러싼 물질적 재화 같은 부대상황이 변할 따름이다.[15]

지금은 소품종이라도 공장에서 찍어낼 수 있다. 기본적으로 인간의 본능은 내게 꼭 맞는 것을 쓰고 싶어하고, 그것이 기술적으로 가능하다. 대중의 심리보다 개개인의 특성을 아는 사람이 필요하다. 이런 사회에서는 자기가 좋아하는 것을 잘하면 길이 열린다. 기업에서도 그런 인재를 원한다.

---

15 린다 그래튼, 《일의 미래》, 조성숙 옮김(생각연구소, 2012), 47~48쪽.

인재의 조건이 변하고 있다

THE EXODUS OF OPPORTUNITY

거듭 강조했지만 기회의 판이 이동하고 있다. 당연히 인재에 대한 기준도 변하게 마련이다. 새로운 판에는 새로운 기준이 적용될 수밖에 없다. 그렇다면 인재의 조건은 어떻게 변화될까? 다가오는 미래, 불확정성이 당연시되는 그 미래에 우리의 생존 해법은 무엇일까? 살피고 따져봐야 할 것이 적지 않다. 연습, 경험이라는 단어를 즐겨 사용하지만, 우리가 만나는 오늘은 늘 실제의 전쟁, 실전이다. 그리고 다가오는 내일 역시 실전이다. 그러니 대충 준비하고 전쟁터에 나설 수는 없다. 그렇다고 길고 복잡한 이야기를 나눈다고 해서 해답을 얻을 수 있는 것도 아니다. 핵심을 찾아 추적하고 정리하는 것이 중요하다.

필자가 미래예측을 통해 추출한 미래 인재에게 필요한 역량은 크게 세 가지, 비전구상력 통찰력, 문제해결 능력이다. 필자가 미래학 방법론과 미래예측 시나리오를 접목해서 개인들의 일자리 고민에 대한 해결책을 찾기 위해 운영하고 있는 '미래준비학교'에서는 이를 기초로 'V-SMART 미래인재역량 훈련'을 실시하기도 한다.

비전구상력Vision은 미래비전을 구상하는 능력이다. 통찰력Sense은 크게는 세상의 변화를 꿰뚫어보는 역량이고, 작게는 사물이나 현상에 대한 감각, 인식, 판단을 기초로 본질을 파악하는 역량이다. 문제해결 능력은 Method-Art-Relationship-Technology를 바탕으로 문제를 해결하는 구체적인 실행력이다. 생각과 일하는 방식Method을 조직적이고 체계적으로 해서 자신의 지식과 기술을 예술Art의 경지로 높이고, 미래 시대에 맞게 사물, 로봇, 인공지능, 사람과 친밀한 관계Relationship를 확보하며, 시시각각 발전하는 최신 기술 Technology을 활용하는 것이다. 앞의 설명을 바탕으로 필자의 미래 인재의 조건 'V-SMART'를 간략히 정리하면 다음 쪽의 표와 같다.

이 미래 인재 조건은 놀랍게도 경제협력개발기구(OECD) 회원국 12개국이 참여해 1997년부터 2003년까지 추진한 DeSeCo(Defining and Selecting Key Competencies) 프로젝트라는 연구에서 추출한 미래 사회에 필요한 핵심역량 세 가지와 일치한다. DeSeCo 프로젝트에서 추출한 미래 핵심역량은 다음과 같다.

1. 도구를 상호적으로 사용하기 언어나 상징, 텍스트를 상호작용적으로 사용하는 능력. 지식과 정보를 상호작용적으로 사용하는 능

미래 인재 조건 V.S.M.A.R.T.			
비전 구상력	Vision	미래변화를 예측하면서 더 나은 미래를 만들기 위해 비전을 구상하라	• 미래예측력 • 비전구상력
통찰력	Sense	사물이나 현상에 대한 감각, 판단, 통찰력을 기르라	• 직관적 통찰력 • 훈련된 통찰력
문제 해결 능력	Method	생각과 일하는 방식을 조직적이고 체계적으로 하라	• 종합적 · 분석적 사고 • 체계적 업무처리 능력
	Art	자신의 지식과 기술을 예술의 경지로 높여 장인이 되라	• 숙련된 지식 • 예술적 상상력
	Relationship	사물, 로봇, 인공지능, 사람과 친밀한 관계를 확보하라	• 네트워크, 집단지성 • 인격 · 성품, 커뮤니케이션 능력
	Technology	최신 기술을 활용하고 기술지능을 높여라	• 하드웨어 · 소프트웨어 활용 능력 • 기술지능 • 기계적 사고 (알고리즘 사고)

력. 기술을 상호작용적으로 이용하는 능력.

2. 이질적인 집단과 상호작용하기 다른 사람들과 좋은 관계를 맺는 능력. 협동하는 능력. 갈등을 관리하고 해결하는 능력.

3. 자율적으로 행동하기 큰 그림 안에서 행동하는 능력. 생애 계획과 개인적 프로젝트를 수립하고 수행하는 능력. 권리와 흥미, 한계와 필요를 주장하는 능력.

도구를 상호적으로 사용하는 능력은 필자가 제안한 'V-SMART 미래인재역량'에서 Sense, Art, Technology 활용 능력에 해당한다. 이질적인 집단과 상호작용하는 능력은 Relationship에 해당한다. 자율적으로 행동하는 능력은 Vision과 Method에 해당한다.

이제 각각의 요소를 자세히 들여다보자.

Vision :
미래변화를 예측하면서 더 나은 미래를 만들기 위해 비전을 구상하라

미래를 주도하는 가장 확실한 방법은 '스스로 미래를 창조하는 것'이다. 스스로 미래를 창조하기 위해서는 가장 먼저 비전구상력과 구상한 비전을 실현하는 능력이 필요하다(참고로 구상한 비전을 실현하는 능력은 문제해결 능력에 포함된다. 그리고 통찰력은 비전구상력과 구상한 비전을 실현하는 능력이 공통으로 사용된다). 비전구상력은 통찰력을 기반으로 미래예측, 더 나은 미래는 무엇인가에 대한 가치 정립, 그리고 머리에 떠오른 좋은 미래상의 짜임새나 순서에 대해 생각을 정리하는 심적 능력이다. 구상력은 독일의 위대한 철학자 이마누엘 칸트 Immanuel Kant가 인식론에서 중요한 위치에 올려놓은 역량이다. 칸트는 구상력을 "상상을 하는 심적 능력"이라고 불렀다. 칸트는 깨닫고 사고하는 능력인 오성에 직관을 부여하는 것이 바로 상상력, 즉

구상력이라고 평가했다. 구상력이 감성과 오성의 매개 역할을 하는 셈이다.[16] 비전을 구상하는 능력과 방법은 필자의 저서 《최윤식의 미래준비학교》를 참고하라.

Sense :
사물이나 현상에 대한 감각, 판단, 통찰력을 기르라

스티브 잡스, 그의 인생의 시작은 화려하지 않았다. 그는 젊은 미혼모의 아들로 태어나 입양아로 자랐다. 그러나 1976년 스티브 워즈니악Steve Wozniak과 동업으로 애플컴퓨터를 세운 이래 일반 PC에 최초로 마우스를 장착하는 등 세계에서 가장 혁신적인 상품과 비즈니스를 이끌었다. 스티브 잡스는 시대를 선도하는 혁신적인 아이디어로 매킨토시 컴퓨터, 아이맥, 아이팟, 아이폰 등 컴퓨터와 핸드폰, 디지털 플레이어, 온라인 음악스토어, 온라인 앱스토어 등을 크게 히트시켰다. 또한 픽사Pixar 애니메이션을 통해 세계 최초로 컴퓨터 3D 애니메이션 영화인 〈토이 스토리〉를 만들었다. 〈몬스터 주식회사〉 〈니모를 찾아서〉 〈인크레더블〉 등 창의적 3D 애니메이션을 히트시키며 픽사를 디즈니Disney를 능가하는 세계 최고의 애니메이션 스튜디오로 성장시켰다. 이처럼 잡스는 독창적인 아이디

---

16 네이버 지식백과, 세계미술용어사전, '상상력'.

어와 혁신적 미학을 바탕으로 금세기 최고의 경영자로 인정받았다. 그런데 그의 놀라운 상상력과 뛰어난 의사결정 능력은 어디서 비롯되었을까? 2005년 8월 스탠퍼드 대학 졸업식장에서 그는 스스로 비밀을 공개했다.

> "내가 나의 호기심과 '직관'을 따라가다가 부딪힌 것 중 많은 것들은 나중에 값으로 매길 수 없는 가치들로 나타났다. (…) 가장 중요한 것은, 당신의 마음과 '직관'을 따라가는 용기를 가지라는 것이다!"

초기의 컴퓨터는 큰 방 하나를 차지할 만큼 거대했지만, 누구도 이에 대해 이의를 제기하지 않았다. 하지만 잡스는 미래에는 이런 공룡 같은 컴퓨터가 아닌 다른 스타일의 컴퓨터가 지배하게 되리라는 것을 직감했다. 그의 머릿속에서는 이내 컴퓨터에 관한 혁신이 시작되었다. 모니터와 키보드를 분리하고 크기는 작아져야 했다. 모양이 훨씬 더 예뻐야 하고 귀에 거슬리는 소음을 없애야 했다. 미래에는 이런 새로운 스타일의 컴퓨터를 많은 사람이 원할 것이고 그렇기에 수십억 달러의 가치를 가지게 될 것을 확신했다.

GE의 전설적 CEO였던 잭 웰치Jack Welch도 "자신의 직관을 스스로 읽을 수 있는 사람은 깨달음을 얻게 된다"고 말했다. 작은 소매점에서 출발해 10년 만에 세계 최고의 커피기업으로 성장한 스타벅스의 신화도 하워드 슐츠Howard Schultz의 직관에서 시작되었다. 특정한 영역에서 성공한 사람들은 대부분 성공적인 판단의 80~90%를 직관에 의존한다.

이런 사례가 던지는 메시지는 무엇일까? 지금까지도 직관의 역할은 결정적이었다. 미래사회로 갈수록 직관은 지난 시절보다 더욱더 큰 비중을 차지하게 될 것이다. 그런데 직관과 관련된 통찰력은 자연스럽게 생기지 않는다. 필자가 앞에서 설명한 것처럼 탁월한 통찰력은 끊임없는 훈련을 통해 습득된다. 필자는 통찰력을 두 가지로 나누었다. 하나는 '훈련된 통찰력'이고, 다른 하나는 훈련된 통찰력을 기반으로 긴급하고 위험한 상황에서 직관적으로 빠르게 작용하는 '직관적 통찰력'이다. 보통 직관적 통찰력만을 통찰력의 전부로 생각한다. 그래서 통찰력을 선천적으로 타고난 능력으로 생각한다. 그런데 최근 뇌의학의 발달로 뇌의 신비가 밝혀지면서 이런 상식이 깨지고 있다.

위급한 문제나 중대한 사안이 닥쳤을 때, 천재적인 직관으로 해답을 찾아내는 '직관적 통찰력'이 발휘되는 과정을 살펴보자. 신경학자 미하엘 팔켄슈타인Michael Falkenstein이 1990년대 초반에 오류정정 시스템error related negativity(ERN)이라는 뇌파를 발견했다. 이 파장은 일종의 자동정정 기능을 수행한다. 긴급한 상황 가운데서 특정한 행동을 하기로 결정을 내리면 뇌는 곧바로 그 행동의 결과로 미래에 어떤 일이 일어날 것인가를 상상한다. 그런데 그 상상의 결과가 뇌의 인지 영역이 원래 기대했던 결과와 일치하면 '만족감'이라는 보상을 곧바로 내리지만, 그렇지 않은(불일치) 상황이 예측되면 뇌는 즉시 일종의 벌과 같은 '두려움'의 감정 시스템을 작동시킨다. 특정한 문제나 위급한 상황에 빠지게 되면 우리의 뇌는 불일치의 원인을 찾으려고 모든 감각기관을 총동원해 주변을 관찰하는 데 총력을 기울인다. 이것을 '오류정정 시스템' 혹은 '실수감시 시스템'이라고 부른다.[17] 우리의 뇌는 이런 시스템을 온종일 작동하면서 수많은 상황을 뇌 속에 만들어져 있는 패턴이나 모범 사례와 비교하며 본능에 따라 혹은 직관적으로 오류를 정정한다. 순간적으로 '아, 이것은 무언가 틀렸다!' 혹은 '아, 이것이 분명 해답일 거야!'라는 판단을 내리는 것이다. 이러한 오류정정 시스템은 인간으로 하여금 실수는 미리 방지하고 잘못된 판단을 직관적으로 느끼게 하므로, 미래에 저지를 수 있는 커다란 실수를 미리 발견하는 능력을 갖추게 한다.

   그런데 사고나 마약 중독 등에 의해 전전두엽에 손상을 입은 사람은 이 기능에 현저하게 문제가 생긴다. 신경학자인 잉마르 프랑켄Ingmar Franken은 알코올 중독자들과 마약 중독자들이 오류경고 시스템에 심각한 손상을 입은 것을 발견했다. 파킨슨병이나 치매에 걸린 사람들도 역시 매우 약한 ERN 파장을 가지고 있는 것으로 밝혀졌다. 그들은 실수를 반복하면서도 그 사실을 알아차리지 못할 뿐만 아니라 실수를 고치려고도 하지 않는다. 반대로 지나치게 강력한 ERN 파장이 발생하면 자신을 불필요하게 과다 통제하는 부

---

[17] 최윤식·배동철, 《2030년 부의 대재지도》(지식노마드, 2012), 239쪽에서 재인용.

작용도 발생한다. 예를 들어 계속해서 손을 씻는다거나 가스밸브가 잠겨 있는지 계속해서 점검해야 하는 상황이 발생한다.

그러면 어떻게 해야 직관적인 통찰력이 잘 발휘되도록 할 수 있을까? 오류정정 시스템의 발견에서 그 해답을 찾을 수 있다. 신경심리학자들의 연구에 따르면 행동의 목표를 분명히 정하거나 문제를 정확하게 규정하는 것이 중요하다. 그러면 우리 뇌의 시스템이 효율적으로 작동해 어떤 일이 잘못된 방향으로 갈 가능성이 있는지 없는지를 훨씬 빨리 발견할 수 있다. 문제가 무엇인지 목표가 무엇인지 분명하지 않고 모호한 상태로 있으면 오류정정 시스템이 효율적으로 작동하지 못한다. 그런데 더욱더 중요한 것이 있다. 평소에 통찰력을 훈련해야 한다. 위험하고 중요한 선택을 해야 할 상황이 오기 전에 미리 '훈련된 통찰력'을 길러야 한다. 그래야 급박한 상황에서 '직관적 통찰력'이 제대로 발휘될 수 있다.

최근 발표된 뇌 연구에서는 "직관적으로 첫 번째 떠오른 생각이 정답일 확률이 두 번째 떠오른 생각보다 훨씬 높다"는 결과가 나왔다. 뇌의 시스템이 다양한 감각기관을 통해 감지되는 현상과 기존의 기억과 감성적 판단을 통합해 작동하며 최적의 해답을 내부에서 끌어내기 때문이다. 그런데 이것은 뇌에서 작동하는 시스템일 뿐이다. 아무리 뇌의 의사결정(판단) 시스템이 효율적으로 작동하더라도, 이 시스템이 사용하는 기초 정보인 의식과 무의식에 저장된 경험이나 정보의 기억이 '불량'한 것이라면 그 결과는 달라진다. 전전두엽의 시스템이 부적절하고 부실한 정보를 가지고 작동했음에도 마치 그것을 최고의 선택이나 해결책인 양 착각하고 행등하면 엄청난 재앙을 불러올 수도 있다. 여러 개의 해결책 중 최고를 골라봐야 소용이 없다. 전문가들은 이것을 '감정적 암시(직관적 통찰력)의 속임수'라고 한다.

직관적 통찰력이 최고의 기능을 발휘하려면 평소에 의식과 무의식 속에 최신의 유용한 정보를 계속 업데이트해서 넣고, 이를 통해 가상의 위험상황에서 최고의 통찰력을 발휘하는 훈련을 지속하는 것이 중요하다. 오늘의 훈련 과정에서 다양한 시행착오를 미리 겪어놓아야 한다. 실수는 직관에 있어 거대한 지식의 원천이 된다. 어떤 결정을 내리고자 할 때 전전두피질에 그 선택의 이유를 공급하는 원천은 평소 훈련을 통해 무의식에 축적된 경험과 정보다. 기억은 위급한 상황에서 빛처럼 나타나는 직관적 통찰력의 원천이다. 평소 의식과 무의식에 저장되어 있던 것들이 당면한 현재의 문제나 상황과 비교되면, 오류정정 시스템이 작동하면서 최고의 판단을 직관적으로 내리게 된다. 운동선수들이 훈련을 하는 것과 마찬가지다. 평소 다양한 가상훈련을 통해 경험을 많이 축적한 선수는 실전에서 발생하는 다양한 상황에서 당황하지 않고 최고의 판단과 행동을 동물처럼 빠르고 직관적으로 취할 수 있다. 이처럼 위급한 순간에 빛처럼 다가오는 직관적 통찰력은 평소에 철저하게 훈련된 경험(훈련된 통찰력)에 바탕을 둔다.

그러면 어떻게 해야 훈련된 통찰력을 기를 수 있을까? 필자가 진행하는 미래준비학교에서는 세 가지 방법으로 훈련을 시킨다. updating, filtering, simulating이다. 첫째, 정보를 업데이트 updating해야 한다. 끊임없이 '학습'을 통해 새로운 정보나 경험을 의식과 무의식에 저장해야 한다. 실수도 아주 중요한 훈련이다. "실패는 성공의 어머니"라는 말은 틀림없는 진리다. 뇌의 신경학적인 메커니즘 때문에 그렇다. 인간의 뇌는 아주 짧은 시간 안에 실수를 발견하고 그 실수를 바로잡으면서 기억의 오류를 수정하여 업데이트하는 신경그물망 조직을 가지고 있다.

둘째, 정보 필터링filtering을 해야 한다. 새로운 정보를 입력하는 것이 중요하지만, 정보를 무작정 저장하는 것은 비효율적이다. 정보가 폭발적으로 증가하면서 무용 지식이 늘어나는 요즘 같은 시절에는 더욱더 그렇다. 정보를 많이 축적하기보다는 '직관을 흐리게 하는 정보나 경험의 장애물'을 제거하거나 걸러서 저장해야 한다. 왜곡된 정보를 무분별하게 흡수해 기억화해놓으면 잘못된 직관적 통찰력을 발휘할 수밖에 없다.

셋째, 시뮬레이션simulating을 통해 학습해야 한다. 우리 뇌의 시스템상 기억을 저장할 때는 가능하면 경험적인 지식의 형태로 저장하는 것이 유리하다. 영어 단어를 무작정 외우기보다 외운 단어를 가지고 다른 사람들 앞에서 발표하거나 가르치는 '경험'을 덧붙이면 뇌가 강력하게 기억하게 된다. 시뮬레이션 기억도 마찬가지다. 비행기 조종사들은 실제로 비행기를 조종하기 전에 수많은 시간을 시뮬레이션 기계 안에서 보낸다. 실전에서는 경험이 많은 조종사 옆자리에 앉아서 수많은 실전 경험을 축적한다. 이러한 시뮬레이션을 통한 훈련은 짧은 시간 내에 직관을 강력하게 훈련함으로써 실전에서 빠르고 올바른 통찰력을 발휘하도록 하는 데 효과가 크다.

앞에서 보듯 훈련된 통찰력은 크게 두 가지를 훈련하는 것이다. 두 가지 훈련은 하나로 묶여 있다. 쉽게 비유로 설명하면, 신선하고 맛있는 오렌지주스를 직접 만들어 먹는다고 하자. 그러려면 우선 성능이 뛰어난 주스 기계가 필요하다. 그리고 품질이 뛰어난 신선한 오렌지가 필요하다. 두 가지 모두 중요하다. 한쪽이 다른 한쪽을 대신할 수 없다. 이때 성능이 뛰어난 주스 기계를 갖는 것은 사고 훈련에 해당한다. 품질 좋은 오렌지를 선별하고 확보하는 것은 당연히 좋은 데이터를 확보하는 것에 해당한다. 그리고 시뮬레이션은 이 두 가지 요소를 가지고 다양한 조합을 해보는 것에 해당한다.

Method :
생각과 일하는 방식을 조직적이고 체계적으로 하라

미래사회에는 숙련된 지식을 얻기 위해 학교에 다니거나 교과서를 달달 외울 필요가 없어질 것이다. 학교나 교과서가 필요 없다는 의미가 아니다. 그런 전략이 비효율적이게 될 것이라는 의미다. 미래사회에서는 지식의 양이 지금보다 더욱더 폭발적으로 증가할 것이다. 원하는 지식은 빅데이터에 접속하는 순간 얻을 수 있을 것이다. 그래서는 안 되지만 마음만 먹으면 핵폭탄 제조기술도 얻을 수 있다. 단순히 암기를 통해 지식을 머릿속에 넣어두거나 필요한 지식을 배우기 위해 학교에 다니는 것은 속도와 효율성 면에서 좋지 않은 선택이다. 미래사회에서는 정보를 습득하는 능력보다는 정보를 종합하고 분석하고 활용하는 능력이 중요하다.

비즈니스 분석 소프트웨어업체 SAS 부회장인 짐 데이비스Jim Davis는 "앞으로는 기업들이 정보와 지식을 어떻게 효과적으로 관리하고 경영에 활용하느냐에 따라 기업의 운명이 달라질 것이다"라는 말로 미래사회의 변화를 설명했다. 앞으로는 기존 정보들을 누가 더 효율적으로 다루어 새로운 '정보가치 사슬'을 먼저 만들어내느냐가 중요하다. 이를 위해서 꼭 필요한 능력이 바로 정보처리 능력의 원천인 인식(사고)기술이다. 미래사회에서 인식기술은 아주 중요한 실행력이 될 것이다.

종합적·분석적 사고 능력을 키우라

미래사회에서는 특히 종합적이면서도 분석적으로 사고할 수 있는 인식기술을 갖추어야 한다. 한동안 소외되었던 철학, 경영학, 심리학, 사회학, 경제학, 미래학 등을 활용한 인식기술이 다시 중요한 자리를 차지하게 될 것이다. 미래준비학교에서 실시하는 종합적·분석적 사고 능력을 키우기 위한 사고기술 훈련 방법을 간략히 소개한다.

훈련1: 인문학의 눈으로 세상을 보라

인문학은 미래 인재의 핵심역량인 상상력의 원천이며, 동시에 인생을 살아가면서 끊임없이 맞게 될 위기를 극복하는 지혜의 보고다. 애플의 스티브 잡스는 세계 최초의 개인용 컴퓨터를 만든 사람이지만, 자신이 창업한 회사에서 쫓겨난 사람이기도 했다. 그러나 10년 후 위기에 처한 애플로 복귀해 특유의 상상력과 위기극복 능력을 발휘해 세계 최고의 기업으로 도약시켰고, 자신은 세계 최고의 통찰적 CEO라는 칭호를 얻었다. 잡스의 이런 놀라운 능력 뒤에는 기술자가 지녀야 할 능력 이외에 그의 지적 사유에 축적된 문학적 자산이 있었다. 잡스는 스스로 "나는 지금도 낭만주의 시인 윌리엄 블레이크William Blake에 심취해 있고, 시를 읽으면 다양한 아이디어가 샘솟는다"라고 말했다. 잡스는 스스로 자신의 탁월한 상상력이 문학에 대한 애착에서 비롯됐다고 고백했다.

컴퓨터의 황제 빌 게이츠Bill Gates도 "인문학이 없었다면 나도 없고 컴퓨터도 없었을 것이다"라고 말했다. 어릴 적부터 시작된 인문학에 관한 관심이 상상력과 미래를 읽는 눈을 길러주는 자기계발의 원천이었다고 고백했다. 《시에서 아이디어를 얻다》의 저자인 황인원 교수는 시를 비롯해 문학 속에 들어 있는 은유, 환유, 의인 등의 표현 방법과 문학적 창작을 할 때 사용되는 관찰법, 생각법, 상상법 등이 창조적 사고력을 훈련해줄 뿐만 아니라, 후에 창조적 리더로서 성장하는 데 아주 중요한 역할을 한다고 분석했다. 현대 경영학의 아버지로 불리는 피터 드러커Peter Drucker 역시 자신이 경영에 관심을 두게 된 계기는 문학이었고, 위대한 소설가들에게 사람과 세상을 배웠다고 고백했다. 드러커가 쓴 엄청난 분량의 저작들도 어려서부터 꾸준히 이어온 독서 습관과 수많은 책을 통해 얻은 영감에서 비롯되었다.

인문학은 이처럼 단순히 '재미'를 주는 데서 그치는 것이 아니라, '인간과 세상의 이해를 통한 상상력의 극대화'를 이끈다. 이런 상상력은 뚜렷한 정답을 찾을 수 없는 위기상황에서 탈출구를 찾게 해주는 원천이 된다. 삼성그룹 창업자인 이병철 회장은 사업상 중요한 결정을 내릴 때는《논어論語》를 읽으며 통찰력과 창조적 경영 판단을 얻었다고 한다. 정주영 현대그룹 회장도 마찬가지였다. 어린 시절부터 신문에 실린 소설을 즐겨 읽으며 상상력을 키웠고, 바쁘게 경영을 할 때도 문화인들과 자주 어울렸다. 이런 과정에서 세상의 변화뿐만 아니라 고객의 심리, 기호, 트렌드, 욕구 등을 파악하는 통찰력을 얻을 수 있었다. 과학과 기술이 발달해도 인문학적 상상력이 더해져야 제대로 된 결과물이 만들어진다. 〈타이타닉〉과 〈아바타〉를 연출한 제임스 캐머런James Cameron 감독은 트럭운전사 시절에 미친 듯이 책을 읽으며 최고의 상상력을 연마했다.

인문학은 또한 우리의 내면을 풍부하게 해준다. 내면의 풍부함은 인격을 형성하고, 고매한 인격은 품성으로 드러나 주위 사람에게 신뢰감을 준다. 미래 인재의 조건 중 하나가 인성과 품성이다. 인문, 예술, 종교 등은 바로 이 부분을 길러주는 환경이다. 좋은 인성이란 존재의식에서 비롯된다. 왜 태어났는지, 왜 살아야 하는지, 죽음 이후 세계는 있는지, 신은 존재하는지, 타인의 존재는 무엇을 의미하는지, 욕망의 끝은 어디인지, 아름다움이란 무엇이고 추악함이란 무엇인지 등 근본적 질문과 탐구를 통해 바른 가치를 형성해가는 과정에서 좋은 인성이 만들어진다. 인문대학을 영어로 표기할 때 'College of Humanities'라고 한다. 이때 사용되는 'Humanities'를 번역하면 '인간성'이다.

훈련 2: 역사를 통해 세상을 읽어라

역사를 제대로 알아야 복잡하고 빠르게 변화하는 세상을 이해할 수 있다. 미래예측에도 큰 통찰력을 얻을 수 있다. 역사적 지식과 일상적인 업무가 별 상관 없이 이루어지는 것 같지만 우리 앞에 다가오는 수많은 위험을 줄이려면 역사적 안목이 필수적이다. 아무리 세상이 변해도 성공과 실패를 결정짓는 요인의 많은 부분은 반복적으로 나타난다. 제국의 흥망성쇠를 연구하면 자신이 속한 기업뿐만 아니라, 다가오는 자신의 미래를 성공으로 이끌 중요한 지침과 통찰력을 얻을 수 있다. 역사는 낡고 지나간 이야기가 아니다. 《역사란 무엇인가What Is History?》를 쓴 영국의 역사학자 E. H. 카E. H. Carr는 역사는 과거와 현재의 대화이며, 과거를 해석하면 미래를 통찰할 수 있다고 했다.

삼성전자는 스페인에서 콜럼버스Christopher Columbus라는 역사적 인물을 옴니아폰과 연결해 마케팅에 성공한 적이 있었다. 바르셀로나 해변의 유명한 관광명소 중 하나인 '바다를 향해 손가락을 가리키고 있는 콜럼버스 기념비'를 옴니아폰 마케팅 모델로 등장시키면서 '콜럼버스의 손가락은 어디 갔을까' 하는 질문과 '터치시티에서 콜럼버스의 손가락을 만나세요'라는 슬로건을 묶어 로드쇼를 진행했다. 삼성전자는 이 로드쇼를 통해 콜럼버스가 새로운 대륙을 발견했듯이, 옴니아폰의 터치로 새로운 세상을 발견하게 해준다는 메시지를 전달한 것이다. 이처럼 역사를 활용한 마케팅 전략은 삼성전자의 스페인 휴대전화 시장점유율을 20%까지 올리는 데 큰 몫을 담당했다.

10대 시절 만년 꼴찌였던 윈스턴 처칠Winston Churchill을 시대의 정치가로 키운 것도 역사적 상상력이었다. 처칠은 고등학교를 졸업할 때까지 늘 꼴찌였다. 하지만 하루도 빠지지 않고 열심히 책을 읽었다. 특히 역사와 문학을 좋아했다. 군 복무 시절에는 에드워드 기번Edward Gibbon의《로마제국 쇠망사History of the Decline and Fall of the Roman Empire》를 하루에 5시간씩 탐독했다.《로마제국 쇠망사》는 인도 초대 총리 자와할랄 네루Jawaharlal Nehru, 경제학자 애덤 스미스Adam Smith, 철학자 버트런드 러셀Bertrand Russell 등 수많은 리더가 즐겨 읽은 책이다. 처칠은 바로 이런 역사책에서 길을 찾았다.

훈련 3: 철학으로 사유하라

처칠은 철학에도 깊은 관심을 가졌다. 플라톤의《국가Politeia》, 아리스토텔레스의《정치학Politika》, 애덤 스미스의《국부론An Inquiry into the Nature and Causes of the Wealth of Nations》등을 즐겨 읽었다.

풍부한 독서가 처칠을 위대한 행정가로 만들었고, "멀리 되돌아볼수록 더 먼 미래를 볼 수 있다"는 명언을 남기게 했다. 그는 역사책과 철학책을 읽으며 세상과 대화하며 위대한 리더로 만들어져갔다. 이처럼 철학은 인간의 사고 능력을 극대화할 뿐만 아니라, 논리적인 힘을 통해 현재와 미래에 관한 다양한 수를 도출해내는 아주 좋은 방법이다. 철학은 대가들의 사고 과정과 문제의식에 빠르게 접근하도록 이끌어주는 효과적인 도구다. 또한 철학을 한다는 것은 비판적 상상력을 끌어내고, 다양한 세계를 만들어가는 것이다.

어려운 철학적 내용을 쉽고 친근하게 접할 수 있도록 도와주는 책들이 많이 나왔다. 이런 책들을 통해 안목을 키우고, 토론을 통해 사고를 확장하고, 자기 생각을 표현하는 에세이를 써라. 기억하라. 창의력은 공상에서 오지 않는다. 창의력은 사고의 폭을 넓히는 것에서 시작된다.

체계적인 업무처리 능력을 키우라

종합적·분석적 사고 능력만큼 중요한 것이 체계적인 업무처리 능력이다. 제대로 보고 제대로 생각한다면 제대로 손발을 움직일 수 있어야 한다. 일의 최종 결과는 손발을 어떻게 움직이느냐에 달려 있다. 미래사회가 원하는 인재는 머리만 크고 눈만 발달해서 상대적으로 손발을 움직이는 것은 서툰 사람이 결코 아니다. 미래준비학교에서 실시하고 있는 체계적인 업무처리 훈련을 정리해보았다.

훈련 1: 최소의 일로 최대의 효과를 얻을 방법을 먼저 생각하라

"일벌레가 되지 말고, 최소의 일로 최대의 효과를 얻을 방법을 먼저 생각하라." 이 말은 업무를 줄이면서 생산성을 높인다는 의미다. 중세에 유명했던 교부 윌리엄 오캄 William of Ockham은 "더 적은 것으로 할 수 있는 것을 더 많은 것으로 하는 건 허영이다"라는 말을 남겼다. 일을 덜하는 것이 게으른 것이 아니라, 의미 없는 일을 많이 하는 것이 게으름이라는 말이다.

우리 주위에는 일의 양이 많거나 바쁘지 않으면 불안한 이들이 있다. 그래서 종일 이리저리 뛰어다닌다. 그런데 생산성은 높지 않다. 반면 제대로 일하는 사람들은 일의 양은 줄이고 일의 결과는 극대화한다. 중요하지 않은 일을 잘한다고 해서 그 일이 중요해지지 않는다. 시간을 많이 잡아먹는 일이 중요한 일도 아니다. 의미 없는 일을 줄이고 중요한 일에 집중해야 한다.

다가오는 미래사회에는 중요하고 부가가치가 큰 일에 집중해야 한다. 종일 일에 치여 사는 것은 아무것도 하지 않는 것만큼 큰 죄악이다. 왜냐하면 주위의 많은 사람에게 직간접적으로 피해를 주기 때문이다. 그래서 자기 일 중에서 중요한 일이 무엇인지를 구별하는 것이 매우 중요하다.

"중요한 일이 무엇인지 발견하지 못하면 일을 시작하지 마라."
"가능하면 하루에 중요한 일은 한두 가지를 넘지 않도록 하라."

연구 결과에 의하면 특정한 일을 처리할 때 시간을 더 준다고 해도 생산성은 크게 차이가 나지 않는다. 오히려 하나의 일에 필요 이상 많은 시간이 주어지면 생산성에 기름기만 끼게 된다. 적당한 시간의 압박은 우리의 정신과 육체에 긴장감을 불러오고, 이는 다시 불가사의한 힘을 발휘하는 에너지로 작용한다. 마감시간을 정해놓고 일하는 것은 중요한 일만 하는 전략과 맞물려 시너지를 불러일으킨다.

훈련 2: 정보의 양을 줄이는 방법을 터득하라

정보가 폭발적으로 증가하는 시대에는 '정보량'을 줄이는 것이 아주 중요하다. 너무 많은 정보는 우리의 관심과 시간을 잡아먹는다. 종일 쏟아져 나오는 정보의 99%는 사실 우리가 하는 일이나 목표와는 상관이 없다. 대부분 우리의 시간과 에너지를 소모하는, 정보가 아닌 쓰레기이다. 정보를 필터링하는 기술이 절대적으로 필요하다. 쓰레기 같은 정보는 신속하게 제거하고 꼭 필요한 정보만을 수집할 수 있어야 한다.

정보를 필터링하려면 우선 정보에 대한 태도가 좋아야 한다. 어떤 정보가 중요한 정보인지 생각해보라. 사람들이 많이 보는 정보일까? 아니면 지금 이 순간 미디어를 통해 등장한 최신 정보일까? 정보는 묘한 이중성이 있다. 모두 중요한 정보일 수도 있고, 모두 쓸모없는 정보일 수도 있다. 절대적으로 좋은 정보는 존재하지 않을 수 있다. 지금 하는 일이나 목표와 직접 관련된 정보여야 좋은 정보다. 아무리 중요한 정보라고 해도 지금 하는 일이나 목표 그리고 상황에 맞지 않으면 이 순간만큼은 좋은 정보가 아니다. 산삼도 잘못 쓰면 독이 되고, 개똥도 잘 쓰면 약이 된다고 했다. 자신이 하는 일과 세운 목표 그리고 상황을 먼저 인식하고 필요한 정보인지 판단한 후에 선택해야 한다.

훈련 3: 혼자 일하지 마라, 함께 일하라

미래사회에서 성공하려면 산업시대에 형성된 제로섬 게임의 환경에서 벗어나야 한다. 동료뿐 아니라 경쟁자 그리고 소비자를 모두 묶어내는 유기적 협력 구조를 통해 윈윈win-win하는 새로운 생태계에 익숙해져야 한다. 미래사회의 인재가 되려면 끊임없이 신지식을 창출하고 새로운 비즈니스를 만들어내고 있는 실리콘밸리의 성공 DNA를 주목할 필요가 있다. 사믹사SAMIXA의 회장인 디팩 방갈로르Deepak Bangalore는 "실리콘밸리의 경쟁력은 '사회적 네트워크'에서 나온다. 이 네트워크를 통해 실리콘밸리의 기업인은 서로가 무엇을 생각하고 연구하는지 다 알고 있다. 이러한 시스템을 통해 경쟁하고 확보한 지식을 토대로 새로운 지식을 창조해냄으로써 신제품과 서비스를 만들어낸다. 실리콘밸리에서는 지식 공유와 스피드, 글로벌화가 기업 생존의 필수적인 요소로 자리 잡고 있다"고 말했다.

엄청난 속도로 세상이 변화하고 있다. 실리콘밸리의 성공 요인을 가능한 모든 영역에 적용해야 한다. 내가 하는 것보다 다른 사람이

하면 더 잘할 수 있는 일, 나도 잘할 수 있지만 다른 사람에게 맡기면 더 효율적인 일, 비생산적이지만 꼭 해야 할 업무는 과감하게 아웃소싱해야 한다. 아웃소싱은 다른 사람들이 나를 위해 일하게 하는 최고의 전략이다.

그런데 최고경영자가 아닌 개인도 아웃소싱과 관련이 있을까? 있다. 개인을 괴롭히는 80%의 비생산적 일들에서 벗어나는 비법이 바로 아웃소싱이다. 시간의 늪에서 벗어나야 자신의 꿈과 목표를 위한 진짜 중요한 일에 집중할 수 있다. 한국에는 '두레'와 '품앗이'라는 아름다운 전통이 있다. 다른 사람들의 역량을 활용하는 데 머뭇거리지 마라. 자신이 잘할 수 있는 일에 집중하라. 자신이 스스로 해야 하는 일에 집중하라. 다른 사람들을 창조적으로 도울 수 있는 일에 집중하라. 혼자 모든 것을 해야만 한다는 20세기식 사고에서 벗어나라.

Art :
자신의 지식과 기술을 예술의 경지로 높여 장인이 되라

필요한 정보와 지식을 쉽게 다운로드하는 환경에서 생존을 넘어 성공하기 위해서는 '장인'이 되어야 한다. 단순한 지식이 아니라 '숙련된 지식'이 필요하다. 다운로드를 통해서는 얻을 수 없는 '숙련된 지식'을 소유하고 있어야 한다. 앞으로 다가오는 20년은 정보화가 더욱더 가속화되는 시대. 이런 고도의 지식사회에서 지식은 성공과 부를 만들어내는 원천이다. 달리 말하면, 성공과 부를 만들어낼 수 있는 지식을 보유하지 못하면 기업이든 개인이든 심각한 어려움에 직면할 수밖에 없다.

앨빈 토플러 역시 "육체노동은 본질적으로 대체 가능한 노동이다. 그러므로 저숙련 노동자는 사직하거나 해고해도 즉시 그리고 비용을 별로 들이지 않고 대체할 수 있다"고 지적했다. 미래사회에서는 숙련된 지식근로자만 살아남는다. 자기가 가장 자신 있는 분야의 지식을 장인의 수준으로 향상하는 사람만 생존을 보장받을 수 있다. 기업은 이런 능력을 갖춘 사람을 스카우트하기 위해 노력할 것이다.

숙련된 지식에는 두 가지가 있다. 첫째는 학문적 전문성에 기반을 둔 지식이다. 둘째는 주제적 전문성의 지식이다. 영역이나 주제는 무엇이든 상관없다. 컴퓨터 게임, 요리, 실내장식 소품 만들기, 청소 그 무엇이든 상관없다. 미래사회에서는 학문적 지식뿐 아니라 다른 영역의 다양한 지식도 장인의 수준으로 올리면 성공과 부를 만들어낼 것이다. 장인의 지식을 소유하면 다른 영역의 다양한 사람들과 이전 세대에서는 경험할 수 없었던 프로젝트를 공동으로 수행하면서 새로운 성공과 부를 창조할 것이다. 숙련된 지식을 기반으로 현실공간과 가상공간을 자유롭게 넘나들며 새로운 소득을 창출하는 '노동 유목민'으로서 활동하게 될 것이다.

그렇다면 이를 위해서 우리가 해야 할 일은 무엇일까? 우선 자신이 가장 좋아하는 것이 무엇인지를 파악해야 한다. 그리고 바로 지금부터 그 분야와 관련된 독서와 토론을 시작하면 된다. 천천히 그러나 열심히, 그리고 즐기면서 온 힘을 기울여야 한다. 다음은 장인의 지식을 쌓아가는 데 필요한 몇 가지 현실적인 전략이다.

1. 관심 분야의 전문가를 만나서 전문가가 되는 빠른 길에 대한 조언을 들어라.
2. 관심 분야와 관련된 잘 알려진 2~3군데의 단체에 가입하고 학회, 세미나 등의 정기적인 모임에 참석하라.
3. 관심 분야의 베스트셀러 3~4권을 읽고 각각에 대해 한 페이지로 요약하라.
4. 관심 분야의 내용을 직간접적으로 다룬 방송자료들을 케이블TV나 IPTV, 인터넷 등에서 찾아서 보고 각각에 대해 한 페이지로 요약하라.
5. 당신 주위에 있는 사람들을 대상으로 하든지, 인터넷 카페나 관공서, 주민센터를 통해 광고를 해서 사람들을 모집하든지 해서 1~3시간짜리 무료 세미나를 열어라. 강의 장소는 모임형 카페를 통해 얼마든지 저렴한 가격에 구할 수 있다.
6. 당신의 주제와 관련된 업계의 전문지나 인터넷 신문사 한두 곳에 글을 기고하겠다고 제안해보라. 당신의 전문성이나 경력을 의심하면 잘 알려진 전문가를 인터뷰하여 기사를 쓰겠다고 하라. 한 번만 하고 나면 당신의 이력에 기고가라는 타이틀이 덧

붙여진다. 여기까지는 단기적으로 전문 분야로 진입하는 기술이다.
7. 이후로 1만 시간을 투자하여 진정한 전문가로 거듭나라. 어느 분야든 세계적인 전문가가 되는 데는 대략 1만 시간이 필요하다.

예술적 상상력

미래에는 끊임없이 새로움을 만들어내는 실행력이 다른 어떤 능력보다 큰 능력으로 인정받을 것이다. 물론 지금도 새로움을 만들어내는 능력은 중요성을 인정받고 있다. 하지만 미래에는 그 중요성이 더욱 부각될 것이다. 탁월함보다 새로움을 창조하는 능력이 더 중요해질 것이다.

그런데 새로움을 만들어내는 능력의 중심에는 예술적 상상력이 있다. 단순하고 막연한 상상이 아니라 제대로 된 상상만이 새로움을 만들어낸다. 장 폴 사르트르Jean Paul Sartre는 인간의 인식 능력을 지각, 상상, 사유 세 가지로 나눈다. 이때 지각의 대상은 사물이고, 상상의 대상은 이미지이고, 사유의 대상은 개념이다. 예술적 상상력은 이미지와 관련된다.

사물에 관한 지각 능력이 타인보다 떨어진다면 미래의 경쟁에서 절대 승리할 수 없다. 그런데 일정한 수준에 이른 사람들 사이의 경쟁이라면 이 영역에서 큰 격차를 보이는 것은 불가능하다. 특히 사람의 지각 능력보다 몇천, 몇만 배 이상 뛰어난 기기와 기계를 누구나 일상적으로 사용할 미래 환경에서는 더욱 그 격차가 줄어들 것이다.

사유의 중요성에 관해서는 앞서 살펴보았듯이, 미래사회에서는 사유 능력이 떨어지면 동료 인간은 물론 컴퓨터와의 경쟁에서도 이길 수 없다. 사회가 무엇인지, 가치가 무엇인지, 사람이 무엇인지, 사랑이 무엇인지 등등 과거와 현재 그리고 미래를 만들어가는 중요한 개념에 관한 사유 능력이 참으로 중요하다. 그런데 사유 능력은 옳고 그름의 기준과 나아갈 방향을 제시하기는 하지만 새로움의 실체나 에너지를 만들어내지는 못한다. 새로움을 만들어내는 것은 상상(상상력)의 몫이다.

지난 역사를 보아 알듯이, 새로움은 상상하는 이들의 무모한 도전의 결과물이었다. 할 수 없는 일, 해서는 안 되는 일이라며 모두가 외면하거나 회피할 때 굳이 그 일에 목숨을 걸고 도전한 이들이 새로움을 만들어냈다. 지금과 다른 내일을 상상했기에 만들어낼 수 있었던 결과였다. 이처럼 상상은 근본적으로 위반이다. 그리고 위반의 대상은 금기다. 정리하면 상상은 금기에 대한 위반이다.

사회에는 늘 안정을 추구하는 힘이 존재한다. 반드시 필요한 힘이다. 질서, 균형, 전통, 제도 등의 단어로 우리 옆에 있다. 무너지거나 무시되어서는 안 될 중요한 힘이다. 그러나 이 힘만 너무 일방적으로 강하면 새로움을 만들어내는 힘이 위축된다. 사실 예술적 상상력은 주어진 것을 부정하고, 전혀 새로운 것을 적극적으로 받아들이고 찾아 나서는 방향으로 작동한다.

백남준이 없었다면, 잡스가 없었다면, 피카소가 없었다면, 모차르트가 없었다면, 고갱이 없었다면 그리고 당신이 없었다면, 지금 우리가 사는 세상은, 그리고 다가올 미래는 너무 딱딱하고 따분할지도 모른다. 그런데 금기 없이는 위반이 없고, 위반이 없으면 금기가 성립할 수 없다. 그러니 우리 시대의 금기를 너무 부정적으로만 보지는 말자. 사실 금기는 상상을 자극한다. 문제는 금기에 대한 우리의 자세다. 금기를 '멈춤'이나 '유턴' 표지로 받아들일 수도 있고, 금기를 '비전'이자 '도전 과제'로 받아들일 수도 있다.

예술적 상상력이 인간 본연의 힘이라고 할 때, 예술적 상상력을 타고나지 않은 사람은 아무도 없다고 해도 과언이 아니다. 문제는 그 상상력을 어떻게 더 극대화하고 제대로 활용하느냐이다. 인간은 상상을 통해 새로운 지식과 기술을 만들어내고, 새로운 법과 제도와 기구를 만들어낸다. 지금 우리가 만나고 있는 사회는 과거 어느 사람의 상상의 결과물인지도 모른다. 그리고 미래는 지금 누군가의 상상력이 실현된 결과물일 수도 있다. 미래는 바로 그렇게 새로움을 만들어내는 상상력을 가진 인재를 기다리고 있다.

Relationship :
사물, 로봇, 인공지능, 사람과 친밀한 관계를 확보하라

"나는 나 자신의 100% 노력보다는 백 사람의 1% 노력을 하겠다."

미국의 대부호 존 폴 게티John Paul Getty의 말이다. 지식이 중요해진 환경에서 거대기업들은 이미 엄청난 자본을 투입해 사내에 거대 집단지성을 구성했다. 개인도 이런 흐름에서 뒤떨어지면 생존을 보장받을 수 없다. 끊임없는 지식생산 능력은 생존의 필수조건이다. 그러나 개인이 혼자 끊임없이 지식을 생산하는 것은 그 범위와 속도에서 절대적인 한계가 있다. 네트워크를 활용하지 않고 홀로 끊임없이 지식을 생산하는 것은 불가능하다.

온라인과 오프라인의 집단지성 활용을 통한 지식경영 능력은 미래 인재의 핵심역량이다. 네트워크를 통해 지식을 생산하는 것뿐만 아니라, 지식을 체계적으로 경영하는 것도 중요하다. 지식경영은 조직구성원의 지식이나 노하우를 체계적으로 발굴, 공유해 조직 전체의 의사결정 능력을 향상시키는 경영기법이다. 개인이 집단지성을 만드는 효과적인 방법은 인터넷 커뮤니티를 활용하는 것이다. 인터넷을 활용한 집단지성 경영 능력은 대중의 지혜를 빌리는 지식경영 능력이라고 표현해도 좋다.

유명한 심리연구 중에 '항아리 속 젤리' 실험이 있다. 젤리가 가득 담긴 유리항아리를 여러 사람에게 보여주고, 항아리에 들어 있는 젤리의 개수를 맞혀보게 하는 것이다. 항아리에는 2,845개의 젤리가 들어 있었다. 사람들은 각자 나름의 방식으로 젤리의 수를 추측했지만 정확한 답을 맞히지 못했다. 그런데 틀린 답이지만 제시한 답의 평균을 구해봤더니 놀랍게도 정확히 정답과 일치했다.

살펴보았듯이 미래사회에서는 네트워크가 중요한 성공의 조건이다. 특히 초연결사회, 로봇과 공존하는 미래에 걸맞게 사물, 로봇, 인공지능, 사람과 친밀한 관계를 확보하는 능력을 갖추어야 한다. 하지만 좋은 네트워크는 기계나 컴퓨터가 만들어주지 않는다. 좋은 네트워크는 탁월한 감성디자인 능력과 커뮤니케이션 능력을 갖춘 사람에 의해 만들어진다. 그런데 감성디자인 능력이란 무엇일까? 그것은 사람들이 자신의 내면에 존재하지만 미처 발견하지 못한 행복의 느낌들을 새롭게 디자인하거나 향상해 전달하는 능력과, 이를 지속 가능하도록 경영해주는 능력을 의미한다. 그중에서도 미래사회에는 스토리를 활용한 감성 커뮤니케이션 기술이 가장 강력한 효과를 발휘할 것이다. 즉 소리 스토리, 영상 스토리, 음악 스토리, 텍스트 스토리 중 하나를 사용하거나 이 중 몇 개를 혼합해 사용할 것이다.

그런데 최고의 네트워크를 만들려면 무엇보다 '좋은 인성'을 갖추어야 한다. 지식사회에서는 지식과 네트워크만 있으면 부자가 될 수도 있지만, 그 지식과 네트워크 때문에 망할 수도 있다. 내가 가진 지식보다 더 나은 지식이 다른 사람에 의해서 생산된다거나, 내 지식을 누군가가 빼돌려서 다른 사람에게 팔아버리면 끝장이 난다. 네트워크를 만들기는 쉽지만, 네트워크에서 찍히면 무너지는 것은 한순간이다. 물론 나를 배신하는 일도 나의 네트워크 안에서 일어난다.

이런 위험성은 누구에게나 존재한다. 이런 가능성을 고려해 전략을 수립해야 한다. 내 지식이 곧 누군가에게 복제되어 더 나은 지식으로 진화해서 나를 위협할 수 있고, 내 지식이 세상에 발표되기도 전에 누군가에게 도둑맞을 수 있다는 것을 고려해야 한다. 그래서 내가 가진 지식을 독점하려 애쓰기보다는 그런 지식을 계속해서 생산해내는 능력을 갖추는 것이 중요하다. 내 지식이 복제되면 그것을 넘어서는 또 다른 지식을 계속해서 만들어내면 된다.

그런데 이런 위험을 막는 또 하나의 방법이 있다. 그것은 바로 인성이 좋은 사람들과 거래하고 네트워크를 만드는 것이다. 앞으로 지식이나 정보의 불법 유통은 지금보다 훨씬 더 심각해질 것이다. 음악이나 영화 파일만 불법으로 유통되고 복제되는 것이 아니라, 산업 기밀이나 창조적 아이디어도 순식간에 불법으로 유통되는 일이 비일비재해질 것이다. 그것도 네트워크 안에 있는 구성원 중 한 사람의 배신을 통해 이루어질 것이다. 그래서 기업들은 똑똑한 인재보다는 인성이 좋은 인재를 선호할 것이다. 미래사회에서는 지식이야 얼마든지 구할 수 있기 때문에 지식보다는 그 지식의 가공과 유통을 다루는 사람의 인성이 더욱 중요한 가치로 자리 잡을 것이다.

Technology :
최신 기술을 활용하고 기술지능을 높여라

미래 인재에게 요청될 실행력의 마지막은 기술활용 능력이다. 기술활용 능력은 실행력을 높이는 중요한 요소로 점점 부각되는 중이다. 미래 기술들은 인간의 두뇌와 육체 역량을 대신해간다. 미래 기술을 활용해야 실행력을 높일 수 있는 이유다. 특히 로봇과 경쟁하고 글로벌 경쟁을 해야 하는 미래사회에서 자신의 역량을 극대화하기 위해서 반드시 필요한 능력이다. 시시각각 발전하는 최신 기술을 활용하고, 기술지능을 높이고, 기계어를 자유롭게 구사하거나 기계적 사고(알고리즘 사고)를 실행하는 것은 인공지능과 로봇을 자신의 두뇌와 몸의 연장의 도구로 사용하여 능력을 증강시키는 데 필수적이다.

기술을 활용하지 않고 순수하게 땀 흘려 일하는 모습은 아름답다. 하지만 땀 흘려 일하는 것이 반드시 좋은 결과를 만들어내지는 않는다. 노력 없이 좋은 결과를 얻을 수 없지만, 노력만으로 좋은 결과를 만들어낼 수는 없다. 맡은 일을 스마트하게 실행해야 한다. 미래에는 주변의 활용할 수 있는 기술을 최대한 활용해 일해야 스마트한 실행이 가능해진다. 이런저런 도움 없이 자신만의 힘으로만 결과를 만들어낸 것을 자랑스럽게 생각하지 마라. 오히려 부끄럽게 느껴야 한다. 기술을 활용할 줄도 모르고 도움받을 만한 네트워크도 없다는 의미다.

생각해보라. 지금보다 미래사회는 활용할 수 있는 기술이 훨씬 더 많아질 것이다. 앞으로 10~20년 동안 개발되어 나올 기술은 지금의 기술을 몇 배 더 능가하는 엄청난 수준일 것이다. 그런데 활용할 능력이 없어 땀 흘려 열심히 일하는 것 외에는 달리 방법이 없다면 그런 사람에게 일을 맡길까? 기술을 사용하는 방법을 훈련해야 한다. 익숙한 도구가 손에 맞고 효과적이다. 하지만 익숙한 것에만 머물러 있어서는 앞으로 나아갈 수 없다.

해야 할 일이나 하고 있는 일을 지금까지 나온 기술과 앞으로 나올 기술과 접목하면 할수록 성공 가능성을 높일 수 있다. 특히 새로운 정보통신기술을 활용하는 능력이 중요하다. 인터넷과 같은 정보통신기술을 적극적으로 활용하지 않았다면 지금 우리 사회가 어떤 모습이었을지 생각해보라. 누구나 가지고 있는 지식, 누구나 쉽게 얻을 수 있는 지식이지만 정보통신기술을 적극적으로 활용해 성공을 이루고 새로운 부를 창출한 사람들이 있다.

새로운 기술을 배우는 것이 마냥 즐거운 일은 아니다. 오히려 힘들 때가 많다. 하지만 새로운 기술이 중심을 이루는 환경에서는 그 핵심기술을 자유롭게 활용하는 능력이 경쟁력으로 작용한다. 21세기 기업이 20세기 방식에 머물러 있는 사람을 채용할까? 그런 일은 절대 일어나지 않을 것이다.

그렇다면 새로운 기술을 자신의 경쟁력으로 만들려면 어떻게 해야 할까? 다음의 세 가지를 항상 기억하고 실천하라. 우선 새로운 기술에 관한 관심도를 높여야 한다. 대개 이미 익숙하게 활용하고 있는 도구가 있으면 새로운 도구에 관한 관심이 적다. 사용 중인 도구에 문제가 발생하거나 사용 중인 도구로는 해결할 수 없는 상황에 직면해야 새로운 도구에 관심을 두게 된다. 이러다보면 새로운 도구가 세상에 등장해 여러 날이 지나고 그 새로움을 잃어버린 후에야 그 도구를 만나게 된다. 물론 그 순간 처음으로 사용하는 당사자에게는 새로운 도구다. 하지만 경쟁력 있는 도구가 되지는 못한다. 자신이 맡은 일에서 항상 최고의 결과를 만들어내고 싶다면, 자신이 맡을 일과 관련된 새로운 기술이 등장하는 것에 늘 관심을 두고 모니터링해야 한다.

둘째, 새로운 기술에 관한 직간접적인 경험을 계속 쌓아가야 한다. 지식이 머릿속에 채우는 것이라면, 기술은 근육과 뼈에 새기는 것이다. 새로운 기술에 관한 정보를 읽었다고 해서 그 기술을 활용할 능력을 소유하게 된 것은 아니다. 수영에 관한 책을 여러 권 읽고 최신 이론까지 모두 머릿속에 채웠다고 해서 물속에 한 번도 들어가지 않은 몸이 저절로 움직여 멋진 폼으로 수영하는 일은 없다. 이미 익힌 기술과 유사한 기술이든 전혀 낯선 기술이든, 자신이 맡은 일과 관련된 기술이라면 몸으로 익히는 것이 중요하다. 특히 이미 해당 기술에 익숙한 사람들이 그 기술을 어떻게 활용하는지를 지켜보고 그들을 모방할 필요가 있다. 아무리 새로운 기술이라고 해도 익숙한 습관의 틀 속에 갇히면 새로움을 제대로 발휘하지 못할 때가 있다. 그래서 내가 아닌 타인이 그 기술을 어떻게 활용하는지를 지켜보는 것과 그들의 방식을 모방하는 것이 중요하다.

셋째, 특정 기술에 관한 숙련도를 높여라. 자기 분야의 일과 관련된 모든 새로운 기술을 자신의 것으로 삼는 것은 불가능하다. 아무리 뛰어난 투수라 해도 새로운 구종을 모두 던지지는 못한다. 다양한 구종을 던진다고 해서 최고의 투수가 되는 것도 아니다. 최고의 투수 중에는 다양하지는 않지만 확실한 몇 가지 구종을 탁월하게 던지는 투수가 있다. 다양한 기술을 습득해 때에 따라 활용할 수 있다면 뛰어난 인재라고 할 수 있다. 그런데 활용할 수 있는 기술의 숙련도가 그리 높지 않으면 해당 기술을 탁월하게 활용하는 인재와의 경쟁에서 뒤처질 수 있다.

  이 세 가지 방법을 간략히 정리하면, '기술지능을 끊임없이 자발하라'는 것이다. 기술지능은 주목할 기술을 도출하고 목적에 따라 선별 및 획득하는 능력이다. '지능'으로 번역된 '인텔리전스intelligence'라는 용어는 '인포메이션information'과는 확연히 구분되는 개념이다. 인포메이션으로서의 정보가 언론매체나 그 외 기관들에서 발표 및 확산되는 사실들을 수집하는 것이라면, 인텔리전스는 수집된 정보를 분석하고 평가하여 활용도를 높이는 것까지 포함한다. 영국 케임브리지 대학교 기술경영연구센터의 레티자 모타라Letizia Mortara 교수에 따르면, 기술지능이란 "새로운 기술에 대한 정보를 수집 및 전달하여 조직의 의사결정 과정을 지원하는 것"으로 정의된다.

회복탄력성을 높여라

THE EXODUS OF OPPORTUNITY

　미래 인재의 조건으로 제시된 V-SMART를 모두 갖추었다고 해서 준비가 완료된 것은 아니다. 여기에 반드시 한 가지가 추가되어야 한다. 바로 회복탄력성resilience이다. 회복탄력성은 밑바닥까지 떨어져도 꿋꿋하게 되튀어 오르는 능력을 말한다. 물체마다 탄성이 다르듯이 사람에 따라 탄성도 다르다. 역경으로 밑바닥까지 떨어졌다가도 강한 회복탄력성으로 되튀어 오르는 사람들은 대부분 원래 있었던 위치보다 더 높은 곳까지 올라간다. 어떤 불운한 사건이나 역경에 대해 어떤 의미를 부여하느냐에 따라 불행해지기도 하고 행복해지기도 한다. 세상일을 긍정적인 방식으로 받아들이는 습관을 들이면 회복탄력성은 놀랍게 향상된다.

　영역마다 회복탄력성을 정의하는 내용에 차이가 있다. 엔지니어링 분야는 교량, 건물 같은 구조물이 방해를 받은 후 기준 상태로 되돌아오는 정도를, 비상대응 분야는 지진이나 홍수 같은 사건이 발생한 후 주요 시스템이 정상 수준으로 회복되는 속도를 의미한다. 생태학에서는 돌이킬 수 없을 정도로 망가지지 않도록 자신을 보호하는 생태계의 능력을, 심리학에서는 트라우마에 효과적으로 대처하는 개개인의 능력을 의미한다. 그런데 비즈니스 영역에서는 자연재해나 인재가 발생하더라도 지속적인 운영이 가능하도록 백업 데이터와 예비자원을 준비해두는 방안을 의미한다.[18]

오늘날 세계가 직면하고 있는 도전에 대처하는 혁신적인 접근 방법을 찾기 위해 과학, 기술, 혁신, 설계, 건강, 인문학, 기업 및 사회 부문의 걸출한 리더들과 새롭게 떠오르는 리더들을 한데 모으는 세계적인 혁신네트워크 팝테크 poptech.org의 관리자이자 이사인 앤드루 졸리 Andrew Zolli는 극작가인 앤 마리 힐리 Ann Marie Healy와 함께 쓴 《회복하는 힘 Resilience》에서 회복탄력성에 관해 다음과 같이 이야기한다.

> 변덕스러운 변화의 물결을 제어할 수는 없지만, 배를 더 튼튼하게 만드는 방법은 익힐 수 있다. 혼란을 좀 더 효과적으로 받아들이고, 좀 더 다양한 조건에서 원활하게 작동하고, 하나의 환경에서 다른 환경으로 좀 더 부드럽게 이동할 수 있도록 각종 조직과 기

---

18 앤드루 졸리·앤 마리 힐리, 《회복하는 힘》, 김현정 옮김(김영사, 2015), 12쪽.

관, 시스템을 설계할 수 있다. 혹은 재설계할 수 있다. 이를 위해서는 최근 새롭게 떠오르고 있는 회복탄력성 분야를 제대로 이해해야 한다.

경제학, 생태학, 정치학, 인지과학, 디지털 네트워킹 등 서로 전혀 관련이 없어 보이는 분야에서 활동하는 전 세계의 과학자, 정책 입안자, 기술 전문가, 재계 지도자, 활동가 들은 모두 비슷비슷한 근본적인 질문을 던진다. 어떤 시스템은 망가지고 어떤 시스템은 회복하는 이유가 무엇일까? 어떤 시스템이 완전성과 원래의 목적을 잃지 않는 범위 내에서 얼마나 많은 변화를 받아들일 수 있을까? 시스템에 내재해 있는 어떤 특성이 변화에 적응하는 데 도움이 될까? 요즘처럼 끊임없이 혼란이 발생하는 시대에 자기 자신, 지역사회, 기업, 경제, 사회, 지구를 위해 좀 더 충격을 잘 흡수하는 시스템을 만들려면 어떻게 해야 할까?

마치 현상 중인 폴라로이드 사진처럼 이들이 연구를 통해 찾아낸 통찰력과 교훈, 경험법칙은 완전히 새로운 분야의 존재를 알려준다. 혼란을 예측하고, 문제가 생겼을 때 스스로 치유하며, 환경이 급격하게 변화할 때에도 핵심목표를 잊지 않도록 스스로 개편하는 능력을 갖추고 있는 사회, 경제, 기술, 비즈니스 시스템을 만들어내는 데 도움이 되며 보편화 가능한 통찰이 바로 그것이다.[19]

---

19 앤드루 졸리·앤 마리 힐리, 《회복하는 힘》, 10~11쪽.

왜 어떤 시스템은 망가지고 어떤 시스템은 회복하는 걸까? 개인도 마찬가지다. 왜 어떤 개인은 망가지고 어떤 개인은 회복하는 걸까? 예측할 수 없이 급변하는 시기에는 반드시 던져야 하는 질문이다. 급변의 시기에는 부분이 아니라 뿌리를 포함한 전체가 흔들리는 위기를 경험할 가능성이 크기 때문이다.

회복탄력성을 강화한다는 것은 필요한 경우 수용할 수 있는 대체 방안의 범위를 넓히는 동시에 자신이 선 자리에서 밀려나지 않도록 저항하는 능력을 키운다는 뜻이다. 회복탄력성에 관해 연구하는 학자들은 이것을 "적응 능력(자신의 핵심목표를 충족시키는 동시에 바뀐 환경에 적응하는 능력)을 보존한다"고 표현한다. 그렇다. 예측 불가능한 혼란과 변동성으로 가득한 시대에는 회복탄력성을 갖추는 것이 무엇보다 중요하다.[20] 탁월한 여러 능력을 갖추고 있다고 하더라도 회복탄력성을 갖추지 못한 경우 한 번의 결정적 위험이 치명적인 실패로 이어지고 결국에는 회복 불가능한 상황으로 빠져들 수 있다.

그런데 회복탄력성을 제대로 이해하려면 몇 가지 오해를 제거하는 것이 필요하다. 앤드루 졸리가 지적한 내용을 정리하면 다음과 같다. 첫째, 회복탄력성이 견고성과 혼용되는 경우가 많지만, 견고성은 시스템의 자산이 확고해지는 현상을 일컫는 것으로 회복탄력성과는 다르다. 이집트에 있는 피라미드는 놀라울 만큼 견고한 건축물이다. 앞으로 몇천 년이 흘러도 끄떡없이 그 자리에 서 있을 가

---

[20] 앤드루 졸리·앤 마리 핼리, 《회복하는 힘》, 14쪽.

능성이 크다. 하지만 피라미드는 한 번 쓰러지고 나면 다시 원상태로 돌아가지 못한다.

둘째, 중복성도 회복탄력성과는 다르다. 중복성을 발휘하는 시스템은 위태로운 상황에 부닥치더라도 망가지지 않고 지속할 가능성이 크다는 사실이 입증되었다. 하지만 중복성과 회복탄력성은 동의어가 될 수 없다. 높은 수준의 회복탄력성을 갖춘 시스템은 높은 수준의 중복성을 갖춘 경우가 많다. 하지만 이렇게 예비책을 마련하려면 많은 돈이 든다. 그뿐 아니라 아무런 문제도 없는 호시절에는 효율성 개선을 위해 예비책을 제거하라는 엄청난 압박이 가해질 수도 있다. 설상가상으로 환경이 급격하게 변화하면 많은 돈을 들여 마련해놓은 예비책이 전혀 혹은 거의 쓸모없는 존재로 전락할 수도 있다.

셋째, 회복탄력성이 반드시 어떤 시스템이 원래의 상태로 되돌아가는 것을 의미하지는 않는다. 회복탄력성을 갖춘 일부 시스템은 주변 환경이 파괴되거나 환경에 급격한 변화가 생긴 후에 원래의 상태로 되돌아갈 수도 있다. 하지만 언제나 그래야 하는 것은 아니다. 회복탄력성을 갖춘 시스템은 목적 달성을 위해 꾸준히 노력하는 한편 끊임없이 변화하는 환경에 적응하기 위해 지속적이고 유동적인 방식으로 자체적인 변화를 추구할 수도 있다.[21]

---

21 앤드루 졸리·앤 마리 힐리, 《회복하는 힘》, 22쪽.

세 가지 자본을 갖추라

THE EXODUS OF OPPORTUNITY

런던경영대학원 경영학 교수로 재직하고 있는 린다 그래튼Lynda Gratton의 이야기를 주목해보자. 그는 지난 30년 동안 기업문화, 전략적 조직관리, 조직혁신, 조직학습 등을 연구한 인적자원관리 분야의 세계적 권위자이자, 〈파이낸셜타임스〉 〈비즈니스위크〉가 선정한 세계 최고의 경영사상가다. 그래튼은 앞으로 노동상황이 부정적으로 바뀌든 긍정적으로 바뀌든 인간은 일에서 삶의 의미와 행복을 찾기를 멈추지 않을 것이라고 말한다. 일자리가 사라질 것을 걱정하고 두려워하기보다는 일의 변화를 예측하고 미래에 요구되는 능력을 능동적으로 준비하라고 말한다.

일의 미래를 밝게 만들어가려면 업무에 대한 태도, 지식과 능력, 업무 관행 혹은 습관을 바꿔야 한다. 이러한 전환을 고민할 때 우리는 세 가지 자본의 관점에서 생각해볼 수 있다.

첫 번째 자본은 지적 자본intellectual capital이다. 지적 자본이란 어떤 문제와 도전을 만났을 때, 자신의 지식을 현명하고 심층적인 사고 능력과 결합시키는 것을 말한다. 대부분의 학교와 여타 교육기관도 인지 능력 향상과 학습 능력 심화를 목표로 삼아 지적 자본을 증가시키기 위해 노력한다. 지적 자본은 경력 개발에서 중요한 역할을 하는데, 그 이유는 그것이 어떤 지적 영역에 종사하는지, 그 영역에서의 업무 역량은 어느 정도인지 가늠하는 척도가 되기 때문이다. 미래에는 가치 있는 일을 하거나 경력을 쌓고자 할 때 지적 자본이 더 중요해질 것이다.

두 번째 자본은 사회적 자본social capital이다. 사회적 자본이란 자신의 모든 인간관계를 비롯해 네트워크의 폭과 깊이를 합친 것을 의미한다. 인간관계에는 개인적인 즐거움의 원천이 되는 강력한 관계도 있고, 약하지만 다양한 집단과 연결해주는 관계도 있다. 미래에는 이러한 관계 및 네트워크의 폭과 깊이가 그 어느 때보다도 중요해질 것이다. 따라서 우리는 의식적으로 관계와 네트워크를 만들고 육성해야 한다.

세 번째 자본은 감성 자본emotional capital이다. 감성 자본은 스스로를 이해하고 자신이 내리는 선택을 성찰할 수 있는 능력을 말한다. 또한 용기 있는 행동을 하고자 할 때 대단히 중요한 감정적 회복력과 의연함을 기르는 능력을 말하기도 한다. 가장 중요하게는 행복한 인생이 무엇인지, 자신의 가치관과 일 사이에서 조화를 이

루려면 어떻게 살아야 하는지를 이해하고 거기에 맞는 선택을 하는 능력을 의미한다.[22]

앞서 이런저런 이야기를 통해 강조했듯이 앞으로는 이 세 가지 자본 모두를 갖춘 인재만이 자기 일을 만들어내고 유지하고 확장하는 시대가 될 것이다. 어느 하나가 다른 것을 대신할 수 없다. 세 가지 자본의 화학적 총합이 그 사람의 역량이 될 것이다.

지금 일어나는 변화는 한때 유행처럼 표층에서만 진행되고 있는 것이 아니다. 바람에 흔들리는 여린 가지의 움직임 같은 변화가 아니다. 뿌리가 움직이는, 아니 그보다 더 심층적이고 근원적인 변화 즉 땅 자체가 움직이는 그런 변화다. 그래튼은 오늘날의 변화가 우리의 일상적인 업무 여건과 습관에만 영향을 주는 것이 아니라 의식에까지 영향을 주고 있다고 말한다.

변하는 것은 우리의 일상적인 업무 여건과 습관뿐이 아니다. 산업화가 앞선 세대의 근로의식을 바꿔놓았듯, 우리의 근로의식도 바뀔 것이다. 산업혁명은 상품을 판매하는 거래시장을 만드는 것은 물론 인간의 뇌를 재편성해 소비욕구를 높이고 부와 재산을 획득하게 이끌었다. 지금 우리 앞에 던져진 질문은 이것이다. 현재와 미래의 근로의식은 앞으로 다가올 기술과 세계화의 시대에 얼마나 많이 바뀔 것인가?[23]

---

22 린다 그래튼, 《일의 미래》, 213쪽.
23 린다 그래튼, 《일의 미래》.

우리는 조직생활의 양산품도 기업이라는 기계에 속한 톱니도 아닙니다. 스스로 선택하고 그런 선택의 결과를 책임질 능력이 있다. 이를 위해서는 자신의 감정과 단점을 솔직히 인정하고, 안전지대 너머의 위험을 감수해야 하며 용기 있게 행동해야 한다.[24] 조직이나 환경, 타인이 아닌 자신에게 진지하게 질문해야 한다. 오늘날 일어나고 있는 엄청난 변화 속에서 무엇을 하고 있는지를 말이다. 남을 탓하거나 핑계를 대서는 안 된다. 그래야 앞으로 달려갈 동력을 잃지 않는다.

기억하자. "미래를 고민할 때는 불확실성 요소를 고려해 우리 앞에 닥친 불확실성에도 흔들리지 않는 대응전략을 개발해야 한다. 그뿐 아니라 미래예측의 정확성을 높이기 위한 노력도 병행해야 한다. 미리 준비하고 있으면 함정이 나타났을 때 피할 수 있고, 한 발 앞서 기회를 알아보고 그 기회를 재빨리 움켜쥘 수 있다. 미래를 조금이라도 알게 되면 자신의 미래를 준비하는 것은 물론, 주위 사람에게도 이전과는 다른 충고를 할 수 있다. 자신은 물론 가족, 친구, 공동체, 기업이 내리는 선택에 근본적인 영향을 미칠 수 있다. 나아가 어떤 역량을 계발할 것인지, 어떤 커뮤니티와 네트워크에 관심을 집중할 것인지, 혹은 어떤 회사 및 조직과 함께 일할 것인지 결정할 때 영향을 미치게 된다."[25] 지금 그리고 앞으로는 바로 이런 인재가 필요하다.

[24] 린다 그래튼, 《일의 미래》.
[25] 린다 그래튼, 《일의 미래》, 21쪽.

어느 나라로
가야 할까?

THE EXODUS OF OPPORTUNITY

'어느 나라로 가야 할까?' 전 세계가 이미 하나의 덩어리인데, 이 질문이 과연 의미가 있을까? 경계가 희미해지거나 사라진 상황인데 말이다. 그런데 이것은 여전히, 아니 이전보다 더 큰 의미를 갖는다. 이전보다 경계를 넘는 일이 쉬워진 것은 사실이다. 자본의 이동에서는 거의 모든 장벽이 사라졌다. 그에 비해 사람의 이동에는 여전히 장벽이 존재한다. 장벽이 존재한다는 것은 어디에 근거지를 두느냐가 중요한 포인트라는 뜻이다.

큰 담론에 빠져 직면한 상황을 정확히 인식하지 못하면 어려움을 피할 수 없다. 자본이든 사람이든 이동을 위해서는 우선 분명한 목적지를 정해야 한다. 당연히 우리의 초점은 부가 있는 곳이다. '새로운 기회를 잡으려면 어느 나라로 가야 할까?' '가장 안전한 곳은 어디일까?' '인도일까?' '중국일까?' 이런 종류의 질문을 계속 던져야 한다. 대기 중에 먼지처럼 떠다니는 소리를 따라 이동하다가는 낭패를 보게 된다. 제대로 보고 신중하게 그리고 신속하게 행동할 때다.

미리 말하면 앞으로 10~20년간은 미국으로 가야 한다. 모순처럼 들릴 수 있다. 하지만 실제로 상황이 그렇다. 값싼 노동력을 활용한 비즈니스는 동남아, 아프리카로 가야 한다. 지식에 기반을 둔 비즈니스는 중국, 인도로 가야 한다. 중국은 중위권 제조업을 주도할 것이고, 우리나라는 그보다 수준이 높은 제조업을 주도할 것이다. 첨단산업은 미국이 주도할 것이다. 최첨단기술을 중심으로 한 산업이나 비즈니스는 미국에 집중될 것이다. 물론 20~30년 이후에는 아시아로 이동할 것이다.

일찍이 미국은 중국을 주목하고 있다. 왜일까? 우리가 중국을 바라보는 관점과 미국이 중국을 바라보는 관점 사이에는 간격이 있다. 이 간격을 무시해서는 안 된다. 세계 최대 시장을 내수시장으로 가지고 있는 나라가 미국이다. 단일 국가로서는 최대의 시장을 확보하고 있다. 이미 확보한 시장을 넘어 새로운 시장을 개척하고 확장해야 하는 미국이 중국에 대해 갖는 태도를 흉내 내서는 안 된다. 그렇다고 중국 혹은 중국 시장이 중요하지 않다는 이야기는 아니다. 세계 최대 최고의 시장인 미국 시장의 중요성에 대해 착시를 가져서는 안 된다는 이야기다.

나가는 사람(유출)과 들어오는 사람(유입)의 차이를 지역별로 살펴보면 2040~2050년에 최대 유입 초과인 곳은 북미다. 미국과 캐나

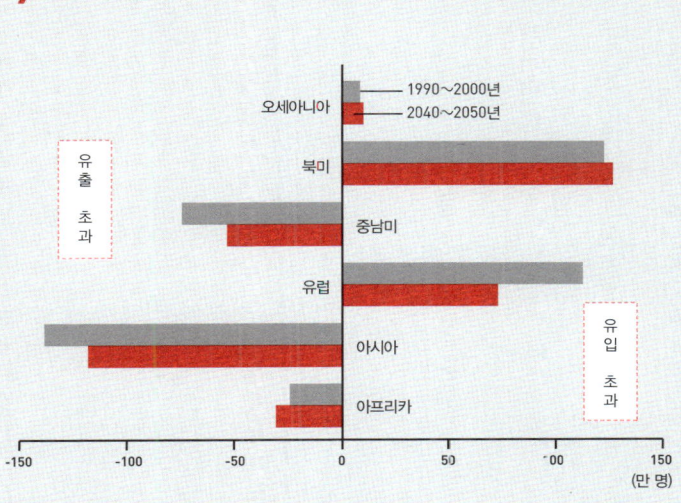

다는 반세기 후에도 연간 130만 명가량의 이민자가 활발하게 유입될 것이다. 유럽도 유입 초과 상태이지만 1990~2000년의 수치와 비교해보면 2040~2050년 수치가 40% 줄어든다. 반면 유출 초과가 큰 곳은 아시아다. 2040~2050년에는 유출 초과가 1900~2000년에 비해 줄어들겠지만, 그래도 연평균 120만 명 이상 유출 초과에 이를 전망이다.[26]

26 니혼게이자이신문사, 《인구가 세계를 바꾼다》.

유럽은 어떨까. 유럽은 미국보다 빨리 늙고 있다. 안타깝게도 유럽은 대안을 마련하지 못했다. 실제로 유럽은 미국보다 인구가 더 많다. 규모로는 더 큰 시장이다. 하지만 이민정책이 발목을 잡고 있다. 유럽은 아프리카, 아시아 이민자를 계속 받아들여야 하는 상황이다. 여기까지는 미국과 크게 다르지 않다. 그런데 이민 혹은 이민자로 의한 사회적 갈등 문제 면에서 큰 차이를 보인다. 이민을 역동성을 부여하는 에너지로 활용하는 능력 면에서 유럽은 미국에 비해 크게 떨어진다. 2014년, 스위스 국민들은 정부와 경제계, 유럽연합 집행위원회의 강력한 반대에도 대규모 이민 유입을 제한하는 법안을 국민투표로 통과시켰다. 이에 따라 유럽의 반이주민 정책 도미노현상이 가시화될 것이라는 우려가 커지고 있다.[27]

유럽은 출발부터 이민자들의 나라였던 미국과 이민에 대처하는 태도가 다를 수밖에 없다. 유럽이나 우리나라는 이민자들이 들어와 일자리를 빼앗는다고 생각한다. 반면 미국은 합법적인 이민이냐, 불법 이민이냐를 따질 뿐이다. 지금보다 더 적극적으로 이민을 받아야 한다고 미국 연방정부의 이민정책 개혁을 촉구하는 목소리가 크다. 자산기준 미국 최대 은행 J. P. 모건의 제이미 다이먼 Jamie Dimon CEO는 이민정책 개혁은 경제적으로나 도덕적으로나 꼭 필요하다고 주장한다. 페이스북, 구글 같은 IT 기업도 이민 개혁의 필요성을 주장하고 있다. 인도 등지의 고급 IT 인력을 더 많이 받아들

---

[27] "경제위기 유럽 반이민 도미노 조짐", 〈문화일보〉, 2014년 2월 10일자.

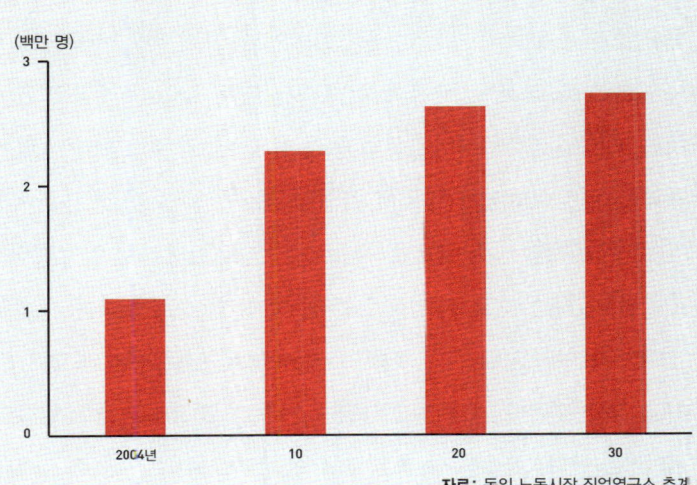

서유럽 15개국이 유럽연합 신규 가입국에서 받아들인 이민자 수(누계)

자료: 독일 노동시장 직업연구소 추계

이기 위해서다.[28] 이뿐 아니라 가톨릭교회도 이민법 개정을 강력하게 요구하고 있다. 미국 주교회의 이민위원회 위원장 에우세비오 엘리존도 Eusebio Elizondo 주교(시애틀대교구 보좌주교)는 "미국은 가족을 해체하고 우리 이웃을 위한 기본적이고 적정한 보호 절차를 무시하는 이민정책을 더 이상 유지할 수 없으며, 이것은 도덕적 문제"라고 말했다.[29]

28 "다이먼, 이민문제 개혁 안 되면 미국 미래 없어", 〈이데일리〉, 2014년 6월 25일자.
29 "가족 해체하는 이민법 개정 촉구", 〈가톨릭신문〉, 2014년 4월 13일자.

영국에서는 의사와 간호사를 신규채용할 때 정원의 절반 이상을 외국인으로 충원한다. 이전에는 인도 사람이 많았지만 2004년 5월 중유럽과 동유럽 10개국이 유럽연합에 가입해 취업비자 발급 절차가 간소화되자 해당 국가의 이민자가 대폭 늘었다. 유럽연합이 확대된 지 2년 만에 서비스산업과 농업 등에 중유럽과 동유럽 국가 사람 44만 7,000명이 영국에 취업비자를 신청했고, 그 가운데 95%가 받아들여졌다. 배우자 등 가족도 3만 6,000명가량 입국했다.[30]

유럽으로 갈 것인가, 미국으로 갈 것인가. 소프트웨어 사회의 고급인력은 미국으로 간다. 미국 IT업체들이 인문학적 배경과 IT 지식을 고루 갖춘 인재를 선호하면서 인문계 졸업생들의 IT업계 취업이 늘고 있다. 이들을 소프트웨어 인재로 키워주는 교육기관도 증가하고 있다.[31] 미국 IT업체 인턴은 정규직 못지않은 보수를 받는다. 미국 취업정보 사이트 글래스도어glassdoor.com는 미국 일부 IT업체 인턴들이 연간 약 9,000만 원에 달하는 급료를 받는다고 발표했다.[32] 실리콘밸리의 '잘나가는' 3년차 엔지니어 연봉은 2억 원에 육박한다. 미국 전체 엔지니어 평균연봉의 2배다. 비즈니스인사이더businessinsider.com는 실리콘밸리 엔지니어의 평균연봉이 약 1억 8,000만 원(16만 5,000달러)에 달했다고 보도했다.[33]

---

[30] 니혼게이자이신문사, 《인구가 세계를 바꾼다》.
[31] "미 인문학도들 IT업체 취업 늘어", 〈매일경제〉, 2014년 3월 17일자.
[32] "미 IT 인턴 연봉 9,000만 원!… 실리콘밸리 평균에 버금가", 〈매일경제〉, 2014년 3월 3일자.
[33] "실리콘밸리 엔지니어 연봉은 최소 2억 원", 〈전자신문〉, 2013년 10월 17일자.

두 지역 모두 저출산 그령화의 문제가 있지만, 미국은 유럽보다 오래 견딜 수 있다. 오랫동안 인재 경쟁에서 우위를 유지할 수 있다. 인재는 결코 정처 없이 흘러 다니지 않는다. 스마트라는 단어가 어느 그룹이나 계층보다 잘 어울리는 그들이기에 스마트하게 이동한다. 경제가 발전할수록 더 많은 인재가 미국으로 이동한다. 중국은 막대한 부를 무기로 글로벌 기업을 유치하면서 인재를 끌어들이고 있지만, 중국 밖으로 빠져나가는 인재가 오히려 많다. 중국 공산당 증앙인재공작협조팀 관계자는 "중국이 인재자원 부족 국가에서 인력자원 대국으로 발전했지만 유실된 최고 인재 수량은 세계 1위"라면서 "특히 과학, IT 분야에서 중국 유학생들의 현지 체류 비율이 평균 87%에 달한다"고 말했다.[34]

한국의 인재는 어디로 이동할까? 세계적 경쟁력을 갖춘 인재라면 미국으로 가야 할 것이다. 그런데 머지않아 아시아도 훨씬 강력한 시장이 될 것이다. 새롭게 부상하는 그 시장을 지배하기 위해서는 선점이라는 전략이 필요하다.

이쯤 되면 혼란스러울 것이다. '도대체 어느 나라에 집중해야 한단 말인가?' 그런데 바로 이 생각을 버려야 한다. 변화를 인지하고 선제적 행동을 하면 모든 나라가 기회인 시대다. 그러나 예전의 방식대로 앞으로 수십 년을 안정적으로 투자하거나 기회를 줄 나라를 찾으려 한다면 어느 나라에서도 기회를 찾을 수 없는 시대다.

---

34 "유학 간 중국 IT 인재들… 10명 중 9명 귀국 안 해", 〈헤럴드경제〉, 2013년 6월 4일자.

상황의 변화를 인지하고 해석하는 동시에 자신의 수준을 정확히 이해하고 자신의 위치를 선정하는 것이 지혜롭다. 세계의 경계가 사라졌다고 해도 '어느 순간 어느 곳에 있을지'를 명확히 선택하는 것이 필요하다. 진정 어디에 있든 상관이 없단 말인가? 그렇다. 어디에 있는가가 중요하지 않다. 하지만 언제 어디에 있어야 하는가는 중요하다.

미국 캘리포니아 대학 버클리 캠퍼스의 경제학 교수인 엔리코 모레티Enrico Moretti는 오랫동안 노동경제학과 도시경제학을 연구해 온 경제학자다. 2014년 출간된 《직업의 지리학The New Geography of Job》에서 그는 노동자의 급여가 살고 있는 거주지에 따라 결정된다는 연구 결과를 발표했다. 구체적인 사례를 보자.

또 다른 질문 하나 더. 어느 도시가 변호사에게 가장 많이 지불할까? 필자가 이것을 잘못 짚었음을 고백해야겠다. 자료를 보기 전 필자는 뉴욕이나 워싱턴의 변호사들이 미국에서 가장 수입이 많으리라고 생각했다. 5,000달러짜리 맞춤 양복을 입고 금융과 권력의 중심지에서 수십억 달러짜리 거래를 중개하는, 영향력이 큰 변호사들을 필자는 상상했다. 그런데 미국 도시들 가운데 뉴욕과 워싱턴에 변호사가 가장 많은 것은 분명하지만, 이들 도시의 변호사들이 가장 돈을 많이 버는 것은 아니었다. 인구조사국에서 수집한 자료를 사용해 조사해보니 새너제이 변호사들이 가장 많이 벌며 (연간 평균소득 20만 달러 이상) 샌프란시스코 변호사들이 그보다 약간

덜 버는 것으로 나타났다. 소득 순위표의 반대편에 있는 변호사들(올버니, 버펄로, 새크라멘토)은 새너제이 변호사들에 비해 절반도 못 버는 것으로 나타났다.

웨이터들이 있어야 할 곳은 라스베이거스이다. 이 도시의 가장 호화로운 식당들에서 일하는 웨이터는 여섯 자리 소득을 올릴 수 있다. 평범한 시설에서 일하는 웨이터들조차 이 도시에서는 돈을 잘 번다. 평범한 웨이터는 팁을 포함해 평균 시간당 18.2달러를 번다. 이 액수는 어떤 대도시에서도 찾아볼 수 없는 최고 수준의 평균시급이다. 아마드 그리 놀라운 일이 아닐 것이다. 세계 유수의 성인 오락 도시인 라스베이거스의 웨이터들은, 도박과 기타 부도덕한 행위와 관련된 관대한 팁에서 이득을 얻는다. 순위표에서 그 다음에 오는 도시들은 더 많은 것을 말해준다. 샌프란시스코, 시애틀, 보스턴, 워싱턴 D.C. 순이고, 샌디에이고는 7위이다. 웨이터 수입이 좋은 10대 도시 가운데 세 곳(라스베이거스, 올랜도, 웨스트팜비치)은 순전히 관광지기지만, 일곱 곳은 첨단기술이 강한 도시들이다.

놀랍게도, 교역적 부문과 비교역적 부문에서, 여타 일자리들에서도 같은 현상이 드러났다― 공업 생산 관리자들의 소득 순위표에서 윗자리를 차지하는 도시는 새너제이, 오스틴, 포틀랜드, 샌프란시스코, 롤리-더햄 그리고 시애틀이다. 모두가 혁신 중심지들이다. 이발사와 미용사의 경우 샌프란시스코, 보스턴, 워싱턴 D.C.가 상위 5대 도시에 들어 있다. 이곳 근로자들은 리버사이드와 디트로이트의 같은 직종 사람들보다 평균 40퍼센트를 더 번다. 요리사의 경우 보스턴의 보수가 평균연봉 3만 1,782달러로 가장 많으며, 꼴찌인 휴스턴과 샌안토니오는 약 2만 달러이다. 건축가의 경우 샌프란시스코가 으뜸이다. 여기서 어떤 패턴을 발견했다면 당신은 옳게 본 것이다. 원론적으로만 보면, 보스턴과 샌프란시스코의 변호사, 미용사, 관리자가 휴스턴, 리버사이드, 디트로이트의 같은 직종 종사자들보다 단지 일을 더 잘하는 것일 수 있다. 아마 그들이 더 노련하고, 더 똑똑하거나, 동기가 더 강한지도 모른다. 하지만 근무 경력, 교육 수준 또는 심지어 지능지수를 감안하더라도 봉급 차이가 그 정도로 많이 날 수는 없다. 근로자 본인들은 그 정도까지 다르지 않다. 정작 다른 것은 바로 그들을 둘러싼 지역 경제, 특히 숙련된 근로자의 수이다.[35]

많은 인재가 함께할 사람과 성공할 일을 찾아 이동하고 있다. 그 결과 경제 발전 가능성이 사라지는 지역이 세계 곳곳에서 늘고 있으며, 이 지역들에서는 좋은 일자리를 얻을 확률이 심각하게 낮다. 유능하고 숙련된 사람들은 세계의 주요 인재자원 주변으로 모여들게 마련이다. 어떤 지역에서든 그런 인재들의 이민이 늘어나게 된다. 어떤 인재는 주변에 높은 생활수준을 보장하는 창의적 클러스터나 생산 지역이 존재해 자국에 계속 머물 수도 있다. 또 어떤 인재는 눈앞에 다가온 기회를 놓치지 않고 외국 경험을 쌓기 위해 개

---

[35] 엔리코 모레티, 《직업의 지리학》, 송철복 옮김(김영사, 2014), 140~142쪽.

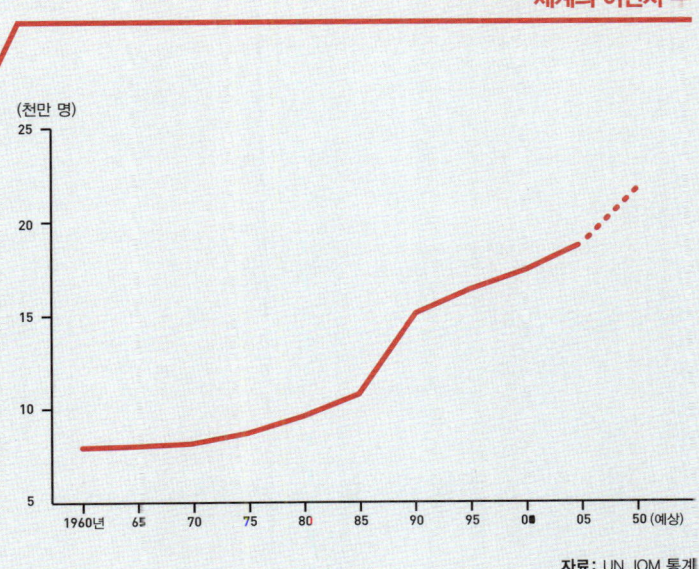

발도상국 시장에서 일할지도 모른다. 누군가는 진정한 세계시민이 되어 세계의 일자리와 투자 기회를 비교하며 언제라도 자유롭게 옮겨 다닐지도 모른다.[36]

사실 인류에게 이동 혹은 이주는 그리 낯선 것이 아니다. 국외 이주의 경우 1965년에 세계 인구의 2.5%(약 7,500만 명)가 국경을 넘었다. 2010년에는 3%(약 2억 1,400만 명)가 이민을 했다. 앞으로 이 숫자

---

36 린다 그래튼, 《일의 미래》.

는 계속 늘어 세계 인구의 상당수가 이민자 대열에 합류하게 될 것이다. 그런데 지난 세기 동안 지방에서 도시로, 한 도시에서 다른 도시로 옮기는 국내 이주는 국외 이주보다 훨씬 더 많았다. 2010년에는 국외 이주의 거의 4배에 해당하는 7억 4,000만 명 이상이 국내 이주를 했다.[37]

그러니 이동을 두려워하지 마라. 지구촌이라고 해서 어느 곳에 있든 똑같은 기회를 얻는 것은 아니다. 시간에 따라서 계속해서 달라지는 상황을 면밀히 추적하고 지속적인 변화를 자연스럽게 받아들여라. 시간에 따라 선택을 다시 하는 것을 번거롭게 생각하지 마라. 지난 시절에는 수십 년마다, 혹은 백 년에 한 번 정도 '어느 곳'에 있어야 할지를 선택했다면, 앞으로는 10~20년마다 한 번씩 '지금 이 순간 어느 곳에 있어야 할까?'를 선택하게 될 것이다.

---

[37] 린다 그래튼, 《일의 미래》.

브렉시트와 유로존의 미래

THE EXODUS OF OPPORTUNITY

　브렉시트를 결정한 영국의 국민투표가 있은 지 얼마 지나지 않았다. 많은 이들이 브렉시트가 미칠 파장에 대해서 궁금해한다. 필자는 2012년 강의를 통해 유로존의 미래를 예측했다. 이는 이듬해 《2030 대담한 미래 1》에서 자세하게 다루었다. 브렉시트 이후 미래변화를 예측하려면, 필자가 예측한 유로존의 미래를 다시 살펴볼 필요가 있다. 브렉시트는 필자가 다음과 같이 예측한 유로존의 미래 시나리오 안에서 벌어진 일이기 때문이다.

　필자는 2010년 유럽의 금융위기를 예측하면서 유럽의 형국이 꼭 적벽대전에서의 조조군의 모습과 같다고 비유했다. 미국과 중국의 거대한 세력에 맞서 대응하고 흔들리는 유럽을 하나로 묶기 위해 유럽이 선택한 것은 조조의 전략처럼 각 나라를 튼튼한 경제적 고리로 종횡으로 연결하고 그 위에 통일된 화폐를 깔아 흔들림을 최소화하고 나라 간의 자본과 기술, 그리고 노동의 이동이 쉽도록 한 것이다. 그러나 단 한 번의 금융위기의 불길로 유로지역은 전체가 궤멸 직전의 상황에 몰리게 되었다. 미국과 싸워보겠다는 경제전쟁의 전의는 완전히 상실되었고, 유로지역에 속한 국가의 정치인과 국민의 마음은 이리저리 흩어졌다. 결국 유로지역은 심각한 타격을 받고 '잃어버린 10년'으로 들어가고 있다. 단 1년 사이에 폭풍처럼 유로지역 전체를 휩쓸아친 금융위기로 유로지역은 산업, 내수시장, 정치적 영향력 등까지 추가로 잃으면서 엄청난 전력 손실을 보았다. 당분간 미국과 대등한 전력을 가지고 어깨를 나란히 하기는 곤란해졌다.

현재 유로지역의 금융위기 사태는 중반 정도밖에 지나지 않은 상황이다. 지난 2~3년 동안은 유럽중앙은행(ECB)의 장기 대출금, 유럽의 각 나라와 미국, IMF 등의 적극적인 구제금융과 지원책 때문에 유럽연합이 붕괴하지 않고 간신히 명맥을 유지할 정도의 시간을 번 것뿐이다. 독일은 1조 8,900억 유로, 영국은 1조 7,300억 유로, 프랑스는 1조 3,300억 유로, 이탈리아는 9,370억 유로, 스페인은 7,410억 유로의 경기부양책을 시행했다. 아이슬란드는 2008년 10월 8일 모든 은행을 국유화하는 극단의 조치를 단행해서 시간을 벌었다. 하지만 시간을 번 대신 민간 부문의 부채가 공공 부문으로 옮겨져서 국가의 부채 부담은 더욱 커졌다. 위기의 반환점을 돈 지금부터는 아주 고통스러운 과정을 거쳐야 한다. 공공 부문을 필두로 한 긴 시간의 긴축 과정과 부채 축소의 고통이 기다리고 있다.

문제 해결을 위해서는 경제성장의 활로를 찾아야만 한다. 그리스, 포르투갈, 이탈리아처럼 부채가 과다한 나라는 긴축재정 정책만으로는 위기를 극복할 수 없다. 경제성장을 통해서 추가적인 돈을 벌어야만 근본적인 위기 탈출이 가능하다. 이 나라들이 근본적으로 위기를 탈출해야 유로지역이 안정권에 들어갈 수 있다. 이 과정에서도 추가적인 위기가 곳곳에 산재해 있을 것이다. 프랑스, 이탈리아, 그리스 등의 총선에서 보듯 정치적 불안정성을 해결하지 않으면 구제금융의 지연과 후퇴 때문에 잠재되어 있던 위기가 재발하거나 커지게 된다. 이렇게 상황이 악화되면 유로지역의 붕괴와 세계 경제의 더블딥, 즉 침체된 경기가 일시적으로 회복되다가 다시 침체되는 이중침체로 급격하게 전환될 수도 있다. 그래서 후반부 작업은 정치권과 국민, 노사 간의 합의를 바탕으로 한 모두의 희생이 필요하다.

유로지역은 과연 이런 미래를 감내할 만한 준비가 되어 있을까? 필자의 예측은 간단하다. 유로지역은 위기를 극복할 만한 잠재력은 충분하다. 그러나 각자의 이해관계가 복잡하게 연결되어 있어서 해법을 찾는 과정이 길 것이다. 그래서 상당 기간 침체와 저성장을 피할 수 없다. 전 세계는 당분간 미국 시장을 능가하는 유로지역이라는 글로벌 시장의 한쪽 날개를 접은 채 날아야 한다. 이는 중국과 아시아의 경제성장에도 영향을 미칠 것이다. 중국은 유로지역 위축 때문에 과잉성장 정책을 사용하지 않으면 8%를 넘는 경제성장을 유지하기 어렵다. 유로지역은 2012년 10월경에 몰린 위기 국가들의 국채 상환에 대비해서 ECB가 무제한으로 매입하는 비상대책으로 폭탄이 터지는 것을 막았다. ECB가 부도 위험이 큰 국가의 국채를 무제한으로 사줌으로써 다른 금융기관도 이 국가들의 국채를 살 수 있는 심리적 조건이 마련되었다. 그래서 위기 국가들이 발행하는 국채 이자율도 낮출 수 있었다. 이렇게 국채를 통해서 위기 국가들과 은행들은 만기가 되어 돌아오는 부채의 원금 일부를 상환하거나 이자를 갚아 부도 위기를 넘길 수 있었다. 2012년 하반기에는 ECB가 유동성의 과잉으로 인플레이션 위험을 걱정하는 독일의 반대를 무마하기 위해 한 가지 장치를 추가했다. 불태환 정책이었다. 불태환 정책이란 국채 매입에 쓴 금액만큼 다른 방법으로 시중의 유동성을 다시 흡수하는 정책이다. 그렇게 하면 시중에 추가로 유동성이 풀리지 않게 된다. 독일은 마음에 들지 않았지만 다른 방법이 없어서 임시방편으로 승인했다. ECB가 이런 방식으로 위기 국가들의 국채 매입을 반복하게 되면 당분간은 급한 불을 끌 수 있다.

그러나 이런 조치들로는 근본적인 문제를 해결하지 못한다. 부도 위기 국가가 이자와 원금을 갚을 수 있는 여력이 없는 상황에서, 일정한 규모 이상의 부채 탕감이 이루어지지 않으면 오히려 원금이 더 늘어난다. 이미 위기 국가들은 자력으로 원금을 갚을 수 없는 상황에 빠진 지 오래다. 그러니 현재의 위기를 더 큰 위기로 발전시키면서 뒤로 미루는 격이다. (…)

유로지역이 현재 가장 선호하는 미래preferred future는 유로지역을 계속해서 유지해나가는 것이다. 하지만 우리는 유로지역과 유럽 경제에 대한 또 다른 가능성의 미래possible futures를 예측해보아야 한다. 필자가 가능성의 미래로 예측하는 것은 바로 유로지역이 양분되는 미래다. 만약 유로지역이 현재의 구도를 유지하지 못하고 붕괴하거나 둘로 갈라지면 지금과는 전혀 다른 새로운 가능성이 발생한다. 예를 들어 유로지역 탈퇴 국가들의 러시아연합으로 재흡수 가능성' '독일과 러시아의 새로운 경쟁 구도' '영국과 프랑스의 미국과의 연계' '세계 경제 4각축(독일, 러시아, 중국, 미국)의 형성' 등이다.

현재로서는 유로지역이 계속해서 유지되는 시나리오가 현실화될 가능성이 가장 크다. 하지만 2014~2015년을 기점으로 유로지역이 분리된다면 어떻게 될까? 만약, 유로지역이 붕괴된다면 독일과 프랑스처럼 상대적으로 건전한 1그룹과 재정적으로 문제가 큰 2그룹으로 나뉠 것으로 예측된다. 그다음의 시나리오 분기점은 1그룹과 2그룹의 관계가 중요한 역할을 한다.

첫 번째 시나리오는 유로지역이 분리는 되었지만 1그룹이 2그룹을 계속해서 경제적으로 지원하면서 끌고 가는 시나리오다. 완전한 탈퇴 혹은 완전한 유로지역의 붕괴가 아니라 위기 국가들을 2그룹으로 내려 보내지만 상호 긴밀한 관계는 계속 유지한다. 이 시나리오는 현재 유로지역이 차선책으로 고려하고 있는 시나리오다. 위기가 극대화되지 않는 한 가능하면 이렇게라도 유로지역을 유지하려고 할 것이다. 그 이유는 유로지역 통화가 붕괴되면 유럽연합과 그 역내 시장에 미칠 부작용이 엄청나기 때문이다. 유로지역 통화가 붕괴하고 다시 국가별 통화로 되돌아가면 국제적으로 활동하는 환투기 세력에게 집중적인 먹잇감이 되어 유럽에서는 금융위기가 지금보다 더 빈번하게 일어날 것이다. 그리고 유럽 시장 안에서의 무역 교류도 제한되면서 각종 경제적, 정치적 긴장감이나 적대감이 고조될 수도 있다.

두 번째 시나리오는 1그룹과 2그룹이 완전히 나뉘는 시나리오다. 이 경우에는 유로지역의 미래를 좌우하는 중요한 주체로 러시아가 등장할 것으로 예측된다. 구소련이 해체되고 많은 국가가 연방으로부터 독립하면서 러시아는 세계의 패권경쟁에서 변방으로 밀려났다. 구소련 연방에서 독립한 국가의 상당수가 유럽연합에 가입하거나 친유럽 노선으로 돌아섰다. 그러나 그 나라들의 대부분은 재정 건전성이 떨어지고 경제적 기반도 부실해서 유로지역이 분리되면 2그룹에 속하게 될 가능성이 크다.

그러므로 유로지역이 붕괴하면 옛 영광을 되찾고 싶어하는 러시아가 본격적인 움직임을 보일 가능성이 크다. 시대가 변했기 때문에 푸틴이 이끄는 러시아가 이들을 군사적으로 재통합할 가능성은 낮다. KGB 출신인 푸틴은 스탈린Joseph Stalin이나 과거 구소련의 지도자들과는 다르게 세계를 이념이 아닌 지정학적 관점과 경제패권의 시각으로 본다. 따라서 러시아는 분리되었던 옛 연방 회원국을 흡수하기 위해 자원의 지원과 경제적 지원 등을 전면에 내세워 접근할 가능성이 크다. 러시아는 미래 경제를 좌우할 핵심 자원인 석유나 천연가스와 산업용 광물이 많다.

푸틴은 2011년 10월 우라시아연합Eurasian Union(EAU)을 주창하며 유로지역이 통합되기 전 단계처럼 러시아가 중심이 되는 단일 경제공동체를 출범시키면서 옛 소련의 대부분 지역을 가입시켰다. 경제판 소련의 부활이 시작된 것이다. 여기에 미국 견제라는 목표를 공유하는 중국이 러시아를 지지하게 되면 유럽에서 러시아의 영향력은 더 커진다. 이 경우 독일을 중심으로 한 1그룹과 유로지역에서 나쳐져 러시아와 연대한 2그룹, 이렇게 새로운 두 개의 경제블록이 유럽에서 만들어질 가능성이 있다.

그룹 내에서의 변화도 예측할 수 있다. 1그룹의 핵심국가가 될 독일과 프랑스는 전통적으로 경쟁자 관계다. 유로지역이 붕괴되면 이탈리아와 스페인에 막대한 부채를 빌려준 프랑스가 상대적으로 독일보다 더 큰 경제적 손실을 보게 되어 있다. 결국 유로지역 붕괴 이후 유럽 경제 회복의 주도권을 독일에 빼앗긴 프랑스가 1그룹에 남아 있으면서도 독일을 견제하기 위해 미국, 영국과의 관계 개선에 들어갈 가능성이 아주 크다. 유럽이 이렇게 두 개의 권역으로 재편된다면, 미국 중심의 경제권과 중국 중심의 경제권을 포함한 4권역(독일, 러시아, 중국, 미국권) 경제체제로 나뉠 가능성이 예측된다.

이 시나리오가 현실화될 경우, 21세기 신냉전시대의 막이 열리게 될 가능성이 크다. 새로운 냉전시대는 과거의 이데올로기적, 군사적 대결이 아니라 경제이념적 냉전으로 갈 가능성이 크다. 즉 러시아, 중국, 넓게는 독일까지를 포함한 '사회주의적 자본주의'를 한 축으로 하고, 반대편에 미국, 영국, 넓게는 프랑스까지를 포함한, 금융위기를 거친 후 개량되어 나온 '개량 자본주의'가 맞서는 대립 체계가 형성될 가능성이 크다. 노련한 국제정세 분석가이자 미래예측 전문가인 조지 프리드먼George Friedman은 "앞으로 다가올 세계에서는 놀라운 동맹이 형성되고 예상치 못한 긴장이 전개되며, 특정한 경제 조류가 융성하거나 쇠퇴할 것이다"라는 말을 했다. 이 시나리오에 한번쯤 흥미를 가져볼 만하다.

필자가 예측한 유로존의 미래는 세 가지였다. 브렉시트 사건이 필자의 세 가지 시나리오에 어떤 영향을 주었을까? 일단 브렉시트가 발생했지만 1~3년 이내의 단기적 미래는 첫 번째 시나리오대로 현재 상태를 유지할 가능성이 가장 크다. 하지만 장기적으로 볼 때 브렉시트 사건은 유로지역 분리 이후 1그룹의 2그룹 지원이라는 두 번째 시나리오, 또는 1그룹과 2그룹의 완전한 분리라는 세 번째 시나리오의 가능성을 더 높였다. 특히 세 번째 시나리오 가능성을 좀 더 크게 했다.

1~3년 이내의 단기적 미래에는 유로존이 현 상태를 유지하거나 정치적 제스처로 결속을 강조하는 모습을 보일 것이다. 하지만 이

미 구조적 문제가 드러난 상황이기 때문에 북유럽과 남유럽 간의 경제 격차가 만들어낸 구조적 문제, 이민자 문제를 근본적으로 해결할 대안을 마련하지 않으면 유로존 분열 가능성은 다시 제기될 것이다. 빠르게는 올해 말에서 내년 초 사이에 남유럽 진영에서는 제3차 그렉시트 가능성이 부각될 가능성이 아주 크다. 스페인도 강력한 긴축재정 압박과 높은 실업률과 심각한 경제상황으로 국민 여론이 좋지 않다.

 북유럽 그룹에서도 유로존을 유지하는 것이 정치적, 경제적으로 유리한 독일과 프랑스를 제외하고 대부분의 나라들이 불만을 가지고 있다. 경제 격차가 크고, 실업률도 높고, 부패와 도덕적 해이가 심각한 수준인 남유럽 국가들을 자신들이 떠안고 가야 하는 데 대해 불만이 많다. 특히 스웨덴, 덴마크, 네덜란드 등은 공공연하게 유로존 탈퇴에 대한 목소리가 나온다. 이 나라들도 영국처럼 고령화 문제로 사회복지 비용 문제가 불거지고, 이민자들이 자국민과 일자리 경쟁을 치열하게 벌이고, 남유럽에 대한 경제적 부담이 더 커지면, 급작스럽게 여론이 탈퇴 쪽으로 쏠리는 뜻밖의 상황이 일어날 수 있다. 즉 영국을 따라서 유로존 탈퇴에 가담할 가능성은 충분하다.

 유로존이 분열되든 그렇지 않든 상관없이, 필자의 예측처럼 유로존 분열 가능성이 최소 1~2년간 계속 거론된다면 세계 경제와 산업에 어떤 영향이 미칠까? 확실한 위험요소는 다음과 같다.

1. 영국 경제성장률 저하, 부동산 가치 하락, 금융 지위 하락, 실업률 증가, 유럽연합 탈퇴 절차와 관련된 불확실성으로 해외 기업들이 영국 투자 결정 연기, 외국인 직접투자 위축
2. 유럽과 세계 경제에 최소 1~2년간 경제 불확실성 커짐
3. 미국 강달러 부담 증가
4. 중국 수출경제 회복 지연
5. 신흥국 경제적 고통 가중
6. (은근한) 보호무역주의, 환율전쟁, 금융시장 불안정성 증가, 안전자산 선호, 소비심리 위축, 신흥국과 아시아에서 기업과 가계부채 추가 증가

단기간에 직접 타격을 받을 나라는 영국 다음으로 일본이다. 엔고로 아베노믹스에 문제가 발생한다. 중국은 어떨까? 중국의 2015년 영국과의 교역 규모는 780억 달러. 중국은 위안화 국제화 및 금융산업의 유럽 진출 교두보로 영국을 활용하는 전략을 구사 중이었다. 단기적으로 이런 전략에 큰 차질이 발생할 것이다. 하지만 중국 상품의 시장경제지위market economy status 향상에는 도움을 받을 수 있다. 시장경제지위란 한 국가의 경제활동(제품 가격, 임금, 환율 등)이 정부의 간섭에 의해서가 아니라 시장에서 자율경쟁에 의해 정상적으로 결정되는 경제체제를 충족시킨다고 교역 상대국이 인정해주는 행위다. 미국과 유럽은 중국 상품에 대해 시장경제지위를 인정하지 않고 있다. 하지만 브렉시트 후 영국이 경제적으로 고

립되면 위기 탈출 전략으로 중국의 손을 잡을 가능성이 크다. 중장기적으로 영국이 중국 시장에 더 의존하는 경향을 보이면 중국은 시장경제지위를 획득하는 교두보를 영국에서 얻을 수 있다. 영국은 중국에게 시장경제지위를 인정하는 첫 번째 나라가 되어주고, 중국은 이를 기반으로 유럽과 미국을 압박할 수 있다. 큰 걸음에서는 중국이 브렉시트를 즐기는 이유가 된다.

그렇다고 중국이 마냥 웃을 수만은 없을 것이다. 단기적으로 중국도 추가적 글로벌 경기침체 영향, 유럽연합 보호무역주의로 중국산 반덤핑 제재 가능성 증가, 금융 및 투자 시장의 출렁임 증가 등 타격을 피할 수는 없다. 또한 영국은 홍콩의 서비스수출에서 6.6%, 상품수출에서는 1.5%를 차지하고 있으므로, 홍콩 경제는 직격탄을 맞는다. 당연히 홍콩 내수 침체, 부동산 가격 하락, 투자시장 위축도 우려된다.

중장기적으로 중국은 자국 기업들이 부채를 추가로 증가시켜야 하는 상태가 발생하면 큰 문제에 직면할 수 있다. 중국은 2016~2021년 추가 자본시장 개방과 해외자본 유입 자유화, 해외자본 유출 완전자유화 계획을 실시하여 자본시장 완전자유화를 진행하고 있다. 이머징국가는 자본시장 자유화, 통화정책 독립, 환율 안정성 세 가지를 모두 달성하기 불가능하다. 중국은 2013년 9월 30일 위안화 국제화와 자국 금융서비스업의 발전을 위해 상하이 해안지구에 자유무역지대free trade zone를 설치하고 금융 부문에서 위안화의 제한적 자유 태환, 은행의 금리 자유화, 외국자본 도입 및 외국계 합작은행 설립 자유를 허용하고 자본시장 개방의 첫걸음을 디뎠다. 이후로 시진핑 정부는 겉으로는 외환, 채권, 주식 등 자본시장 개방을 계속한다는 모양새를 취했다. 하지만 중국 경제가 빠르게 침체하자 통화정책과 환율안정성을 유지하기 위해 자본시장 자유화를 상당히 막고 있다. 그 결과 지난 5년 동안 중국 기업부채가 급격하게 증가했지만 상업영역발 금융위기 가능성은 수면 아래에 머물러 있다. 그렇기 때문에 급격한 자본 유출도 일어나지 않고 있다.

세계 경제와 중국 경제가 2019년 전까지 확실하게 회복 국면으로 진입하면 자본시장 완전자유화를 실시하더라도 금융위기가 발생할 가능성은 줄어든다. 하지만 그때까지 중국과 세계 경제가 침체기를 벗어나지 못한 상태에서 자본 자유화를 시도하면 2019~2020년경에 중국은 상업영역발 금융위기 가능성이 크다.

한국은 어떻게 될까? 브렉시트의 직접적인 타격은 적다. 한국의 대유럽 수출 비중은 10% 정도이고, 그중에서 영국이 차지하는 비중은 1.4%다. 하지만 세계 경제와 중국 경제가 오랫동안 불안정한 상태에 머무르게 되면 한국은 저성장 추세 장기화에 빠지게 될 가능성이 크다. 이럴 경우 한국의 기업과 가계도 부채를 더 늘려야 하는 상황에 빠진다. 그만큼 필자가 예측한 2018년 이후 금융위기 가능성은 증가한다. 반면 필자가 유로존의 미래에서 예측한 것처럼 최대 수혜국은 러시아가 될 것이다. 러시아는 유로존에 균열이 발생할수록 유럽과 아시아에서 정치적 이득이 커진다. 인도는 미래시장으로 부각되는 시기가 앞당겨질 것이다.

개인의 승부수

THE EXODUS OF OPPORTUNITY

21세기는 기계화 시대다. 기계화, 로봇자동화 비율이 높아질수록 미국이나 유럽의 기업들은 중국이나 베트남, 남미 국가 등으로 옮겼던 제조업에 대해 자국으로 리쇼어링reshoring을 가속화시킬 수 있다. 로봇자동화는 선진국 고용시장보다는 신흥국 고용시장에 더 큰 타격을 줄 것이다. 선진국 내에서도 로봇자동화는 제조업에서 근로자의 역할을 줄이는 것이 분명하다. 하지만 줄어드는 일자리는 제조업의 리쇼어링과 제조업 부흥으로 파생되는 IT산업, 제조업 장비 생산 및 리스, 금융산업, 생활밀착형 서비스, 특허 서비스, 기타 주변 산업 등의 활성화로 충분히 상쇄시킬 여력이 생긴다.[38]

---

[38] 심정택, 《현대 자동차를 말한다》(알에이치코리아, 2015), 257~260, 269쪽.

로봇자동화로 제조업이 좀더 첨단화되면 낮은 기술과 지식 수준의 일자리는 줄어들지만, 높은 기술과 지식 수준의 고급 일자리는 늘어난다. 즉 선진국에서는 로봇자동화가 경제 선순환의 피드백 고리를 작동시킬 가능성이 크다. 하지만 세계의 공장 역할을 했던 신흥국은 그 역할이 약화되기 때문에 로봇자동화로 인한 고용시장 타격이 불가피하다. 신흥국에서는 로봇자동화가 경제 악순환의 피드백 고리를 작동시킬 가능성이 크다.

산업혁명 초창기인 19세기에는 노동생산성이 연평균 1%씩 증가했다. 이런 증가 속도에서는 생활수준이 2배로 높아지는 데 70년이 걸렸다. IT혁명이 일어난 1990~2009년 미국 노동생산성은 연평균 2~2.5% 증가했다. 만약 IT혁명을 뛰어넘는 기술혁명으로, 21세기에 노동생산성이 연평균 4%씩 증가한다면, 같은 70년 동안 우리의 생활수준을 16배 높일 수 있다.[39] 하지만 20세기 말에 나타난 기술혁명들은 생활수준을 더 빠르게 높여줄 수는 있지만, 일자리 증가율에는 거의 기여를 하지 못하고 있다. 10년 주기로 미국의 일자리 증가율을 분석한 자료에 의하면, 1960년대는 31.3%, 1970년대는 27.6%, 1980년대는 20.2%, 1990년대는 19.8%였지만, 2000년대에 들어서 일자리 증가율은 평균 제로에 가까운 상황으로 반전했다. 같은 기간 미국의 비농업 분야의 연평균 생산성 증가율은 1.6~2.7%를 유지했다.[40] 20세기 중후반까지는 기술혁명이 일자리 증가를 견인

---

39 에릭 브린욜프슨·앤드루 매카피, 《기계와의 경쟁》, 정지훈·류현정 옮김(틔움, 2013), 42쪽.
40 에릭 브린욜프슨·앤드루 매카피, 《기계와의 경쟁》, 79쪽.

했지만, 20세기 말부터는 기술혁명이 일자리를 파괴하기 시작했다.

19세기 후반에 멜 프리드먼Mel Friedman이 《존 헨리의 전설The Legend of John Henry》이라는 소설을 발표했다. 주인공 존 헨리는 철도 건설 현장에서 일하는 힘센 근로자로, 증기드릴과 바위에 구멍을 뚫는 시합을 벌인다. 결과는 어떠했을까? 다행히 존 헨리의 승리였다. 하지만 그는 증기드릴과의 대결에 모든 힘을 쏟은 나머지 심장이 터져서 죽고 만다. 기계에 대한 인간의 불안감이 반영된 소설이다.[41] 기계화 시대에 개인에게 도래하는 새로운 병이 있다. 바로 기술적 실업technological unemployment이다.[42] 기술적 실업에 빠지지 않으려면 기계와 인간이 할 일을 구별해서 준비해야 한다. 현재 상황에서 기계화 시대에 인간이 할 수 있는 일은 크게 다섯 가지다.

> 첫째, 기계가 일을 할 수 없는 영역에서 일한다. 복잡한 3D 업종이나 완전히 창의적인 영역이다.
> 둘째, 기계를 작동시키거나 관리 및 유지하는 데 필요한 노동과 지식을 공급한다.
> 셋째, 기계와 함께 협업하는 곳에서 일한다.
> 넷째, 기계를 활용해서 인간 노동생산성을 증가시키는 창의적인 일을 한다.
> 다섯째, 새로운 기계를 만드는 일을 한다.

---

[41] 에릭 브린욜프슨·앤드루 매카피, 《기계와의 경쟁》, 111~112쪽.
[42] John Maynard Keynes, *Economic Possibilities for Our Grandchildren*(1930).

가상세계에서 길을 찾으라

THE EXODUS OF OPPORTUNITY

한 가지 팁을 더하자면, 기계화 시대에 개인은 가상세계에서 길을 찾아야 한다. 가상세계의 발전은 개인에게 더 많은 기회를 줄 것이다. 개인에게 새로운 기회를 가져다줄 가상세계가 어떻게 발전하고 있는지를 예측하는 데 도움이 되는 몇 가지를 설명해보겠다.

인간이 발명한 가장 위대한 기술은 기원전 3200년경 메소포타미아에서 발명된 '문자'다. 문자는 정보와 지식을 기억하고 전달하는 능력을 향상시켰다. 정보와 지식을 구조화하여 검색과 배포, 학습을 용이하게 했다. 인쇄술의 발명은 언어의 힘을 강화시켰다. 인쇄 기술의 발명으로 읽고 쓰는 언어 능력이 소수의 권력자에서 전 인류 속으로 더 멀리 빨리 퍼지면서 정보의 조직화를 가속화했다. 조직화된 정보와 지식은 학문이라 불리며 인간, 물질, 사회를 재구성하는 힘을 제공했다. 잘 정돈되고 조직화된 정보와 지식은 도구, 기술, 발명품을 재생산하면서 인간 생활수준을 믿을 수 없을 정도로 발전시켰다.

증기기관의 발명도 중요하다. 증기기관은 두 가지 변화를 만들었다. 하나는 사람과 가축의 근력 한계를 뛰어넘는 기계력power of machine의 발명이다.[43] 다른 하나는 에너지 활용 효율성 향상 기술이다. 18세기 후반 제임스 와트 이전에도 증기기관은 있었다. 하지만 단 1%의 에너지만 사용하는 아주 비효율적인 기계였다. 제임스 와트의 증기기관은 에너지 효율을 3배 이상 끌어올렸다.[44] 증기기관 이후 인간은 에너지 효율성을 향상시킬 수 있는 첫발을 내딛었다. 에너지 효율성 향상 기술은 기계를 통한 근력의 향상과 자동계산기를 통한 두뇌 향상 능력을 대량화할 수 있는 길을 열었다. 그리고 에너지 효율성 향상 기술과 '컴퓨터와 인터넷'의 발명의 결합은 저렴한 가격으로 정보와 지식을 빛의 속도로 우주 어디에나 스며들게 하는 길을 열었다.

마셜 매클루언Marshall McLuhan은 기술을 확장된 몸으로 인식했다. 예를 들어 옷은 피부의 확장이고, 바퀴는 발의 확장이고, 카메라는 눈의 확장이다. 이런 맥락에서 증기기관으로 시작된 기계적 로봇은 인간 몸의 확장이고, 자동계산기인 컴퓨터는 두뇌의 확장이

---

[43] 에릭 브린욜프슨·앤드루 매카피, 《제2의 기계시대》, 이한음 옮김(청림출판, 2014), 11~13쪽.

[44] Louis C. Hunter and Eleutherian Mills-Hagley Foundation, *A History of Industrial Power in the United States, 1780-1930: Steam Power*(Charlottesville, VA: University Press of Virginia, 1979), 601.

다. 그리고 컴퓨터와 인터넷의 발명은 확장된 몸을 넘어, 현실세계에서 찾아낸 정보와 지식을 가지고 가상의 세계를 만들어내는 도구와 틀이 되었다.

컴퓨터와 인터넷은 디지털기술의 핵심이다. 디지털기술은 인간의 가장 위대한 발명인 아날로그 문자를 on/off 신호로 디지털화했다. 정보를 문자로 기록할 수 있는 기술이 경이로운 인류 발전의 첫 번째 기틀이었다면, 아날로그 문자로 된 정보를 디지털화할 수 있는 기술은 경이로운 인류 발전의 두 번째 기틀이다. 문자가 의사소통과 협업의 첫 번째 혁명이었다면, 디지털화 기술은 의사소통과 협업의 두 번째 혁명이다. 첫 번째 혁명은 인류 전체가 의사소통과 협업이 가능하게 했고, 두 번째 혁명은 인간과 기계가 의사소통하고 협업할 수 있게 했다. 첫 번째 혁명은 인간의 생각, 감정, 상상을 1차원의 점과 선(문자)으로 기록할 수 있게 했다. 두 번째 혁명은 인간의 생각, 감정, 상상을 3차원 현실로 재생시킬 수 있게 했다. 여기까지가 '제1차 가상기술 혁신(제1차 가상혁명)'이 탄생하게 된 역사다.

'제2차 가상기술 혁신(제2차 가상혁명)'의 핵심개념은 현실세계와 가상세계의 경계 파괴다. 가상세계는 현실세계에서 발견하고 생성한 정보와 지식을 가지고 만든 새로운 세상이다. 현실에는 존재하지 않고 기술적으로만 존재하는 세상이다. 그러나 기술이 발전하면 할수록 현실보다 더 현실 같은 세상이 된다.

제2차 가상기술 혁신으로 끝나지 않는다. 기술의 자기생성 충동이 '제3차 가상기술 혁신(제3차 가상혁명)'을 만들어낼 것이다. 제3차 가상기술 혁신의 핵심개념은 가상과 현실이 완전히 하나가 된다는 것이다. 제2차 가상기술 혁신 시대는 인간이 가상세계를 작동시킨다면, 제3차 가상기술 혁신 시대는 인공지능이 가상세계를 작동시킨다.

이런 시대가 가능할까? 첫째, 기술 발전의 속도가 가능하게 해준다. 1965년 고든 무어Gordon Moore는 〈더 많은 부품을 집적회로에 몰아넣기Cramming More Components onto Integrated Circuits〉라는 논문에서 다음과 같은 예측을 했다.

> 최소 부품비용의 집적도complexity for minimum component costs는 연간 약 2배의 속도로 증가해왔다. (…) 단기적으로 이 속도는 설령 증가하지 않는다고 할지라도 유지될 것이라고 예상할 수 있다. 더 장기적으로 보면, 증가 속도는 좀 더 불확실하다. 하지만 적어도 10년 동안은 거의 일정하게 유지될 것이라고 믿는다.[45]

이른바 '무어의 법칙'이다. 무어는 1달러로 살 수 있는 집적회로의 연산 능력이 매년 2배로 늘어난다면, 1975년이면 1965년보다 성능이 500배 높은 트랜지스터가 가능하다는 대담한 예측을 했다. 1975년에 무어는 배가 되는 기간을 1년에서 2년으로 수정했다. 그 후로 무어의 법칙은 18개월마다 2배로 늘어나는 주기를 유지하며

---

[45] 에릭 브리욜프슨·앤드루 매카피, 《제2의 기계시대》, 58쪽.

40년간 지속되고 있다.

다른 물리적 영역과는 다르게 IT 영역에서는 물리학 법칙에 따른 제약이 훨씬 덜한데다, 5~7년 주기로 물리적 한계에 부딪힐 때마다 우회로를 찾는 '영리한 땜질brilliant tinkering'이라는 전략을 사용했기 때문에 지속적인 배가의 힘이 작동 중이다. 예를 들어 집적회로에 더 이상 배선을 몰아넣기 힘들자, 인텔Intel은 한 층을 더 쌓는 법을 개발하여 우회로를 확보했다.[46] 그런가 하면 '동시 위치추적 및 지도작성simultaneous locallization and mapping(SLAM)'을 기계에게 가르치는 것은 인공지능 분야의 오래된 도전과제였다. 이 주제를 다룬 2008년의 한 논문은 기계가 추적해야 할 범위가 커질수록 분석과 계산을 위한 컴퓨터 비용이 엄청나게 늘어나고 불확실성도 커지기 때문에 현재의 기술로는 거의 불가능하다는 결론을 내렸다. 하지만 이 논문이 나온 지 2년 후인 2011년 8월, 마이크로소프트의 가정용 게임기 엑스박스의 150달러짜리 주변기기인 키넥트에 의해 불가능이 가능으로 바뀌었다.[47] 영리한 땜질 전략 덕분이었다. 키넥트는 게임자 두 명의 관절 40개를 동시에 포착, 추적하고 조명과 소음 속에서도 게임자의 얼굴, 목소리, 몸짓까지도 분별한다. 이 밖에도 무어의 법칙에 따라 지속적으로 비용 대비 성능이 향상되면서, 2012년 IBM의 슈퍼컴퓨터 왓슨은 1997년 체스 세계챔피언을 이겼던 딥블루보다 100배 뛰어난 성능을 갖게 되었고, 아이폰 4S는

---

[46] 에릭 브린욜프슨·앤드루 매카피, 《제2의 기계시대》, 60쪽.
[47] 에릭 브린욜프슨·앤드루 매카피, 《제2의 기계시대》, 73쪽.

10년 전 애플의 최고 사양 노트북이었던 파워북 G4와 같은 성능을 갖게 되었다.[48]

둘째, 인간의 도전정신과 능력이 가능하게 해준다. 우리는 케네디 J. F. Kennedy 대통령이 인간을 달에 보내겠다는 야심차지만 무모한 듯 보이는 목표를 세워 8년 만에 성과를 냈던 것을 기억한다. 이런 사례는 적지 않다. 2002년 미국 국방첨단연구계획국(DARPA)은 자율주행 자동차로 캘리포니아 모하비 사막 250킬로미터를 완주한다는 그랜드 챌린지 경주 계획을 발표했다. 2004년 3월 13일, 100만 달러 우승상금이 걸린 역사적인 첫 번째 경주가 열렸지만 참담한 결과가 나왔다. 15대의 자율주행 자동차 중에서 두 대는 출발도 못 했고, 한 대는 출발하자마자 뒤집혔고, 출발 후 얼마 되지 않아 여덟 대는 경주를 포기 했다. 선두를 달리던 카네기멜론 대학의 무인자동차 샌드스톰도 12킬로미터를 달린 후 U자로 굽은 도로를 지나다가 제방에 처박히고 말았다. 완주한 자동차는 한 대도 없었다. 언론은 이 행사를 "DARPA의 사막 대실패"라고 조롱했다.[49] 조롱거리가 된 지 6년 후, DARPA가 자율주행 자동차 개발을 천명한 지 8년 만인 2010년 10월, 구글은 자신들이 만든 자율주행 자동차가 미국의 실제 교통상황하에서 스스로 주행하는 데 성공했다는 발표를 했다. 웬만한 기술혁신은 목표를 수립한 후 10년 정도 인력과 기술과 자본을 지속적으로 투자하면 괄목할 만한 성과를 낼 수 있음을 보여

---

48 에릭 브린욜프슨·앤드루 매카피, 《제2의 기계시대》, 70쪽.
49 에릭 브린욜프슨·앤드루 매카피, 《제2의 기계시대》, 31쪽.

주는 또 다른 사례다.

2002년경 필자가 미국에서 유학생활을 하고 있을 때 음성인식 소프트웨어를 처음 접했다. 영어를 한창 배울 때여서 라디오에서 흘러나오는 영어 방송을 음성인식 소프트웨어를 통해 텍스트로 바꿔서 공부해볼 심산이었다. 하지만 결과는 참담했다. 자동 음성인식 기술은 거의 반세기 정도 연구된 기술이었지만 쓸모없는 수준이었다. 아니나 다를까, 2004년에 인간 수준의 음성인식 기술은 거의 불가능한 목표라고 평가한 논문이 나왔다.[50] 하지만 그런 평가가 나온 지 10년이 채 못 되어 애플이 아이폰에 상당한 수준의 자연어 처리가 가능한 '시리'를 탑재하여 불가능의 벽을 깼다. 더 놀라운 사실도 있다. 2011년 2월 14~15일 이틀 동안 완벽한 자연어 처리 능력을 가진 슈퍼컴퓨터 왓슨이 〈제퍼디Jeopardy〉 퀴즈쇼에서 역대 최강의 우승자 켄 제닝스Ken Jennings를 꺾어 세상을 깜짝 놀라게 했다. 자연어 처리만 완벽했던 것이 아니라, 생각하는 기계의 길을 연 것이었다. 왓슨과 대결한 켄 제닝스는 "20세기에 새 조립라인 로봇이 등장하면서 공장 일자리가 사라졌듯이, 브래드와 나는 새로운 세대의 '생각하는' 기계에 밀려난 최초의 지식산업 노동자입니다"라는 말을 했다.[51]

셋째, 기술 자체의 추진력이 가능하게 해준다. 기술은 새로운 기회를 만들어낸다. 새로운 기회는 진보의 엔진이다. 기술은 상호연

---

50 에릭 브린올프슨·앤드루 매카피, 《제2의 기계시대》, 36쪽.
51 에릭 브린욜프슨·앤드루 매카피, 《제2의 기계시대》, 42쪽.

결되고 상호의존하며 전체가 하나의 시스템을 이루어 거의 생물처럼 유기적으로 발전하면서 새로운 기술과 기회를 만든다. 케빈 켈리Kevin Kelly는 망치가 없으면 톱날을 두드릴 수 없고, 톱이 없으면 망치 손잡이를 자를 수 없는 것처럼 기술과 기술, 발명과 발명은 서로 몹시 뒤얽혀 새로운 기술과 더 많은 도구, 더 많은 발명품을 낳으며 자기추진력을 가진 상호연결된 기술계system of technology를 만든다고 주장했다. IT 전문지 〈와이어드Wired〉의 공동 창간자이자 초대 편집장을 지낸 케빈 켈리는 마치 생명체처럼 자기생성 충동을 가진 유기적이고 자기강화적 창조력을 가진 기술계를 '테크늄technium'이라 칭했다.[52] 자기생성 충동을 가진 생명체처럼 강화 피드백을 하며 진화하는 기술계는 현재의 기술로 해결할 수 없는 문제를 미래의 기술로 해결하는 길을 스스로 연다. 예를 들어, 1990년 인간게놈 지도 만들기 프로젝트가 시작될 때만 해도 전문가들조차 당시의 스캔기술과 속도로 수천 년이 걸릴 것이라고 조롱했다. 맞다. 1990년의 기술로는 불가능한 목표였다. 하지만 전문가들의 조롱은 기술계 전체의 발달과 진화력을 무시한 어리석은 태도였다. 인간게놈 프로젝트는 급진적 연구자들의 15년이면 가능할 것이라는 예측보다 더 빨리, 불과 13년 후 완성되었다.[53]

넷째, 기술지능과 인간지능의 선순환이 가능하게 해준다. 미래학자 레이 커즈와일은 자신의 진화이론에서 제5단계인 '기술과 인간

---

[52] 케빈 켈리, 《기술의 충격》, 이한음 옮김(민음사, 2011), 17~21쪽..
[53] 레이 커즈와일, 《특이점이 온다》, 104~105쪽.

지능의 융합' 시대를 다음과 같이 설명했다.

> 몇십 년 안에 특이점과 함께 다섯 번째 시기가 도래할 것이다. 우리 뇌에 축적된 광대한 지식이 더 크고 빠른 역량과 속도, 지식 공유 능력을 갖춘 기술과 융합하면서 시작될 것이다. 이 시기에 인간-기계 문명은 연결이 100조 개에 불과한, 처리 속도가 몹시 느린 인간 뇌의 한계를 초월할 것이다. 특이점과 더불어 우리는 인간의 오랜 문제들을 극복하고 창조성을 한없이 확대하게 될 것이다. 생물학적 진화의 뿌리 깊은 한계를 극복할 뿐 아니라 진화의 과정을 거치며 얻은 지능을 보존하고 강화하게 될 것이다.[54]

커즈와일에 의하면 우리는 지금 제4단계에 해당하는 '기술' 시대를 살고 있다. 이성적으로 추상적인 사고력과 도구를 사용할 수 있는 인간의 뇌가 기술 진화를 견인하는 시대다.

가상혁신은 가상국가나 가상공동체를 만들어낸다. 가상국가나 가상공동체는 같은 철학, 관심사을 가진 사람들이 가상에서 상호연결성을 갖고 집단적 행동을 하는 공동 플랫폼이다. 디지털 플랫폼이기 때문에 물리적 공간의 제약에서 벗어나 무한한 수의 공동체를 만들 수 있다. 디지털 플랫폼이기 때문에 빠르고, 효율적이고, 공격적으로 확산될 수 있다. 그렇지만 살아 있는 공동체의 속성을 다 가

---

[54] 레이 커즈와일, 《특이점이 온다》, 41쪽.

지고 있기 때문에 정치, 경제, 비즈니스, 미디어, 종교, 사회규범 등의 영역에서 활동이 가능하다. 그 자체로 세계다. 작으면 마을, 크면 국가처럼 작동할 수 있다. 현실과 동일한 사회활동을 하고 비슷한 구조를 갖출 수 있기에, 현실 공동체인 마을, 집단, 국가 등과 거의 모든 부분에서 경쟁 구도를 형성할 수 있다. 참고로 다음은 가상세계가 형성되는 데 필요한 조건들이다. 몇몇은 이미 현실화되었고, 나머지는 계속해서 만들어져갈 것이다.

첫째, 가상의 땅(영토) 2차원 가상의 땅에서 3차원 가상의 땅으로 발전 중이다. 텍스트 → 2D → 3D → 휴먼인터페이스 & 촉각 테크놀로지 → 가상현실 & 홀로그램 → 유비쿼터스 네트워크 환경 → 인공지능 → 뇌인터페이스

둘째, 가상의 시민 2차원 아바타에서 3차원 아바타로 발전 중이다. 2D 아바타 → 3D 아바타 → 인공지능 & 개인 빅데이터 → 뇌 연결 아바타 → 인간 정신 이식으로 최종 발전

셋째, 생산에서 교역에 이르기까지 가상의 경제활동 가상 실물경제와 가상 금융경제 활동이 이루어져야 한다. 가상세계의 실물경제는 가상의 재화와 서비스를 거래하는 것부터 현실의 재화와 서비스를 결합하는 것까지 다양한 조합이 가능하다. 가상세계의 금융경제도 가상의 금융상품을 거래하는 것부터 시작하여 완전한 가

상화폐의 유통까지 다양한 조합이 가능하다. 미래의 화폐는 세 가지로 나뉠 것이다. 현실에서 주조되고 현실과 가상에서 동시에 통용되는 달러와 원화 같은 '현실화폐', 가상에서 만들어지고 현실과 가상에서 동시에 통용되는 비트코인 같은 '디지털화폐', 그리고 가상에서 주조되고 가상에서만 통용되는 '완전한 가상화폐'다.

넷째, 가상세계 관리 행정 시스템 가상세계도 현실국가나 공동체처럼 안정적 운영과 사회 발전을 관리, 감독, 유지, 지원하는 행정과 치안을 담당하는 시스템이 필요하다.

다섯째, 가상세계 방위 시스템 가상세계도 외부 공격에 맞서 국가나 공동체를 방어할 수단이 필요하다. 다른 가상국가의 공격이나 현실세계의 해킹 공격을 방어할 방위체제, 즉 강력한 보안 시스템이 필요하다.

여섯째, 가상공동체 및 국가 자치 시스템 현실세계처럼 가상세계도 국가나 도시 혹은 마을 같은 작은 공동체의 틀을 갖추려면 가상시민들의 자치행위가 필요하다.

2030년까지 진행될 제2차 가상기술 혁신은 가상과 현실의 경계를 파괴하고 새로운 상호연결의 장을 만들면서 생산성, 건강, 교육, 산업, 비즈니스, 종교, 생활방식에 이르기까지 현실세계의 거의 모든 분야에 영향을 미치고 변화를 강요할 것이다. 제2차 가상기술 혁신은 제1차 가상기술 혁신 때처럼 더 많은 사람이 과거보다 좀 더 평등해진다는 느낌을 갖게 할 것이다. 구글 회장 에릭 슈미트Eric Schmidt의 말처럼, 현실세계는 여전히 불평등이 지속되거나 더 악화될 수 있지만, 가상세계는 똑같은 기본 플랫폼, 정보, 가상자원에 누구나 최저 비용이나 무료로 접근하게 해주기 때문에 사람들이 보다 평등하다는 느낌을 받게 해준다. 날로 진보하기 때문에 평등 혜택은 더 커질 수 있다. 날로 발달하는 가상세계 기술로 인해 교육 평등과 비즈니스 기회가 확대되고, 사회참여 불평등 같은 난제를 해결할 실마리를 제공할 수 있다.[55] 절대적 빈곤과 기회 박탈 문제는 해결될 가능성이 커진다.

제2차 가상기술 혁신은 후진국이나 가난한 사람들을 지배하는 비효율적인 시장, 시스템, 물리적 장벽, 행동들을 개선하거나 효율성을 높이는 데 좋은 도구를 제공하게 될 것이다. 새로운 개념의 사회복지 형성과 모바일 환경에 연결되기만 하면, 현실에 존재하는 부를 얻지 못하게 가로막는 현실적 장벽들을 몇 단계는 순식간에 넘을 수 있게 해준다. 과거에는 한 나라를 성장시키는 데 엄청난 자본, 기술 이전, 산업 형성 등이 필요했다. 그러나 제2차 가상기술 혁신의 시대는 모바일 인프라, 저렴한 스마트 디바이스, 3D 프린터 등만을 가지고도 국가 차원의 큰 변화를 시도해볼 수 있다.

---

[55] 에릭 슈미트·제러드 코언, 《새로운 디지털 시대》, 27~28쪽.

예를 들어 콩고의 여성 어부들에게 기본 기능만 갖춘 아주 저렴한 휴대전화를 보급하자, 전화를 통한 판매가 가능해졌다. 과거에는 매일 잡은 물고기를 시장에 가져가 판매하느라 유통 과정에서 물고기가 상하거나 팔지 못하는 일이 잦았지만, 이들이 이제는 물고기를 강 한편에 가둬두었다가 고객에게 전화가 오면 싱싱한 상태로 판매할 수 있게 되었다. 값비싼 생선 보관용 냉동고도 필요 없고, 더 멀고 더 큰 시장까지 나가지 않아도 된다. 휴대폰으로 연결되는 다른 지역의 어부들과 전화를 통해 시장 규모를 더 넓힐 수도 있다.[56] 이런 모습은 1차 가상기술 혁신만으로도 가능한 변화다. 이런 맥락에서 가상과 현실의 구분이 없어지고, 언어 경계가 파괴되고, 완전한 전 지구적 연결이 이루어지며, 누구나 인공지능을 갖춘 가상 비서를 소유하게 되는 제2차 가상기술 혁신 시대가 되면 절대빈곤과 지역적 고립이라는 문제에 한 단계 진일보한 해결책이 가능할 것이다. 현실세계에서 아메리칸드림이 있었던 것처럼, 아프리카에 사는 아이가 능력만 있다면 미국에 직접 가지 않아도 원하는 꿈을 이룰 수 있는 그런 세상이 가능하다. 물론 자신의 꿈을 이루게 해줄 능력도 가상세계에서 갈고 닦을 수 있다.

2012년 MIT 미디어랩은 에티오피아 초등학생들에게 사전 지도나 교사 없이 교육용 애플리케이션이 깔린 태블릿 PC만으로 몇 달 만에 아이들에게 완전한 영어 문장을 쓸 수 있도록 교육을 시켰다.

---

[56] 에릭 슈미트·제러드 코언, 《새로운 디지털 시대》, 28~29쪽.

2012년 24세의 케냐 청년인 앤서니 무투아Anthony Mutua는 케냐의 수도 나이로비에서 열린 과학박람회에 자신이 만든 제품을 출시했다. 무투아가 만든 초소형 칩을 신발 밑창에 넣고 걸으면 휴대전화를 충전할 수 있는 전기가 생산된다. 무투아의 발명품은 투자를 받고 대량생산될 예정이다. 중국이나 동남아의 내륙 산간 오지에 있는 여인도 다른 대륙에 있는 유능한 변호사의 법률 조언을 받을 수 있고, 유능한 의사에게 건강 상태에 대한 상담을 받을 수 있다.[57]

이미 아프리카에 있는 어린아이라도 새로운 차원의 교육과 협업 분야를 초월한 정보·지식·아이디어의 전 세계적인 교류 및 학습을 할 수 있고, 아이디어만 있으면 연구개발을 하고 투자금을 받고 물건을 생산해 수입을 획기적으로 늘릴 수 있는 길이 열렸다. 제2차 가상기술 혁신 시대는 이런 혜택이 더 넓고 빠르게 퍼질 것이다. 더 진보한 수준으로 향상될 것이다. 지역의 장벽과 상관없이 잠재력을 마음껏 발휘할 수 있는 보편적 기회가 평등하게 제공될 것이다. 그러나 1인 슈퍼스타의 출현이나 세계적 차원의 경쟁으로 내몰리는 새로운 변화로 소득 불균형 문제는 더 악화될 가능성이 크다.

이런 제2차 가상기술 혁신의 시대에 선진국 사람들은 어떤 혜택을 볼까? 네트워크, 신체 에너지, 시간, 공간, 돈, 지식을 보다 효율적으로 사용할 수 있는 환경을 얻게 된다. 특히 3D 프린터로 선진화된 개인 제조기술 서비스가 가능해짐에 따라, 자기가 원하는 특

---

[57] 에릭 슈미트·제러드 코언, 《새로운 디지털 시대》, 37~41쪽.

별한 사양을 갖추고 요구를 충족시킬 새로운 기회를 얻게 된다. 과거에 여성들이 전기밥솥, 세탁기, 냉장고, 청소기 등으로 일상의 반복적이고 소모적인 자질구레한 일들에서 어느 정도 시간과 에너지를 아낄 수 있었듯이, 미래의 선진국에서도 일상적으로 처리해야 할 소소한 일들에서 좀 더 해방될 수 있을 것이다. 또한 물리적 공간 장벽을 완전히 해결하여 탁월한 이동성을 가질 수 있을 것이다. 예를 들어 기술 발달로 자동차, 항공기 등 물리적 이동수단들의 속도도 계속 빨라질 것이다. 가상공간을 더 많이 사용함으로서 생각의 속도로 지구 반대편의 사람들과 연결이 가능하다. 지구 반대편의 사람들과 대부분의 사회생활을 함께 할 수 있다. 홀로그램이나 로봇 등을 활용하면 가상의 나를 내가 원하는 어느 곳에든 즉시 이동시킬 수 있다. 물리적인 국경이나 언어의 장벽을 완전히 극복하고 내가 만나고 싶은 사람, 알지 못했던 사람, 이질적인 지역에 있는 사람들과 가상의 한 공간에 모여 대화하고, 경제활동을 하고, 마음을 나누는 일이 가능해진다.

제3차 가상기술 혁신은 환상시대의 문을 열게 될 것이다. 환상시대는 인간과 모든 사물이 연결되어 인간의 두뇌와 몸이 생물학적 발전의 한계를 극복하는 것이 가능해지는 시대다. 인간의 지능이 모든 사물에 속속들이 스며들면서 사물을 자신의 정신과 근육처럼 사용할 수 있는 시대가 된다. 그 후에는 레이 커즈와일이 예측한 것처럼 인간의 지능이 모든 물질, 에너지 속으로 스며들고 이를 조정하는 능력에 이르면서, 지구라는 공간의 한계를 벗어나 먼 우주까

지 정신과 행위의 영역을 넓히는 것도 가능하게 될 것이다.[58]

21세기는 이런 기술을 활용하여 몸과 두뇌의 연장력을 가진 슈퍼스타 1인 기업이 많이 등장할 것이다. 이런 기회에 대비하라. 이미 《반지의 제왕The Road of the Rings》의 작가인 J. R. R. 톨킨J. R. R. Tolkien이나 《해리 포터Harry Potter》의 작가인 조앤 K. 롤링Joan K. Rowling 등은 디지털 시대와 세계화 시대라는 새로운 상황, 생산성을 극대화할 수 있는 신기술에 힘입어 셰익스피어보다 훨씬 더 많은 수익과 영향력을 얻어가고 있다.[59] 그 이유는 첫째, 디지털 상품은 생산 능력의 한계가 무의미해져간다. 둘째, 가상세계에서 현실 세계의 시장을 겨냥한 마케팅을 하고 시장을 확대할 수 있으므로 마케팅 비용이 제로에 가까워져간다. 셋째, 네트워크 선호도 효과와 무한한 상호작용이라는 '네트워크 효과'에 의해 빠른 시간 안에 승자독식 시장이 형성될 수 있다. 넷째, 실제 세상조차 무역 장벽이 해체되면서 이동비용이 감소하고 시장 진입장벽이 낮아지고 있다. 다섯째, 3D 프린팅, 빅데이터 등 신기술들이 과거보다 빠르고 저렴하게 보급되면서 리서치 및 개발비용이나 제조비용이 현저히 낮아지고 있다.

---

58 레이 커즈와일, 《특이점이 온다》, 41쪽.
59 에릭 브린욜프슨·앤드루 매카피, 《제2의 기계시대》, 192쪽.

제갈공명처럼
미래 바람을 이용하라

THE EXODUS OF OPPORTUNITY

"내가 가진 역량이 부족한데, 미래를 어떻게 준비해야 합니까?"
이런 질문을 하는 사람들에게 꼭 해주는 마지막 한마디가 있다.

"제갈공명처럼 미래 바람을 이용하라!"

대부분의 사람들은 지금 자신에게 있는 것만을 가지고 미래를 생각한다. 시간이 지날수록 자신의 역량도 계속 성장할 수 있다는 것을 생각하지 않는다. 지금 내게 없는 역량을 미래에는 저렴한 가격으로 혹은 공짜로 구매할 수 있다는 생각을 하지 않는다. 미래가 빨리 변하고, 기술이 인간의 능력을 능가한다는 것은 분명 위협이다. 그러나 현재 인간보다 더 뛰어난 인간을 탄생시킬 수 있는 가능성도 커진다. 이것을 이용해야 한다.

나관중羅貫中이 지은 《삼국지三國志》에서 적벽대전을 묘사하는 장에 주유가 머리를 싸매고 드러누운 장면이 나온다. 주유는 조조의 수채를 살피던 중 갑자기 미친 듯 몰아치는 바람에 꺾여 부러진 대장기에 뺨을 맞아 시뻘건 피를 토하며 쓰러져 혼절한다. 주유가 갑자기 쓰러지자 노숙이 제갈공명을 찾아간다. 자초지종을 다 들은 제갈공명은 미소를 지으며 자기가 주유의 병을 깨끗하게 낫게 할 수 있다고 한다. 노숙의 안내로 주유를 만난 제갈공명은 괴로운 듯 누워 있는 주유의 병의 원인이 무엇인지 안다는 듯 종이와 붓을 가져와 열여섯 자를 써내려간다. 주유는 제갈공명이 쓴 이 글귀를 읽고 벌떡 일어선다.

欲破曹公(욕파조공) 조조를 깨뜨리려면
宜用火攻(선용화공) 마땅히 화공을 써야 하리
萬事俱備(만사구비) 모든 걸 갖추었으되
兄缺東風(형결동풍) 다만 동풍이 없구나

208년, 강북을 평정한 조조가 최대 라이벌 유비를 처단하기 위해 군사를 몰고 남하하자, 쫓기던 유비는 강남의 실권자인 오나라 손권에게 제갈공명을 보내 연합을 제안했다. 손권은 조조에게 항복하고 화친해야 한다는 신하들을 뿌리치고 유비와 연합해 결사항전을 선포한다. 이렇게 시작된 전쟁이 삼국지에서 가장 유명한 적벽대전

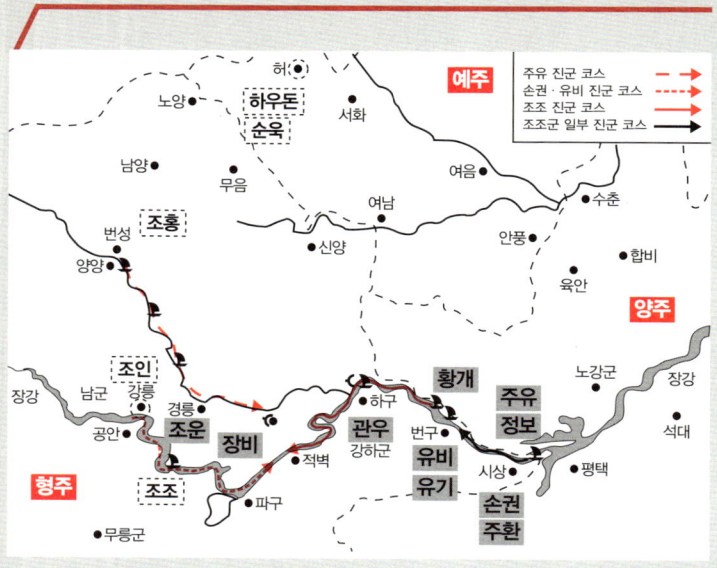

이다.

조조의 대군과 유비, 손권 연합군이 적벽에서 전투를 벌이기 전날, 책략가 방통은 손권을 도우려는 목적을 숨기고 조조를 만난다. 조조는 방통을 환대하며 수전 경험이 없는 병사들이 뱃멀미로 고생하는 데 대한 대책을 물었다. 방통은 모든 배를 하나로 연결하는 이른바 연환지계連環之計를 펼치면 흔들림이 없어 군사들을 보호할

---

60 이중톈, 《삼국지강의 1》, 김성배·양휘웅 옮김(김영사, 2007), 458쪽.

수 있다고 부추겼다. 방통은 적벽 부근에 등나무가 많은 것을 보고, 조조군의 배를 쇠사슬로 묶은 후 불로 공격하는 계책을 떠올렸던 것이다.

주유 입장에서는 화공을 쓰면 승리를 얻을 수 있었다. 문제는 바람의 방향이었다. 주유가 병석에 드러누운 것도 바람의 방향을 보고 낙심한 때문이었다. 동지섣달이라 서북풍이 불어서 화공火攻이 불가능했다. 조조 역시 이런 상황을 잘 알았기에 연환지계를 자신 있게 구사할 수 있었다.

제갈공명은 주유의 이런 마음을 간파하고 그 유명한 열여섯 자 글귀를 써주고 동남풍을 불러오겠다고 큰 소리를 치고 나왔다. 제갈공명은 진지를 꾸린 적벽에서 도보로 10분 정도 걸리는 남병산에서 아홉 자 높이로 삼층 칠성단을 쌓고 동남풍을 부르는 제를 지낸다. 주유에게는 단 하루라도 동남풍이 불어준다면 전쟁에서 이길 확률이 100%였다. 제갈공명은 주유에게 동남풍이 불 날짜까지 알려주었다.

"동짓날 스무날 갑자일부터 바람이 일어 스무이틀 병인일에 그치게 하겠습니다!"[61]

그 뒤에 무슨 일이 일어났는지는 독자들도 잘 알 것이다. 《삼국연의三國演义》의 〈오주전吳主傳〉에 당시의 상황을 이렇게 묘사한다.

---

61 나관중, 《삼국지》, 이문열 옮김(민음사, 1988), 116쪽.

손권이 주유와 정보를 파견하여, 수군 수만 명을 거느리고 가서 선주와 힘을 합하게 하니, 조공을 적벽에서 싸워 크게 격파하고 그들의 함선을 불태웠다.[62]

제갈공명이 장담한 그날에 동남풍이 일어 조조의 군대는 대패한다. 전문가들 사이에서는 이때 대패한 조조의 군대가 100만이냐 50만이냐 하는 논쟁이 있다. 어떤 전문가들은 40만, 30만, 20만으로 보며, 심지어 5,000명에 불과했을 것이라는 주장도 한다.[63] 조조의 군대 숫자가 얼마였든 상관없이, 조조가 적벽대전에서 대패한 데는 여러 가지 원인이 있었다. 예를 들어, 중국에서 가장 유명한 인문학자이며 베스트셀러 작가인 이중톈易中天 교수는 '사스' 혹은 '조류독감'이 번져서 급격하게 전투력이 약화된데다, 황제의 힘을 등에 업고 군사상으로도 절대적 우위에 있던 조조의 자만심도 패배에 한몫을 했다고 평가한다.[64] 하지만 전쟁의 승패를 가른 결정적한 방은 '바람'이었다.

사실 제갈공명이 제단을 쌓고 기도를 해서 바람을 바꿨다는 이야기는 허구다. 하지만 분명한 것은 군사적으로 절대적 열세였던 유비와 손권의 연합군이 조조를 이긴 것은 가지고 있는 전력만으로는 불가능했다. 상황이 변하면서 불어온 바람이 절대적이었다. 우리의

[62] 이중톈, 《삼국지강의 1》, 453쪽.
[63] 이중톈, 《삼국지강의 1》, 447쪽.
[64] 이중톈, 《삼국지강의 1》, 459쪽.

미래도 마찬가지다. 당신이 가진 역량으로는 다가오는 문제를 해결하기 역부족일 것이다. 자기가 가진 역량으로 충분히 극복하고도 남는 문제는 문제가 아니다. 과제일 뿐이다. 당면한 군제, 그리고 다가오는 변화가 만들어낼 새로운 두려움과 위험이 걱정되는가? 당신이 가진 역량으로는 턱없다고 판단되는가? 그러나 낙심하지 말라. 미래의 상황이 당신에게 유리하게 바뀔 수도 있다. 아니면, 미래 변화에서 만들어지는 '새로운 바람'이 당신을 도울 수 있다. 더 나은 미래를 만드는 더 결정적 한 방이 될 수 있다. 희망이 생기는가? 단, 기억하라. 제갈공명이 바람을 이용하여 적벽대전의 위대한 승리를 쟁취한 것은 맞다. 하지만 바람을 이용할 준비를 했기에, 바람이 전세를 역전시킬 결정적 한 방이 될 수 있었다.

거대한 판이 충돌하고 이동하면서 일어나는 지각변동을 통찰하라. 지각이 변동하면서 지진이 일어나고 화산이 폭발하듯 충격적 사건들이 계속 일어날 것이다. 쓰나미도 발생하여 휩쓸어칠 것이다. 미래절벽도 건너야 한다. 하지만 거대한 기회의 산이 새로이 힘차게 솟아오르고 있다. 더 나은 미래를 만들 수 있는 상황이 만들어지고 있다. 미래변화를 통찰하고 대담한 도전을 하라. 현재의 역량이 부족하다고 머뭇거리거나 뒤로 물러서지 마라. 다가오는 문제를 해결할 한 방, 미래의 바람도 곧 불어닥칠 것이다. 바람을 이용할 준비를 하라. 더 나은 미래를 만드는 최고의 방법, 미래를 예측하는 최고의 방법은 스스로 미래를 창조하는 것이다.

2030
미래의 대이동
EXODUS of OPPORTUNITY